Mary Beeke

LEHRE SIE ZU ARBEITEN

Vom Aufbau einer positiven Arbeitsmoral in unseren Kindern

Christlicher Verlag
Voice of Hope

Stimmen zum Buch

»Dieses Buch wurde von einer Mutter geschrieben, die schon alles erlebt hat. Ich bezweifle, dass du jemals ein Buch gelesen hast, das eine solche Goldmine von Situationen aus dem wirklichen Leben und von praktischen Vorschlägen für die Erziehung deiner Kinder zur Arbeit enthält. Mary identifiziert die Ziele und löst die Probleme, wenn du deinen Kindern beibringen willst, treue Arbeiter zu werden. Du wirst feststellen, dass sie als Mitstreiterin bei dieser Aufgabe auftritt und dir ihre eigenen Fehler und Missverständnisse mitteilt. All ihre praktischen Ratschläge beruhen jedoch auf dem festen Fundament der Theologie zur Arbeit. Sie schöpft ihre Ratschläge aus der Schatzkammer des Wortes Gottes. Wie ein guter Puritaner liefert sie die Lehre und erklärt dann die Praxis der Erziehung deiner Kinder zum Arbeiten.«

— Scott and Deborah Brown

»Mary Beeke hat ein bemerkenswertes Buch über das Privileg und die Kunst der Kindererziehung geschrieben. Es ist theologisch, praktisch, aufschlussreich, hilfreich und eine Freude zu lesen. Beim Durchblättern der Seiten hatte ich den Eindruck, aus einem reformierten oder puritanischen Klassiker über die Familie zu lesen, der aus der Feder einer zeitgenössischen Autorin neu gestaltet und für alle zugänglich gemacht wurde. Ich empfehle dieses Werk uneingeschränkt – nicht nur Eltern, sondern auch ihren Kindern. Dies ist ein wunderbares Geschenk für die Familie und die Gemeinde! Möge es von vielen gelesen werden.«

– Paul Washer

»›Lehre sie zu arbeiten‹ haucht dem, was viele für ein ›notwendiges Übel‹ halten, vor dem Kinder geschützt werden sollten, neues Leben, Ehre und Freude ein. Voller grundlegender Wahrheiten aus dem Wort Gottes, die in praktische, alltägliche Methoden einfließen, ist ›Lehre sie zu arbeiten‹ ein Muss für Eltern, die in ihre Kinder eine gottgefällige Arbeitsmoral einprägen wollen, die zu einem Leben voller Fruchtbarkeit zur Ehre Gottes führen wird.«

– Steve Craig

1. Auflage 2024
2. Auflage 2025

Originaltitel: Teach Them to Work

Veröffentlicht von
Reformation Heritage Books
Grand Rapids, MI 49512, U.S.A.

Eckenhagener Str. 43
51580 Reichshof-Mittelagger
www.voh-shop.de
verlag@voiceofhope.de

Übersetzung: Michael Wagner
Lektorat und Design: Voice of Hope

Bestell-Nr. 875.209
ISBN 978-3-947978-09-0

ISBN 978-3-989672-14-7 – eBook

Soweit nicht anders vermerkt, wurden die
Bibelzitate der Schlachter-Bibel 2000 entnommen.

Für meinen lieben Mann Joel,

der ein Arbeiter par excellence ist.

Danke für deine unermüdliche Arbeit
im Reich Gottes.
Danke für deine unendliche Liebe,
Freundlichkeit und Geduld.

Du bist ein wahres Beispiel Jesu Christi
für mich und andere.

Inhalt

Vorwort 8
Einführung 14

Teil 1: Die elterlichen Prinzipien

1. Arbeit ist gut für Kinder 33
2. Die Grundlagen 41
3. Es liegt an der Atmosphäre 53
4. Bändige ihren Willen, um sie zu befreien 65
5. Gib die Zügel ab 75
6. Individuelle Erziehung 91
7. Gemeinsam verbrachte Zeit 101
8. Verschone sie nicht aufgrund ihres Weinens 111
9. Beten und Nachdenken 123
10. Die Bildschirmzeit überwachen 133

Teil 2: Praktische Prinzipien

11. Gut – egal was kommt 153
12. Arbeit ist der Inhalt des Lebens 165
13. Los geht's 175

14. Mit deiner ganzen Kraft ... 187
15. Arbeite klug ... 199
16. Überwinde Hindernisse ... 207
17. Die Zeit ist ein Schatz ... 219
18. Kümmere dich um deine Sachen ... 231
19. Achte auf deine Talente ... 241
20. Natürliche Konsequenzen ... 251
21. Genieße die Früchte deiner Arbeit ... 269
22. Freue dich an der Arbeit ... 287
23. Ruhe und perfekte Arbeit ... 305

Anhang ... 312

Vorwort

Die Kurzfassung dieses Buches könnte aus vier Worten bestehen: Mach jetzt deine Arbeit.

MACH – Mach, was dir aufgetragen wurde, so gut du kannst.

JETZT – Zögere nicht, sondern fange jetzt an.

DEINE – Deine Arbeit ist *dir* zugewiesen, nicht jemand anderem.

ARBEIT – Mach etwas Nützliches. Erledige die Aufgabe.

Das ist es, was fleißige Menschen tun. Sie fragen sich vielleicht sogar, warum ein Buch wie dieses geschrieben werden muss. Was ist das Problem? Mach jetzt deine Arbeit.

Nun, dieses Buch ist nicht für Fleißige geschrieben. Sie brauchen es nicht. Dieses Buch ist für diejenigen unter uns geschrieben, die nicht gerade von Natur aus zu Fleiß neigen und deren Kinder aus dem gleichen Holz geschnitzt sind wie sie.

Dieses Buch richtet sich an Eltern, die ihren Kindern eine positive Arbeitsethik zu vermitteln suchen. Dieses Buch ist für Eltern geschrieben, deren Kinder sich aufführen, als bekämen sie einen Herzinfarkt, wenn sie etwas im Haushalt tun müssen. Es ist für Eltern geschrieben, deren Kinder sie dahingehend manipuliert haben, die Arbeit selbst zu erledigen, weil es für sie einfacher ist, als mit ihren Kindern einen Kampf auszufechten. Dieses Buch ist für Eltern geschrieben, die frustriert und erschöpft sind und aufgehört haben zu kämpfen.

Ich bin die Richtige für die Aufgabe, dieses Buch zu schreiben, weil ich gerade das Kind war, das meinen Eltern das Leben schwer gemacht hat. Ich kam mit meinem trotzigen Verhalten zwar nicht durch – mein Vater duldete nicht einmal einen Hauch davon –, aber in meinem Herzen wohnten Trotz und Widerstand.

Meine liebe Mutter erinnert sich nicht mehr an das eine Mal, als sie weinte, weil ich wieder einmal versuchte, mich vor der Arbeit zu drücken. Aber ich erinnere mich jetzt daran, und zwar mit Tränen der Reue. »Mary«, sagte sie verzweifelt, »du machst es mir so schwer!«

Einerseits bin ich dazu qualifiziert, dieses Buch zu schreiben, denn ich kenne alle Tricks, mit denen man sich vor der Arbeit drücken oder sie zumindest hinausschieben kann. Ich kenne die Gedankenakrobatik, die ein faules Kind zustande bringt, um Wege zu finden, die »Qualen« der Arbeit zu vermeiden. Ich weiß, was es bedeutet, hart daran zu arbeiten, der Arbeit zu entgehen und sie letztendlich doch erledigen zu müssen. Ich erinnere mich auch daran, dass ich allmählich doch lernte zu arbeiten, weil meine Eltern nicht aufgegeben haben. Ich erkannte, dass ich, wenn ich mich selbst respektieren und dasselbe von anderen mir gegenüber erwarten wollte, mir diesen Respekt durch harte Arbeit *verdienen* musste. Schließlich lernte ich die Freude und die Belohnung kennen, die man erfährt, wenn man etwas erreicht hat und zufrieden ist, wenn man seine Arbeit gut gemacht hat.

Seitdem war ich Studentin, Krankenschwester, Lehrerin, Ehefrau, Mutter – und jetzt bin ich schon Großmutter.

Ich hatte die Gelegenheit, viele Kinder und Erwachsene zu beobachten und mit ihnen zu arbeiten. Die Vielfalt der Persönlichkeiten, die ich kennengelernt habe, war faszinierend, und ich habe so viel von ihnen gelernt. Es war interessant, ihr Verhalten zu beobachten, ihre Worte zu hören und herauszufinden, was sie bewegt. Von allen Themen, die ich je studiert habe, finde ich das Wesen des Menschen am faszinierendsten.

Andererseits fühle ich mich trotz all dieser Erfahrungen nicht ausreichend qualifiziert, dieses Buch zu schreiben, weil auch ich Unzulänglichkeiten besitze und viele Fehler gemacht habe (obwohl ich zuversichtlich bin, dass ich dadurch meine Lektionen gelernt habe). Ich kenne viele andere, die viel qualifizierter sind als ich, um sich zu diesem Thema zu äußern. Deshalb habe ich einige dieser »Experten« dazu interviewt, weil sie das, wozu sie berufen sind, so gut machen. Ich habe Hochachtung vor ihnen. Ich freue mich darauf, ihre Weisheit dem Leser dieses Buches mitteilen zu können, und möchte ihnen an dieser Stelle danken.

Mein lieber Ehemann Joel ist sehr fleißig. Ich habe sehr viel von ihm gelernt. Er hat mir auch geholfen, die Lehre Gottes von der Arbeit zu verstehen. Meine Familie ist ein hervorragendes Beispiel für niederländischen Fleiß: meine Eltern, Henry und Lena Kamp, und meine Geschwister, Rich und Betty Buys, Pete und Linda VanBeek sowie Henry und Teresa Kamp. Die Familie meines Ehemannes hat ebenfalls eine ausgezeichnete Arbeitseinstellung: Mutter und Vater Beeke sind bereits beim Herrn, aber die Geschichte ihres Lebens lebt weiter. Joels Geschwister haben alle ihre Berufung mit Hingabe ausgeübt: Dave und Jackie Markus, John und Marie Beeke, Jim und Ruth Beeke sowie Steve und Joanne Timmer. Welch ein Segen, von solch einem Vermächtnis des Fleißes umgeben zu sein!

Mein Mann und ich haben unseren Kindern beigebracht zu arbeiten, und jetzt belehren sie und ihre Ehepartner, Calvin und Laura Beeke, Esther und James Engelsma sowie Isaac und Lydia Epp, uns auf unterschiedliche Weise.

Es gibt auch andere Personen, deren Weisheit und Erfahrung ich über viele Jahre beobachtet und beherzigt habe: Laura Ash, Ralph und Margaret Buffinga, Bree Cornish, Jen DeHaan, Jim und Marie Engelsma (Marie ist bereits heimgegangen), Marguerite Lane, Schel und Terri Paulk, Steve Renkema, Cheryl Snoek, Familie Julian Turnbull sowie Henry und Jackie VanderVeen.

Ich habe einen weiteren Grund, dieses Buch zu schreiben. Die Arbeitslosenquote ist gegenwärtig niedrig in den Vereinigten Staaten; aber ich habe Geschichten von Arbeitgebern gehört, die Schwierigkeiten haben, gute Arbeitskräfte zu finden. Ein Arbeitgeber erzählte mir, dass sich manche Personen nur deshalb für eine Stelle bewerben, um die Anforderungen des Arbeitsamtes zu erfüllen, ohne jemals die Absicht zu haben, die Stelle tatsächlich anzutreten. Oder sie arbeiten zwar, aber es mangelt ihnen an den nötigen Charaktereigenschaften wie Fleiß, Ehrlichkeit und Hingabe. Ich erkenne einen Trend in unserer Kultur, dass Eltern meinen, sie seien grausam zu ihren Kindern, wenn sie sie zum Arbeiten auffordern. Dann gibt es noch die Geschichten über Fünfundzwanzig- bis Dreißigjährige, die zu ihren Eltern nach Hause zurückkehren und sich dort den ganzen Tag mit Videospielen vergnügen. Deshalb hoffe ich, Eltern zu ermutigen – und euch die Erlaubnis zu geben, wenn ihr sie braucht –, von euren Kindern zu verlangen, dass sie arbeiten, und euch Ideen zu geben, wie ihr das erreichen könnt, damit eure Kinder bereit sind, als Erwachsene Verantwortung in der Gesellschaft zu übernehmen.

Das felsenfeste Fundament aller wahren Weisheit ist das Wort Gottes. Das Buch der Sprüche und das Buch Prediger sind voller wertvoller Ratschläge zum Thema Arbeit. Ich schreibe aus einer amerikanischen Perspektive; aber diese Prinzipien gelten weltweit. Lasst uns beten, dass Gott unsere Bemühungen segnet, unseren geliebten Kindern eine ausgeprägte Arbeitsethik zu vermitteln, damit sie ausgerüstet sind, ihre Talente zu nutzen und Gottes Berufung zu folgen, und das alles zu Seiner Ehre und Verherrlichung.

Ich habe in diesem Buch meine Erfahrungen und Beobachtungen mit den Ratschlägen anderer kombiniert. Ich habe in Büchern recherchiert, sie alle anhand der Heiligen Schrift geprüft und sie in zwei Abschnitte zusammengefasst.

Teil 1: Die elterlichen Prinzipien

Nach einer Einführung in die Geschichte der Arbeit befasst sich der erste Abschnitt mit den »Elterlichen Prinzipien«, das heißt mit den auf der Bibel gegründeten Prinzipien, welche die Grundlage für die Erziehung unserer Kinder zum Arbeiten darstellen. Es sind Überzeugungen, die fest in unseren Herzen und Köpfen verankert sein müssen, bevor wir uns auf den Weg machen, unseren Kindern eine Arbeitsethik zu vermitteln. Ich untersuche dabei die Grundlage und den Wert der Arbeit, die Gottes Geschenk an uns ist.

Teil 2: Praktische Prinzipien

Der zweite Teil lautet »Praktische Prinzipien«: Tipps und Ratschläge für den Alltag, um die Aufgabe mit mehr Klarheit und erreichbaren Zielen anzugehen. Es sind Methoden und Ideen, um eine positive und fleißige Atmosphäre in deinem Zuhause zu schaffen und gleichzeitig mit dem Widerstand deines Kindes umzugehen. Manchmal gibt es Überschneidungen zwischen diesen beiden Abschnitten, aber im Großen und Ganzen habe ich mich an diese Unterteilung gehalten. In den Geschichten, die ich erzähle, sind einige der Namen echt, andere wurden (zum Schutz der Persönlichkeit) geändert.

Ich hoffe, dass euch dies hilft, diese Aufgabe in überschaubare Häppchen zu unterteilen. Ihr seid vielbeschäftigte Eltern, und manchmal braucht ihr nur einen leichten Anstoß, eine kleine Ermutigung oder einen Schubs, um durchzuhalten. Ich hoffe, dieses Buch wird euch davon überzeugen, dass wir unseren Kindern das Arbeiten beibringen müssen. Es möge euch motivieren, diese Aufgabe mit Energie anzugehen, und es möge euch ermutigen, langfristig engagiert zu bleiben. Möge Gott euch Weisheit, Kraft und Segen schenken.

Einführung:

WO DIE ARBEIT IHREN URSPRUNG HAT

Gott Selbst ist es, der die Arbeit erfunden hat. Überhaupt war Er der Erste, der gearbeitet hat. Innerhalb von sechs Tagen vollbrachte Er mit Seinen Worten das erstaunliche Werk, Himmel und Erde samt allen Lebewesen zu erschaffen. *»Und Gott sah alles, was Er gemacht hatte; und siehe, es war sehr gut« (1.Mo. 1,31)*. Wir erfreuen uns an dem Werk Seiner Hände, wenn wir uns die Schönheit der Natur um uns herum ansehen. Alles trägt Seine Handschrift, vom kleinsten Molekül, das wir nur durch ein Mikroskop betrachten können, bis hin zu den majestätischen Bergen, die in Schnee gehüllt sind. Er verrichtet immer noch Sein gutes und unergründliches Werk, indem Er dieses Universum jeden Augenblick erhält.

Wir wurden als Menschen nach dem Ebenbild Gottes geschaffen, Ihm ähnlich, was bedeutet, dass wir einige Eigenschaften haben, die denen von Gott gleichen. Unser Leben soll Seinem Beispiel folgen. Im Paradies war Adam bemerkenswert geschäftig. Gott hatte ihm umfangreiche und wichtige Aufgaben zugewiesen. Als das am besten ausgestattete Geschöpf, das Gott gerade erschaffen hatte, wurde Adam die Verantwortung für die Erde übertragen. Tatsächlich bestand Adams erste Aufgabe darin, allen Vögeln des Himmels und Tieren des Feldes, die an ihm vorüberzogen, Namen zu geben (1.Mo. 2,19).

In 1. Mose 1,28 gab Gott dem Menschen den Befehl, die Herrschaft über die Erde zu übernehmen: *»Und Gott segnete sie; und Gott sprach zu ihnen: Seid fruchtbar und mehrt euch und füllt die Erde und macht sie euch untertan; und herrscht über* *die Fische im Meer und über die Vögel des Himmels und über alles Lebendige, das sich regt auf der Erde!*« Eva, Adams Frau und Gehilfin, wurde von Gott so geschaffen, dass sie perfekt dazu geeignet war, an Adams Seite die Gebote Gottes zu befolgen.

Gott sorgte für den Erhalt des Gartens, indem Er den Boden mit einem Dunst befeuchtete, der von der Erde aufstieg (1.Mo. 2,6); aber Er forderte Adam und Eva auch dazu auf, ihn zu bebauen und zu bewahren (1.Mo. 2,15).

Der Schöpfergott übertrug dem Menschen als Seinem Geschöpf die Aufgabe, dieses riesige Land zu pflegen.

Als erstes sollten Adam und Eva Kinder und Enkelkinder bekommen, um mit ihren Nachkommen die Erde zu füllen (1.Mo. 1,28).

Zweitens wurden sie dazu aufgefordert, sich die Erde untertan zu machen, sie unter ihre Kontrolle zu bringen und die natürlichen Ressourcen der Erde zu ihrem eigenen Wohl zu nutzen. Sie sollten weise Verwalter sein und sich gut um diese schöne Welt kümmern.

Drittens befahl Gott ihnen, über die Tierwelt zu herrschen. Als Adam und Eva die wunderbare Pflanzen- und Tierwelt betrachteten und tagsüber zur Sonne aufblickten und nachts den Mond und die Sterne sahen, mussten sie über das Werk Gottes gestaunt haben und darüber, wie gesegnet sie waren, in Gottes Auftrag über die Erde herrschen zu dürfen. Die ganze Ehre gebührte Gott, und das brachte Adam und Eva Freude und Frieden. Die Arbeit war gut – sehr gut!

Gott und Adam gingen miteinander den Bund der Werke ein – eine Vereinbarung, dass sie sich gegenseitig treu sein und bestimmte Bedingungen erfüllen würden: Adam und Eva durften von allem im Garten essen, außer vom

Baum der Erkenntnis des Guten und Bösen. Und eine Zeit lang waren sie mit dieser Regelung zufrieden.

Alles war perfekt, friedlich und schön. Alles, was Gott geschaffen hatte, war gut. Die Nahrung, die im Garten wuchs, nährte alle Lebewesen. Jede Pflanze war wunderschön und gesund. Adam und Eva hatten Gemeinschaft mit Gott, während sie in der Kühle des Tages, vermutlich in der Zeit der Abendbrise, im Garten spazieren gingen. Sie verrichteten ihre Arbeit als Verwalter des Gartens, indem sie die Pflanzen pflegten, die Früchte ernteten und die Tiere umsorgten. Das erste Paar ehrte seinen Schöpfer, indem es seine Aufgaben erfüllte, und zwar mit reiner Freude an seiner Arbeit. Sie waren von einer Schönheit umgeben, die nicht von Fäulnis, Unkraut oder Parasiten befallen war. Adam und Eva genossen ihr landwirtschaftliches Leben. Sie schliefen gut und hatten keine Schmerzen oder Krankheiten. Ihre Ehe war glücklich, und sie freuten sich darauf, Kinder in dieses Paradies zu bringen. Es gab keine Sünde. Gott segnete sie. Das Leben war so gut.

WIE DIE ARBEIT ZUR LAST WURDE

Wir wissen nicht, wie lang das arbeitsreiche und doch glückselige Leben von Adam und Eva dauerte, aber wir wissen, dass es nicht lang war. Es scheint, dass es nicht einmal lang genug war, um den Auftrag Gottes zu erfüllen, fruchtbar zu sein, sich zu vermehren und die Erde zu bevölkern, denn Kain war noch nicht geboren.

Wir alle kennen diese traurigste aller Geschichten. Satan erschien im Garten in Gestalt einer Schlange und verführte Eva mit der verbotenen Frucht. Eva erblickte deren Schönheit. Sie begehrte nach einer Erkenntnis, die sie nicht haben sollte. Und so entschied sich Eva zu essen. Adam war in der Nähe; sie gab ihm die Frucht, und er aß auch davon. Sogleich wurden ihnen die Augen geöffnet. Schuldgefühle plagten sie. Sie schämten sich ihrer Nacktheit, und so fertigten sie sich Schurze aus Feigenblättern an, um ihre ersten Kleidungsstücke herzustellen.

Gott hätte Adam und Eva zwar auf der Stelle erschlagen können. Denn der Bund der Werke, den Er mit Adam geschlossen hatte, sah die Todesstrafe vor, wenn sie von der verbotenen Frucht essen würden. Doch Gott erwies ihnen Barmherzigkeit. Er hat unsere ersten Eltern nicht vernichtet, aber Er hat sie unmittelbar bestraft. Eva würde unter Schmerzen Kinder austragen und gebären, und sie würde sich gegen die Führung ihres Mannes sträuben. Der Erdboden wurde wegen ihrer Sünde verflucht. Der Ackerbau, der vorher eine Freude war, würde jetzt anstrengend sein; Adam würde bei der Arbeit viel schwitzen und sich mit den Dornen und Disteln abquälen. Der Anbau von Getreide und Feldfrüchten würde schwierig werden. Es würde den größten Teil seiner Zeit in Anspruch nehmen, Essen auf den Tisch zu bringen. Wenn dann Adams Zeit auf der Erde vorbei sei, würde sein Leib wieder zum Erdboden zurückkehren, auf den seine Schweißtropfen sein ganzes Leben lang gefallen waren. *»Denn du bist Staub, und zum Staub wirst du wieder zurückkehren!« (1.Mo. 3,19).*

Aber Gott tat in Seiner Güte mehr, als nur Strafen über Adam und Eva zu verhängen. Er gab auch die wunderbare Verheißung von dem kommenden Messias Jesus Christus, der dem Satan den Kopf zertreten und die Menschheit von Sünde und Tod erretten würde. So endet dieses überaus traurige Kapitel der Menschheitsgeschichte mit einem Hinweis auf die Hoffnung auf Gott. Obwohl wir von hier an mit Traurigkeit und Lasten bei unserer Arbeit weitergehen, ist Gott mit Seiner Arbeit noch nicht fertig. Inmitten der

Strafen leuchtet die Gnade Gottes auf. Die Sonne glitzert zwischen den Wolken hervor. Preist Gott für Seine Barmherzigkeit!

GOTT KAUFT DIE ARBEIT ZURÜCK

Gott schuf die Arbeit als etwas Gutes. Doch Adam und Eva sündigten und veränderten dadurch für immer das Wesen der Arbeit, sowohl für sich selbst als auch für alle ihre Nachkommen. Wir, die Familie Adams, sind sündig; doch Gott bleibt auf ewig vollkommen, rein und gut. Er ist Derselbe gestern, heute und in Ewigkeit. Gott ist auch heute noch am Werk; Sein Werk ist vollkommen. Wir arbeiten auch, obwohl unsere Arbeit bei Weitem nicht perfekt ist. Aber denke daran, dass Gott trotz der Herausforderungen auch viele Segnungen schenkt.

Was ist die Arbeit Gottes?

Wir schauen uns um und sehen überall Beweise für Gottes Schöpfungsarbeit bzw. Schöpfungswerk. Wir rufen mit dem Psalmisten aus: *»Die Himmel erzählen die Herrlichkeit Gottes, und die Ausdehnung verkündigt das Werk Seiner Hände« (Ps. 19,2).* Sonne, Mond und Sterne werden in Psalm 148 zum Lobpreis Gottes aufgerufen, ebenso wie die Wetterelemente, alle Tiere und Pflanzen und sogar die Erde selbst. Vor allem aber sollen die Menschen den Namen des Herrn für Seine herrliche Schöpfung preisen. Lasst uns täglich nach oben und unten, nach links und rechts schauen, dabei die gute Luft einatmen, die Schönheit und das Wunder der Schöpfung Gottes wahrnehmen, Ihm dafür danken und Ihn loben!

In Seinem ursprünglichen Schöpfungswerk hat Gott Elemente eingebaut, die dafür sorgen, dass sich das Leben selbst fortpflanzt. Er schuf keinen Baum, um nur hundert Jahre zu leben und dann einzugehen. Auf erstaunliche Weise schuf Er *»fruchttragende Bäume auf der Erde, von denen jeder seine Früchte bringt nach seiner Art, in denen ihr Same ist« (1.Mo. 1,11)*. Er gab ihnen damit – wie auch den Tieren und Menschen – die Fähigkeit, sich fortzupflanzen. Gott ist der große Designer aller in der Naturwissenschaft zu erforschenden Dinge. Er ist es, der die Naturgesetze im Bereich der Naturwissenschaften aufgestellt hat.

Dennoch bedarf diese Welt Seiner Allmacht, um jede Minute fortbestehen zu können. Er hält Seine Hand über die täglichen Abläufe. Das ist ein Ausdruck Seiner Fürsorge. Er erhält und lenkt das Universum – die Bewegung der Himmelskörper, den Aufbau aller irdischen Dinge, das Wachstum der Pflanzen, den Wechsel der Jahreszeiten, die Schwankungen des Klimas, Ebbe und Flut, die Krankheit und Gesundheit, wie auch die Geburt, das Leben und den Tod der Menschen. Seine Vorsehung lenkt die Ereignisse unseres persönlichen Lebens ebenso wie die der ganzen Welt. Wir tun gut daran, Ihn anzuerkennen, denn ohne Seine ständige Fürsorge müssten wir umkommen.

Das größte Werk Gottes ist jedoch Sein Erlösungswerk. Gott der Vater hatte seit jeher zusammen mit Seinem Sohn und dem Heiligen Geist einen Plan entworfen, um Sünder vor dem Lohn der Sünde, dem ewigen Tod, zu bewahren (Röm. 6,23). Dieser Erlösungsplan erforderte, dass Jesus, der Sohn Gottes, durch Seine Fleischwerdung als Mensch auf die Erde kam, an einem ärmlichen Ort geboren und in eine Futterkrippe gelegt wurde, in einer Arbeiterfamilie aufwuchs, sich als Zimmermann abmühte, durch das Land zog, um die Wege Gottes zu lehren und Kranke zu heilen, um für das, was Er war, gehasst und verfolgt zu werden, den schändlichsten Tod am Kreuz zu erleiden und am dritten Tag wieder aufzuerstehen. Warum? Um Sünder zu retten. Jesus sagte: *»Ich muss die Werke Dessen wirken, der Mich gesandt hat« (Joh. 9,4).*

Wir können kein eigenes Werk wirken, mit dem wir uns oder unseren Kindern die Errettung verdienen könnten. Aber Gott bietet sie uns kostenfrei an, indem Er uns durch Jesus aufruft: *»Tut Buße und glaubt an das Evangelium!« (Mk. 1,15).* Und durch Petrus lässt Er uns sagen: *»Glaube an den Herrn Jesus Christus, so wirst du gerettet werden, du und dein Haus!« (Apg. 16,31).* Aber ist Buße tun und glauben nicht ein *Werk*? Ja, es ist Gottes Werk in uns. *»Denn aus Gnade seid ihr errettet durch den Glauben, und das nicht aus euch – Gottes Gabe ist es; nicht aus Werken, damit niemand sich rühme« (Eph. 2,8-9).* Gott spricht durch Sein Wort und durch die Predigt zu uns; der Heilige Geist erweckt unser Herz, damit wir auf das Wort hören; und wir reagieren darauf, indem wir Buße tun und glauben. Aber das ist nicht unser eigenes Werk, sondern das des Heiligen Geistes, der in uns wirkt. Alle Ehre gebührt darum Gott!

Fragen wir uns persönlich: »Hat Gott in meiner Seele gewirkt?« Wenn Er es getan hat, dann preise Ihn dafür! Aber wenn du Seine Errettung noch nicht erfahren hast, dann rufe Ihn aus tiefstem Herzen an: *»O Gott, sei mir Sünder gnädig!« (Lk. 18,13).* Tue Buße und glaube! Bete dafür, dass Gott *nicht* Sein Werk des Gerichts an dir ausüben muss. Bitte Ihn, dass Er dich durch die Kraft Seines Heiligen Geistes errettet. Bete dafür, dass das Blut Jesu, das am Kreuz vergossen wurde, deine Sünden bedecken möge. Suche Ihn, bis du Ruhe für deine Seele findest.

Was ist die Arbeit des Menschen?

Inwiefern hat der Sündenfall unsere Arbeit verändert? Wir sind immer noch nach dem Ebenbild Gottes geschaffen. Und da Gott arbeitet, sind auch wir zur Arbeit berufen. Er zieht die Parallele dazu im vierten Gebot: *»Sechs Tage sollst du arbeiten und alle deine Werke tun … Denn in sechs Tagen hat der Herr Himmel und Erde gemacht und das Meer und alles, was darin ist« (2.Mo. 20,9.11).* Arbeit ist ein Geschenk Gottes. Er hat jeden von uns mit Fähigkeiten und Begabungen gesegnet, die uns Freude und Erfüllung geben, wenn wir sie gewinnbringend einsetzen. Ja, es gibt Schweiß und Plackerei, aber wenn wir durchhalten, werden wir am Ende belohnt. Gott hat das Gute, das mit der Arbeit verbunden ist, erlöst bzw. zurückgekauft.

Gottes Auftrag, fruchtbar zu sein und sich zu vermehren, die Erde zu bevölkern, sie sich untertan zu machen und über die Geschöpfe zu herrschen, gilt immer noch. Was bedeutet das für uns heute?

Seid fruchtbar und mehrt euch und füllt die Erde

Wir sollen Gottes Plan für das Fortbestehen der Menschheit befolgen, und zwar durch die Ehe. Ein Mann und eine Frau verlassen ihre Eltern und gehen miteinander den Bund der Ehe ein; sie werden *ein* Fleisch. Eine gesegnete Ehe ist zuerst von der Liebe zu Gott und dann von der Liebe zueinander durchdrungen. Die Liebe bringt den Wunsch mit sich, zu dienen. In diese Vereinigung bringt Gott durch das Wunder der Empfängnis und der Geburt Kinder hinein. Wir haben die Aufgabe, unsere Kinder zu erziehen und sie arbeiten zu lehren. Gott will, dass wir die Erde füllen – dass wir uns über die ganze Erde ausbreiten und sie füllen.[1]

---

1 James M. Hamilton Jr., *»Work and Our Labor in the Lord«*, Crossway.

Macht die Erde euch untertan

Wo auch immer wir auf dieser Erde leben, sollen wir sie uns untertan machen. Wir dürfen die Erde zu unserem Wohl nutzen. Wir dürfen sie bebauen und uns von Pflanzen und Tieren ernähren. Wir dürfen Steine, Lehm, Holz und Metall verwenden, um unsere Häuser zu bauen; wir dürfen Bergbau treiben, unterschiedliche Gesteinsarten, Rohstoffe und Mineralien usw. abbauen, um unser tägliches Leben zu verbessern; wir dürfen vorhandene Materialien und die Naturgesetze nutzen, um Maschinen zu erfinden und unsere Zivilisation zu entwickeln. Aber wir dürfen die Erde und was in ihr ist nicht missbrauchen.

Gottes Auftrag an Adam, den Garten Eden zu bebauen und zu bewahren (1.Mo. 2,15), ist eine Anweisung für uns, sorgfältige Verwalter zu sein.[2] Gott sorgt sich sehr um die Erde, die Er so meisterhaft entworfen und geschaffen hat. In der Tat liegt die Erde niemandem mehr am Herzen, nicht einmal den eifrigsten Umweltschützern. Dennoch dürfen wir weder die Erde selbst noch irgendeinen Teil derselben anbeten. Wir müssen Gott allein anbeten. Wenn wir das tun, werden wir mit all unseren natürlichen Ressourcen sorgsam umgehen wollen. Wir werden die besten Umweltschützer sein, die es gibt.

Herrscht

Der Auftrag Gottes, Herrschaft auszuüben, bedeutet, dass wir Gott repräsentieren und über die Tiere herrschen sollen. Da Gott Geist ist, repräsentiert der Mensch, der nach Gottes Ebenbild geschaffen wurde, die sichtbare, greifbare Gegenwart Gottes auf der Erde. Der Mensch soll hier Gottes

---

2 Daniel M. Doriani, »*Work: Its Purpose, Dignity, and Transformation*«, P&R Publishing.

Stellvertreter sein. Der Mensch ist das am besten ausgestattete Lebewesen, obwohl auch die Tiere sehr komplex und erstaunlich geschaffen sind und Instinkte und Fähigkeiten haben, die wir nicht besitzen. Wir haben eine Seele, Tiere haben keine.

Gott gibt dem Menschen die Erlaubnis, über die Tiere zu herrschen; aber das bedeutet nicht, dass er sie unterdrücken, zerstören oder misshandeln darf. *»Der Gerechte erbarmt sich über sein Vieh« (Spr. 12,10).* Herrschen bedeutet, dass Adam seine Umgebung erforschen und verstehen sollte; dass er hart daran arbeiten sollte, herauszufinden, wie er die Pflanzen und Tiere zu seinem Wohl, dem Wohl seiner Familie und zur Ehre Gottes gebrauchen kann.[3] Adam, der erste Landwirt, bekam eine große Familie und lebte 930 Jahre lang, wobei er eine enorme Menge an Wissen über Tiere und Pflanzen ansammelte. Auch heute noch kümmern wir uns gut um die Schöpfung, weil sie von dem Gott geschaffen wurde, den wir anbeten.

LASTEN UND SEGNUNGEN

Es ist offensichtlich, dass der Sündenfall auch die Arbeit von heute beeinträchtigt hat. Dornen und Disteln sind Hindernisse. Die Arbeit kann extrem schwierig sein. Schweiß gehört zu unserem Leben. Viele Faktoren behindern die Freude an der Arbeit. Armut und schlechte Arbeitsbedingungen sind das Schicksal vieler Menschen auf der Welt, vor allem in Entwicklungsländern. Unterdrückende Arbeitgeber können einem das Leben schwer machen. Unzureichende Löhne führen dazu, dass sich Arbeitnehmer benachteiligt

3 »Dominion«, Answers in Genesis, https://answersingenesis.org.

fühlen. Millionen Menschen auf der ganzen Welt leiden unter Umständen, die sich ihrer Kontrolle entziehen und die Arbeit mühsam machen. Dieses trostlose Leben ist die einzige Realität, die viele Menschen kennen. Diejenigen von uns, die mehr Komfort genießen, müssen für jene Menschen beten und sie unterstützen, wo sie nur können.

Dann gibt es aber auch manche, die sich selbst die Arbeit zur Last machen. Das ist Einstellungssache. Eine kulturelle Sache. Man findet sie normalerweise nur in florierenden Volkswirtschaften. Es ist die klagende Grundhaltung unserer Gesellschaft, das »Endlich Freitag«, die »Lebe für den Spaß«-Einstellung und das Stöhnen, wenn wir zur Arbeit oder zur Schule aufstehen müssen. Darauf wollen wir uns nicht einlassen. Arbeit ist ein Privileg. Eine Arbeitsstelle zu haben, ist ein Geschenk Gottes.

Gottes allgemeine Gnade ist überall auf der Welt im Überfluss vorhanden. Gläubige wie Ungläubige verbringen den größten Teil ihrer wachen Zeit mit Arbeit. Arbeit ist notwendig für unsere Existenz. Im Lauf des Lebens werden wir geboren, wir essen und schlafen, wir bewegen uns, wir wachsen, wir pflegen Beziehungen, und wir arbeiten. Der Kreislauf unseres Alltagslebens sieht so aus: Wir brauchen Nahrung und ein Dach über dem Kopf, also arbeiten wir, um Geld zu verdienen.

Auch wenn Gott *»ein Gott [ist], der täglich zürnt« (Ps. 7,12),* so hat Er dennoch *»kein Gefallen am Tod des Gottlosen, sondern daran, dass der Gottlose umkehre von seinem Weg und lebe!« (Hes. 33,11).* Er *»gebietet … allen Menschen überall, Buße zu tun« (Apg. 17,30).* In Seiner Gnade lädt Er Sünder ein, Buße zu tun und an Ihn zu glauben. Aber währenddessen schenkt er den Ungläubigen durch Seine allgemeine Gnade viele unverdiente Gaben. Einige dieser Gaben sind: Nahrung, Unterkunft, Sicherheit und Versorgung – und sogar ein Gehalt. Intelligenz, Kreativität, Fleiß, Integrität, Tapferkeit und Stärke kommen von Gott. Er schenkt vielen den aufrichtigen Wunsch, das zu tun, was gut und richtig ist. Er stattet viele mit einem mitfühlenden und großzügigen Herzen aus, das sie dazu bewegt, anderen zu helfen und zu dienen. Er beschenkt einige mit bewundernswerten Führungsqualitäten in Philanthropie, Wirtschaft und Wissenschaft, wodurch sich das Leben vieler Menschen verbessert. Gott schenkt auch den Ungläubigen Freude und Erfüllung in ihrer Arbeit.

Aber ganz gleich, wie viele Segnungen der allgemeinen Gnade ein Ungläubiger erfährt – das Leben eines Gläubigen ist erfüllender. Es ist tiefgründiger und freudvoller. Selbst ein schmerzvolles, von Prüfungen geprägtes Leben eines Gläubigen ist besser als ein bequemes, sorgenfreies Leben eines Ungläubigen.

Wenn Gott geehrt wird, fühlen wir Christen uns zutiefst erfüllt. Die Heilige Schrift nennt vier Prinzipien in Bezug auf die Arbeit.[4]

ERSTENS ist jede ehrbare Arbeit heilig. Es spielt keine Rolle, ob wir Toiletten putzen oder ein multinationales Unternehmen leiten – wenn wir fleißig sind und mit aufrichtigem Herzen arbeiten, dann ehren wir Gott, und Gott ehrt diese Arbeit. Alles, was wir tun, geschieht in der Gegenwart Gottes und ist daher ein geistliches und heiliges Werk (s. Eph. 6,5-9; Kol. 3,23).

ZWEITENS: Gott beruft jeden Menschen zu seiner Arbeit. Er stattet jeden von uns mit Talenten aus und ver-

4 James W. Beeke, »*Bible Doctrine for Teens and Young Adults*«, Eerdmans.

langt von uns, dass wir diese Gaben in vollem Umfang nutzen. Glücklicherweise haben wir in der Regel Freude an dem, worin wir gut sind, sodass der Nebeneffekt der Freude ebenfalls ein Segen Gottes ist. Wir sind Gott dankbar für unsere Talente und bringen Ihm Ehre und Dankbarkeit entgegen (Mt. 25,14-30).

DRITTENS sollen wir uns unserer Arbeit zwar widmen, aber uns nicht von ihr versklaven lassen. Es ist ein Segen, fleißig und engagiert zu sein; aber wir müssen die Arbeit mit dem geistlichen, emotionalen, geistigen und physischen Leben von uns selbst und von unserer Familie in Einklang bringen (1.Kor. 10,31).

VIERTENS: Die Liebe zu Gott fließt über in die Liebe zu unserem Nächsten; daher ist das vierte Prinzip der Dienst. Gott und anderen zu dienen, soll unsere Hauptmotivation und das übergeordnete Ziel unserer Arbeit sein. Das kann ein direkter Dienst sein, wie im geistlichen Amt oder in einem medizinischen Beruf, oder ein indirekter Dienst, wie im Wohnungsbau oder in der Automobilproduktion. Auch dabei handelt es sich um eine Herzensangelegenheit. Es geht darum, die Goldene Regel auszuleben, gemäß dem, was Jesus sagte: *»Alles nun, was ihr wollt, dass die Leute euch tun sollen, das tut auch ihr ihnen ebenso« (Mt. 7,12).*

Zwei Menschen können dieselbe Arbeit mit unterschiedlichen Motiven verrichten. Der Heizungsmonteur, der deinen Ofen im Schneesturm repariert, weil er sich darum kümmert, dass du es warm hast, ehrt Gott mehr als der Monteur, der sich darüber freut, dass er für einen Auftrag nach Feierabend einen Zuschlag erhält (Mk. 12,29-31).

Zusammenfassend lässt sich sagen, dass Arbeit etwas Gutes ist, selbst in einer sündigen Welt. Gott arbeitet Selbst, und Er segnet unsere Arbeit. Jesus war in Seinem Erdenleben ein Zimmermann. Er ehrte die Hirten, indem Er sich Selbst *»den großen Hirten der Schafe«* nennen ließ (Hebr. 13,20). Er rief Seine Jünger dazu auf, »Menschenfischer« zu werden. Er sagte: *»Mein Vater wirkt bis jetzt, und Ich wirke auch« (Joh. 5,17).* Als Ebenbilder Gottes sollten wir Ihn ehren, indem wir Seinem Beispiel folgen. Was auch immer unsere Arbeit ist, lasst uns beten: *»Und die Freundlichkeit des Herrn, unsres Gottes, sei über uns, und das Werk unsrer Hände fördere Du für uns, ja, das Werk unsrer Hände wollest Du fördern!« (Ps. 90,17).*

Fragen zum Studium

1. Was waren die ersten Arbeitsaufträge an die Menschheit? Welche praktischen Lektionen können wir aus Adams ersten Aufgaben lernen?

2. Was bedeutet der Auftrag an Adam und Eva in 1. Mose 2,15, den Garten zu bebauen und zu bewahren?

3. Was können wir aus der Tatsache lernen, dass dem Menschen vor dem Sündenfall, als alles perfekt, friedlich und schön war, Arbeit zugewiesen wurde?

4. Vor dem Sündenfall war die Arbeit offensichtlich ein wunderbares Geschenk Gottes. Wie kannst du diesen Gedanken nutzen, um dich selbst und deine Kinder erstens über die Einstellung, die wir zur Arbeit haben sollten, und zweitens über den Wert der Arbeit zu unterweisen?

5. Welche Strafen hat Gott Adam auferlegt? Und welche Eva? Welche Folgen hatte ihre Sünde für ihre Beziehung zu Gott und für ihre Beziehung untereinander?

6. Inwiefern hat Gott Barmherzigkeit erwiesen? Ist das nicht erstaunlich?! Auf welche Weise? Wie könnten wir das unseren Kindern erklären? Erstelle eine kurze Liste mit den traurigen Aspekten dieser Geschichte und stelle sie den hoffnungsvollen Aspekten gegenüber. Worauf kannst du hoffen?

7. Wie unterscheidet sich die Arbeit Gottes von unserer Arbeit? Was sind die Facetten der Arbeit Gottes? Was bedeutet jede einzelne davon für dich?

8. Was sind die Facetten der menschlichen Arbeit? Nenne jeweils ein Beispiel.

9. Wie würdest du deinen Teenagern angesichts der heutigen Umweltschutzbewegung einen ausgewogenen, biblischen Ansatz zur Unterwerfung der Erde und zur Ausübung der Herrschaft über die Geschöpfe vermitteln?

10. Nenne einige Beispiele für die Lasten, die die Arbeit mit sich bringt. Welche davon sind für dich am mühsamsten? Und für deine Kinder?

11. Welche Segnungen der Arbeit erfahren Ungläubige? Was ist das Ziel Gottes, das Er mit ihnen verfolgt?

12. Inwiefern erfahren Gläubige mehr Segen und Freude bei ihrer Arbeit als Ungläubige? Wie könntest du deinen Kindern diesen Unterschied erklären und zeigen? Wie siehst du deine Arbeit im Licht des Platzes, den Gott in deinem Leben hat?

TEIL 1

Die elterlichen Prinzipien

TEIL 1: Die elterlichen Prinzipien

Kapitel 1

ARBEIT IST GUT FÜR KINDER

Wie können wir Kinder zur Selbstständigkeit motivieren?

Vor kurzem las unsere Tochter, die verheiratet und Mutter von drei kleinen Kindern ist, einen Blog über das Muttersein. Darin fragte eine junge Mutter: »Kann ich die Spülmaschine ausräumen, während meine Tochter wach ist? Oder sollte ich nur mit ihr spielen?« Heutzutage herrscht die Meinung vor, dass die beste Erziehung darin bestehe, mit den Kindern zu spielen – sei es zu Lernzwecken oder um Spaß zu haben –, und zwar während der gesamten Zeit, in der sie wach sind. Von Kindern zu verlangen, schon in jungen Jahren zu arbeiten, sei grausam und der Inbegriff von »Kinderarbeit«!

Dem möchte ich entschieden widersprechen. Arbeit ist gut für Kinder! Es gibt darin viele positive Aspekte, auch wenn wir uns davor hüten sollten, unsere Kinder zu überfordern. Wenn Kinder in die Arbeit der Familie einbezogen werden, dann werden sie auch in die Aktivitäten der Familie einbezogen. Sie spüren, dass sie gebraucht und geschätzt werden, was bewirkt, dass sie sich wertvoll und glücklich fühlen. Außerdem lehrt die Arbeit Lebenskompetenzen. Die Kinder lernen dabei Gehorsam und Selbstdisziplin. Kleine Kinder sehen Arbeit als etwas an, das Spaß macht. Arbeit ist eine sinnvolle Nutzung der Zeit und gibt der Familie die Möglichkeit, miteinander Zeit zu verbringen. Es ist ehrbar, zu arbeiten.

SPIELEN IST WERTVOLL

»Das Spiel ist die Arbeit des Kindes«, sagte Maria Montessori, die Begründerin einer Erziehungsphilosophie, die in den nach ihr benannten Schulen gelehrt wird. Auch wenn ich nicht alle ihre Überzeugungen teile, würde ich dieser Aussage zustimmen. Sie glaubte, dass das Spiel die gesunde »Entwicklung der Fein- und Grobmotorik, der Sprache, der Sozialisation, des persönlichen Bewusstseins, des emotionalen Wohlbefindens, der Kreativität, der Problemlösungsfähigkeit und der Lernfähigkeit des Kindes fördert.«[1]

Spielen ist für Kinder ganz natürlich. Sie lernen spielerisch etwas über ihre Umwelt und über sich selbst. Im Sandkasten formt Abigail Torten aus Schlamm, während Jamison mit seinem Bulldozer Straßen um einen See herum baut. Später »liest« Zoey ihrer Puppe eine Geschichte vor. William baut einen Turm aus Bauklötzen und wirft ihn dann wieder um. Unsere Kleinen verbringen den größten Teil ihrer wachen Zeit mit Spielen. Spielen ist wunderbar!

Die Bibel spricht in Sacharja 8,5 über spielende Kinder: *»Und die Straßen der Stadt sollen erfüllt werden mit Knaben und Mädchen, die auf ihren Straßen spielen.«* In 1. Korinther 13,11 sagt Paulus, dass er, als er ein Kind war, redete, dachte und urteilte wie ein Kind; aber als er ein Mann wurde, legte er das Kindliche ab.

---

1 Maria Montessori, »Play Is the Work of the Child«, https://childdevelopmentinfo.com.

DER ÜBERGANG ZUM ARBEITEN

Wir sind uns alle darin einig, dass Kinder spielen. Wir sind uns alle darin einig, dass Erwachsene arbeiten. Wie also gelangen wir vom einen zum anderen? Es ist ein Prozess. In den ersten Jahren ihres Heranwachsens sind die Kinder hauptsächlich mit Spielen beschäftigt. Im Laufe der Jahre nimmt die Spielzeit ab und die Arbeitszeit zu, bis wir als Erwachsene den größten Teil unserer wachen Zeit mit Arbeit verbringen. Wie finden wir die richtige Balance? Was ist für jedes Alter angemessen? Wir sollten mehrere Faktoren berücksichtigen.

Erstens erfolgt das Lernen allmählich und in kleinen Schritten. Arbeit wird im Laufe der Zeit und durch Übung erlernt. Wenn wir Eltern alle Arbeiten im Haus selbst erledigen und von unseren Kindern nichts verlangen, und wenn die einzige Arbeit, die sie verrichten, in der Schule stattfindet, wird dies zu zwei Ergebnissen führen. Wenn sie mit sechzehn, achtzehn oder zweiundzwanzig Jahren in die Arbeitswelt eintreten, werden ihnen viele grundlegende Fähigkeiten fehlen, z. B. ihr eigenes Chaos aufzuräumen, Essen zuzubereiten und Dinge zu reparieren. Außerdem werden sie von anderen erwarten, dass sie niedere Arbeiten für sie erledigen. Wenn sie heiraten, wird das ein Schock für sie sein – oder für ihren Ehepartner! Sie werden nicht in der Lage sein, einen Haushalt einzurichten und zu führen.

Ganz im Gegenteil dazu weist uns die Bibel an, wie wir mit den Kindern umgehen sollen: »*Gewöhne den Knaben an den Weg, den er gehen soll, so wird er nicht davon weichen, wenn er alt wird!« (Spr. 22,6).* Ein altes Sprichwort lautet: »Gib mir ein Kind für die ersten sieben Jahre, und ich gebe dir den Mann zurück.« Die wichtigsten Lernprozesse finden in diesen frühen Jahren statt. Grundlegende Fähigkeiten wie Kommunikation und Interaktion mit anderen, Körperpflege, Umgangsformen und grundlegende physikalische Kenntnisse über das Zusammenspiel von Dingen werden hier erlernt.

Wenn ihr Leben hauptsächlich aus Spielen und wenig aus Arbeit besteht, werden die Kinder aufgebracht sein, wenn die Zeit kommt, in der sie »richtige Arbeit« wie Wände reinigen und die Garage putzen verrichten müssen. Es ist viel besser, wenn die Arbeit schon in den frühesten Erinnerungen der Kinder verankert ist, sodass sie lernen, dass die Arbeit zum Leben dazugehört.

Kinder, die auf einem Bauernhof groß werden, sind der Beweis dafür, dass Arbeit gut für Kinder ist. Sie lernen, wie man Tiere pflegt, Lebensmittel anbaut und erntet, Geräte repariert und Produkte kauft und verkauft. Darüber hinaus erlernen sie Ausdauer, Fleiß, Konzentration und zielgerichtetes Arbeiten. Diese Gewohnheiten sind genauso wichtig wie die spezifischen Fähigkeiten selbst, da sie in jeder Situation angewendet werden können. Wenn ein Kind an der Seite seines Vaters lernt, Probleme zu lösen, während es einen Rasenmäher repariert, kann es diese Eigenschaft als Erwachsener auf seinen Job als Ingenieur anwenden. Wir können nicht alle Bauernhofkinder sein, aber wenn dein Kind die Möglichkeit hat, an einem Wochenende oder im Sommer auf einem Bauernhof zu arbeiten, dann nimm sie wahr! Es wird für das Kind großartig sein. Sprüche 10,5 beschreibt einen Bauernhofjungen, kann aber auf jedes Kind angewendet werden: *»Wer im Sommer sammelt, ist ein kluger Sohn, wer aber in der Ernte schläft, ist ein Sohn, der Schande macht.«*

Freunde von uns haben ein Blumengeschäft. Sie begannen vor Jahren in ihrer Garage und haben immer hart und lange gearbeitet. Ihre größte Herausforderung besteht heutzutage darin, zuverlässige Mitarbeiter zu finden, die stets ehrlich und mit ganzem Herzen arbeiten und nicht versuchen, sich vor der Arbeit zu drücken und sich über Löhne und Sozialleistungen zu beschweren.

Wir sollten uns der Herausforderung stellen, unsere Kinder dahingehend zu erziehen, dass sie eines Tages gute Arbeitnehmer sind, und vor allem, dass sie einen gottesfürchtigen und rechtschaffenen Lebenswandel führen. Um das zu erreichen, müssen wir jetzt damit beginnen. Lassen wir uns auf dieses Abenteuer ein!

Fragen zum Studium

1. Welche Erfahrungen hast du in Bezug auf Arbeit gemacht, als du aufgewachsen bist? Was hältst du davon, Kinder arbeiten zu lassen? Vor welchen Extremen sollte man sich hüten?

2. Nenne fünf Arten des Spielens und die Vorteile, die sie mit sich bringen.

3. Warum ist es wichtig, dass man sich Jahre Zeit nimmt, um von einem Leben, in dem hauptsächlich gespielt wird, zu einem Leben, in dem die Arbeit überwiegt, überzugehen? Nenne einige Beispiele dafür, wie dies aussehen könnte.

4. Welche Vorteile hat es, wenn man schon früh mit der Vermittlung von Arbeitskompetenzen beginnt? Nenne einige Aufgaben, die kleine Kinder ausführen können.

5. Welche Lernziele hast du für deine Kinder in zwei Jahren? In vier Jahren?

TEIL 1: Die elterlichen Prinzipien

Kapitel 2

DIE GRUNDLAGEN

An einem Sonntagabend hatten wir nach dem Gottesdienst den Vater einer großen Familie mit sechs seiner Kinder zum Kaffee bei uns. Die Kinder waren im Teenageralter und in den Zwanzigern und bereiteten sich alle fleißig auf ihre berufliche Laufbahn vor. Ich fragte ihn, was er und seine Frau getan hatten, um ihren Kindern eine gute Arbeitsethik anzuerziehen. Er gab eine interessante Antwort. »Wir haben mit ihnen den Kleinen Westminster Katechismus auswendig gelernt.« Ich bat ihn, mir den Zusammenhang zu erklären. »Nun, wir dachten uns, wenn sie die biblischen Lehren fest in ihr Gedächtnis verankert haben, dann würde alles andere auf diesem Fundament aufbauen. Meine Frau lehrte sie auch viele Bibelabschnitte. Und wir haben gebetet, dass Gott sie ihnen ans Herz legt.«

Wir möchten, dass das Haus, in dem wir leben, ein starkes und sicheres Fundament hat, damit es standhält. Auch das Fundament des Lebens unserer Kinder muss stark und sicher sein, um sie tragen zu können. Die Grundsätze, die wir unseren Kindern von klein auf beibringen, werden sich ein Leben lang auf ihre Arbeit und ihr ganzes Wesen auswirken. Unabhängig davon, ob wir diese Grundsätze bewusst vermitteln oder ob wir unsere Kinder planlos großziehen – sie erlernen Grundsätze. Die einzige verlässliche Quelle für die Bausteine, die das Fundament des Lebens unserer Kinder bilden, ist die Heilige Schrift. Wenn wir wollen, dass unsere Kinder eine gute Arbeitsethik haben, müssen bestimmte biblische Grundsätze in ihre Herzen und Sinne geschrieben und in ihre Handlungen und Gewohnheiten eingewoben werden. Schauen wir sie uns an.

WAHRHEIT

Christen wollen die Wahrheit. Wir wollen der Wahrheit gemäß leben. Wo können wir die Wahrheit finden? Ganz einfach: in Gottes Wort. Alles, was wir unseren Kindern beibringen, muss mit der Heiligen Schrift übereinstimmen. Gott ist die Wahrheit in Person. Jesus sagte zu den Juden, die an Ihn glaubten: *»Wenn ihr in Meinem Wort bleibt, so seid ihr wahrhaftig Meine Jünger, und ihr werdet die Wahrheit erkennen, und die Wahrheit wird euch frei machen!« (Joh. 8,31-32).*

Wir wollen, dass unsere Kinder die Wahrheit sagen. Ehrlichkeit ist ein Charakterzug, den wir genau im Auge behalten. Wir überprüfen die Worte unserer Kinder. Klingen sie glaubwürdig? Beschreiben sie, was wirklich passiert ist? Gestehen unsere Kinder ihre Verfehlungen ein? Jedes Kind wird mit einem Gewissen geboren, aber jedes Kind ist auch ein Sünder. Sie testen aus, wie weit sie mit der Wahrheit kommen. Die meisten Kinder werden irgendwann einmal lügen.

Eines unserer Kinder durchlief zwei Phasen, in denen es Lügengeschichten erzählte. Tatsächlich hat vieles von dem, was dieses Kind in jener Zeit sagte, den Wahrheitstest nicht bestanden. Aber wir arbeiteten und beteten weiter, und schließlich änderte sich alles. Wir tun unseren Kindern einen Gefallen, wenn wir sie beim Lügen erwischen, die Wahrheit herausfinden und das betreffende Kind überführen. Belehrung kann sie heilen, aber wir sollten nicht zögern, sie auch zu disziplinieren, wenn sie weiterhin lügen. Je früher sie lernen, die Wahrheit zu sagen, desto besser.

Aus der Ehrlichkeit erwächst Integrität, d. h. ein aufrechtes Verhalten nach moralischen Maßstäben von richtig und falsch. Dieser Charakterzug wird im selben Maß angenommen, wie er gelehrt wird. *»Ein Gerechter, der in seiner Unsträflichkeit wandelt – wohl seinen Kindern nach ihm!« (Spr. 20,7).* Kinder sind sehr aufmerksam, wenn es darum geht, unsere Ungereimtheiten aufzuspüren, und ihre kleinen Augen beobachten uns die ganze Zeit über. Wenn wir an der Kasse zu viel Wechselgeld bekommen und wir es dann zurückgeben, lernen unsere Kinder, dass es wichtiger ist, das Richtige zu tun, als mehr Geld zu haben. Und der Segen Gottes ruht auf aufrechtem Verhalten.

Wenn unsere Kinder aufwachsen, entwickeln sie einen gewissen eigenen Ruf. *»Schon ein Knabe gibt durch sein Verhalten zu erkennen, ob sein Tun lauter und redlich ist« (Spr. 20,11).* Wir als Eltern haben einen großen Einfluss auf die Entwicklung ihrer Ehrlichkeit, Integrität und Treue. Gespräche von Herz zu Herz während der Familienandacht darüber, wie die Motive unseres Herzens unsere Worte und Taten beeinflussen, können unseren Kindern helfen, sich selbst zu verstehen. Offene persönliche Gespräche mit unseren Kindern über ihre eigenen Worte und Verhaltensweisen – sowohl gute als auch schlechte – können ihnen helfen, Integrität zu entwickeln. Eine Kombination aus hohen Erwartungen, Liebe, Bestätigung und vernünftig eingesetzter Disziplinierung wird diese wunderbaren Eigenschaften fördern, die ihnen in ihrem zukünftigen Arbeitsleben und in ihren Beziehungen zugute kommen werden.

Mein Vater ist ein Mann weniger Worte, aber er ist voller Integrität. Meine Schwester hat ihm einmal ein Schild geschenkt, auf dem stand:

Deine Worte sprechen für sich,
und dein Wandel spricht für sich,
aber dein Wandel spricht mehr als deine Worte.

SOLI DEO GLORIA

Wenn wir einmal herausgefunden haben, dass Gott die Quelle aller Wahrheit ist und dass Er der Schöpfer und Geber von allem ist, was wir haben und was wir sind, dann folgt daraus selbstverständlich, dass wir Ihn verherrlichen. *»Ob ihr nun esst oder trinkt oder sonst etwas tut – tut alles zur Ehre Gottes!« (1.Kor. 10,31).* Zeigen wir mit unserem Wandel, dass die Verherrlichung Gottes uns alles bedeutet? Wenn wir uns nur wegen der Anerkennung, die wir erhalten, zu Höchstleistungen motivieren lassen, dann sind unsere Prioritäten falsch gesetzt, und unsere Kinder werden wahrscheinlich unserem Beispiel folgen. Wenn wir uns mehr darüber aufregen, wenn unser Name beschmutzt wird, als wenn Gott entehrt wird, dann ist unser Blickwinkel falsch. Wir schauen zu oft »in den Spiegel« und zu wenig »zum Himmel« auf.

Als Eltern muss unser höchstes Verlangen sein, dass Gott geehrt wird. Unsere Kinder müssen sehen, spüren und erkennen, dass wir mit Freude erfüllt sind, wenn unsere Arbeit Gott Ehre bringt. Sie müssen miterleben, dass wir uns ganz besonders freuen, wenn Sünder errettet werden, wenn die Gerechtigkeit erhoben und Gott gepriesen wird.

Das Streben nach Gottes Verherrlichung ist jedoch mehr als nur eine Zielsetzung oder ein Gefühl. Wir können Gott nur dann wirklich verherrlichen, wenn wir errettet sind. *»Alles aber, was nicht aus Glauben geschieht, ist Sünde« (Röm. 14,23).* Also müssen wir uns als Eltern unserer Berufung und Erwählung vergewissern. Und wir müssen den uns anvertrauten Kindern das Evangelium nahebringen. Niemand von uns kann davon ausgehen, dass er durch seine Geburt in eine christliche Familie bereits errettet ist. Jeder von uns muss wiedergeboren werden und eine persönliche, rettende Beziehung zu Gott haben. Wir müssen über unsere Sünden Buße tun und durch die Kraft des Heiligen Geistes an Jesus Christus glauben.

LIEBE ZU GOTT

Wenn Gott unser Herr und Retter ist, sind unsere Herzen voller Dankbarkeit Ihm gegenüber für Sein wunderbares Heil. Dankbarkeit und Demut wohnen im selben Herzen. Wir wissen, dass wir Gottes Segnungen nicht verdient haben, deshalb sind wir für sie dankbar. Ein dankbares Herz singt Gott ein Loblied und freut sich darüber, dass es Micha 6,8 erfüllt: *»Es ist dir gesagt, o Mensch, was gut ist und was der HERR von dir fordert: Was anders als Recht tun, Liebe üben und demütig wandeln mit deinem Gott?«* Wenn wir den Herrn kennen, wollen wir das größte Gebot, Gott über alles zu lieben, erfüllen. Wer diese Charakterzüge besitzt, wird sowohl als Arbeitnehmer als auch als Arbeitgeber treu dienen. *»Die Furcht des HERRN ist der Anfang der Erkenntnis« (Spr. 1,7).*

LIEBE ZUM NÄCHSTEN

Die Liebe zu Gott, das größte Gebot, geht natürlich in die Liebe zu unserem Nächsten über, die das zweitgrößte Gebot darstellt. Wie sieht die Nächstenliebe im Alltag aus?

Freundlichkeit und Güte

Zunächst zeigt sie sich in Freundlichkeit und Güte. Unser Zuhause ist der Ort, an dem wir die meiste Zeit verbringen. Die Familie ist es, mit der wir die meiste Zeit verbringen. Unsere Familie lieben wir am meisten. Wir erleben viele schöne Momente miteinander, aber leider lassen wir auch unseren Frust am meisten an unseren Geschwistern, Eltern und Kindern aus. Wir halten uns bei Freunden und Bekannten zurück und sparen unseren Ärger und unsere unfreundlichen Worte für diejenigen auf, die uns am nächsten stehen. Das ist eine der hässlichen Realitäten unserer sündigen menschlichen Natur.

Das Zuhause ist somit der beste Übungsplatz, um Freundlichkeit und Güte zu lernen, weil wir sie dort am meisten brauchen. Freundlichkeit ist die Bereitschaft des Herzens, Mitgefühl zu zeigen und anderen zu helfen, sanft, liebevoll und rücksichtsvoll zu sein. Güte bedeutet, diese Bereitschaft in die Tat umzusetzen. Manche Kinder sind von Geburt an freundlich, die anderen muss man es lehren. Unser eigenes Beispiel – unser Tonfall, die Worte, die wir sprechen, und unsere Handlungen – geben den Ton im Haus vor, den unsere Kinder wahrscheinlich übernehmen werden. Je mehr Liebe wir zeigen, desto weniger Raum bleibt für Negatives. Lob ist wichtig. Wenn Liam seine Legos mit seiner Schwester teilt, dann solltest du seine Großzügigkeit anerkennen und ihn loben. Das wird ihn in seinem Verhalten bestärken.

Wenn ein Kind ein anderes ständig ärgert oder hänselt, muss dies angesprochen werden. Gibt es eine zugrundeliegende Ursache, wie Unsicherheit oder Wut? Gehe dem auf den Grund, was im Inneren vor sich geht. Das hänselnde Kind ist sich vielleicht nicht bewusst, welchen Schmerz es dem anderen zufügt, und muss einfach nur Einfühlungsvermögen lernen. Wenn aber Bosheit im Herzen lauert, sind drastischere Maßnahmen erforderlich, vielleicht sogar seelsorgerliche Hilfe. Aber man muss sich damit auseinandersetzen, bis sie ausgerottet ist.

Barmherzigkeit und Gnade

So wie Barmherzigkeit und Gnade für unser geistliches Leben grundlegend sind, so sind sie auch in unser tägliches Leben verwoben. Wenn unsere Kinder sich stritten, spielten wir manchmal das Szenario nach und besprachen, welche Richtung ihre Worte hätten nehmen *sollen*. Wir stellten fest, wer etwas falsch gemacht hatte, und verlangten von dem Kind, dass es sagte: »Es tut mir leid.« Das andere Kind musste antworten: »Ich vergebe dir.« Sie umarmten sich, und die Sache war erledigt. Meinten sie ihre Worte immer aufrichtig? Nein, aber wir trainierten ihre Herzen, Reue zu empfinden und zu vergeben. Wir beteten darum, dass dies dazu beitragen möge, den Grundstein dafür zu legen, dass der Heilige Geist in ihren Herzen wirkt, damit sie vor Gott Buße tun und Seine Vergebung empfangen. Wenn wir in unserer Erziehung manchmal zu streng waren, entschuldigten wir uns und baten sie um Vergebung. Dies stellte den Frieden und die Zugewandtheit wieder her.

In unserem täglichen Leben können wir unseren Kindern beibringen, einander zu dienen, großzügig und geduldig zueinander zu sein und demütig miteinander umzugehen. Wenn ein Geschwisterkind krank ist, beten wir für es und bringen ihm Suppe oder Toast. Wir machen Geschenke und genießen miteinander die Freude über Geburtstage und besondere Anlässe. Wir helfen uns gegenseitig bei den Hausaufgaben. Wir erledigen die Garten- und Hausarbeit gemeinsam. Wir arbeiten zusammen, wir spielen zusammen, wir weinen und lachen zusammen. *»Einer trage des anderen Lasten, und so sollt ihr das Gesetz des Christus erfüllen!« (Gal. 6,2).*

WEISHEIT

Göttliche Weisheit ist etwas Schönes, vor allem, wenn wir sie bei unseren Kindern beobachten. Weisheit ist der gute Gebrauch von Wissen. Sie zeigt sich in der Bereitschaft, zu lernen, sich korrigieren zu lassen und den Rat anderer anzunehmen (Spr. 1,5). Weisheit befolgt die Gebote Gottes und sucht nach immer mehr Weisheit (Spr. 2,1-5). Ein weises Kind hat Frieden, Freude und einen Reichtum, der weit über den Wert von Geld hinausgeht (Spr. 3,13-18). Torheit führt zu Schande, aber Weisheit bringt Ehre (Spr. 3,35; 12,8). Ein weiser Mensch liebt das Gute und hasst das Böse (Spr. 8,13-14). Und das ist nur die Spitze des Eisbergs! Lies die Sprüche mit deinen Kindern, schürfe das Gold aus diesen Seiten und bete darum, dass es tief in ihre Herzen eindringt. *»Der Anfang der Weisheit ist: Erwirb Weisheit, und um allen deinen Erwerb erwirb Verstand!« (Spr. 4,7).* Vor allem aber ist Jesus Selbst die Weisheit; wenn wir Ihn finden, dann finden wir das Leben (Spr. 8,35).

HEILIGKEIT

Gott wäre nicht Gott, wenn Er nicht heilig wäre. Wenn wir Gott lieben, werden wir das lieben, was Er liebt, nämlich Heiligkeit und Reinheit. In Psalm 119,97 lesen wir: *»Wie habe ich Dein Gesetz so lieb! Ich sinne darüber nach den ganzen Tag.«* Das Gesetz des Herrn muss das Gesetz unseres Haushalts sein, durchdrungen von jeder Menge von Liebe. *»Jagt nach dem Frieden mit jedermann und der Heiligung, ohne die niemand den Herrn sehen wird!« (Hebr. 12,14).* Wir wollen rein sein, und wir sind betrübt, wenn wir es nicht sind. Wir möchten, dass unsere Kinder rein sind, und wir sind traurig, wenn sie es nicht sind. Wir beten. Wir bringen unsere Sünden zum Fuß des Kreuzes und beten, dass das Blut Jesu, das am Kreuz vergossen wurde, uns reinigt. Wir beten: »Herr, heilige uns und errette unsere lieben Kinder!« Dann, und nur dann, können wir rechtschaffen und gut sein, nur durch Jesus.

SCHLUSSFOLGERUNG

Wenn wir unsere Kinder zu einer guten Arbeitsethik erziehen wollen, müssen wir auf mehr achten als nur auf oberflächliches Verhalten. Unser Fundament muss auf dem festen Felsen, Jesus Christus, und auf Seinen Lehren aufgebaut sein. Es muss unser ganzes Denken, Handeln und Reden durchdringen. Wir müssen unseren kostbaren Kindern die Wahrheit der Heiligen Schrift beibringen, dass das ganze Leben zur Verherrlichung Gottes dienen soll, dass wir Gott über alles lieben sollen und unseren Nächsten wie uns selbst, und dass wir das Gute und Heilige lieben sollen. So wie die Eltern ihre Kinder zu Jesus brachten, damit Er sie segnete, so können wir das heute auch tun! Er legte ihnen die Hände auf, segnete sie und sagte: *»Lasst die Kinder zu Mir kommen und wehrt ihnen nicht; denn solcher ist das Reich Gottes!« (Mk. 10,14).* Gott vertraut uns unsere Kinder an, aber Er überlässt uns nicht uns selbst. *»Ich vermag alles durch Den, der mich stark macht, Christus« (Phil. 4,13).*

Fragen zum Studium

1. Inwiefern ist Wahrhaftigkeit wichtig, während wir unseren Kindern beibringen zu arbeiten? Nenne mehrere Beispiele.

2. Warum ist es wichtig, dass wir Gott mit allem, was wir tun, verherrlichen? Wie können wir das unseren Kindern beibringen, während wir sie zur Arbeit anleiten?

3. Wie können wir die Liebe zu Gott in unseren Häusern vorleben?

4. Wie sieht die Liebe zu unseren Nächsten im Alltag aus? Wie lebst du sie in deiner Familie aus?

5. Die Heilige Schrift ist voll von Weisheit. Schlage den Begriff »Weisheit« in einer Konkordanz nach und wähle zwei Lieblingsverse zu diesem Thema aus. Erläutere deren Bedeutung und wie du sie deinen Kindern beibringen willst.

6. Warum ist es für uns so wichtig, nach Heiligkeit zu streben? Welche praktischen Möglichkeiten gibt es, sie in unseren Häusern zu fördern?

TEIL 1: Die elterlichen Prinzipien

Kapitel 3

ES LIEGT AN DER ATMOSPHÄRE

Unsere Kinder sind ein Geschenk Gottes an uns. Sie sind unser größter Schatz. Wir können unsere irdischen Schätze und Besitztümer nicht mit in das ewige Reich Gottes nehmen, aber wir wollen unsere Kinder mitnehmen. Deshalb flehen wir zu Gott aufgrund Seiner Barmherzigkeit, dass Er sie erretten möge. Dann können wir die Ewigkeit gemeinsam verbringen. Solange wir also hier auf Erden zusammenleben, haben geistliche Unterweisung und Gebet oberste Priorität. Aber auch die Erziehung für das tägliche Leben ist wichtig. In der Tat ist beides sogar miteinander verwoben. Die Grundlagen, die wir in Kapitel 2 besprochen haben, haben Auswirkungen auf beides. *»Wohl jedem, der den HERRN fürchtet, der in Seinen Wegen wandelt! Du wirst dich nähren von der Arbeit deiner Hände; wohl dir, du hast es gut!« (Ps. 128,1-2).*

Es gibt noch mehr. Bei meinen Beobachtungen und Gesprächen mit Familien, die einen ausgewogenen Ansatz für die Kindererziehung in Bezug auf zwischenmenschliche und arbeitsbezogene Fähigkeiten zu haben scheinen und ihre Kinder zu verantwortungsbewussten und unabhängigen Menschen erzogen haben, sind mir einige gemeinsame Einstellungen aufgefallen. Ich habe etwas gesehen, das im Herzen beginnt und sich in ihrem Verhalten zeigt. Liebe, Ermutigung, Erwartung und Vorbild sind die

Einstellungen, die sich in der Atmosphäre in ihrem Zuhause zeigen.

Einige von euch stöhnen in diesem Moment wegen ihrer Schuldgefühle. Mir geht es genauso. Wir sind diesen Idealen nicht gerecht geworden, weder in der Vergangenheit noch in der Gegenwart. Aber ich möchte uns ermutigen. Gottes Liebe und Gnade deckt eine Menge von Sünden zu (1.Pt. 4,8). Er ist in der Lage, zu erlösen – sowohl im geistlichen als auch im natürlichen Bereich. Er kann unsere alltäglichen Fehler aufgreifen und sie zum Guten nutzen. Römer 8,28 ermutigt uns: *»Wir wissen aber, dass denen, die Gott lieben, alle Dinge zum Besten dienen, denen, die nach dem Vorsatz berufen sind.«*

In Joel 2 warnt der Prophet Juda, dass eine schreckliche Zerstörung bevorsteht, weil das Volk so sündig ist. Er fordert sie zur Umkehr auf; dann beschreibt er, wie sie erwarten können, dass Gott sie körperlich und geistlich wiederherstellen wird: *»Und Ich werde euch die Jahre zurückerstatten, welche die Heuschrecke, der Fresser, der Verwüster und der Nager verzehrt haben« (Joel 2,25).* Wir können darum beten, dass Gott auch uns und unsere Kinder wiederherstellt bzw. errettet. Bete weiter, höre nicht auf zu beten! Gott verheißt: *»Ehe sie rufen, will Ich antworten; während sie noch reden, will Ich [sie] erhören!« (Jes. 65,24).* Gott kann Gebete rückwirkend erhören. Hoffe auf den Herrn!

LIEBE UND ERMUTIGUNG

Wenden wir in diesem Kapitel unsere Aufmerksamkeit mehr dem alltäglichen Leben zu. Wir haben die beiden größten Gebote Gottes besprochen, nämlich Gott über alles zu lieben und unseren Nächsten wie uns selbst. Unsere Familie ist der Inbegriff unserer direkten Nächsten. Wir lieben sie am meisten. Unsere größten Freuden und unsere schlimmsten Ängste drehen sich um sie. Wir wollen das Beste für sie. Wir kümmern uns auch um die Kinder anderer Leute, aber am meisten um unsere eigenen. Wir haben Mitgefühl gegenüber den Lasten anderer Familien, aber unser Herz schmerzt am meisten, wenn unseren eigenen Kindern etwas Schlimmes zustößt. Irgendwie entstehen unsere größten Enttäuschungen auch durch unsere Kinder. In der Tat wird unsere Liebe dadurch auf die Probe gestellt. Oder vielleicht würden wir sagen, es gibt Tage, an denen wir unsere Kinder nicht so sehr *mögen*. Wenn Caleb im Einkaufswagen schreit, dass er diesen Ball braucht, und du ihn nicht beruhigen kannst, egal was du tust, oder wenn Hilda sich seit Wochen weigert, ihr Zimmer zu putzen, und dich mit zusammengekniffenen Augen anschaut und sagt: »Geh aus meinem Zimmer!«, dann ist es mit der Liebe irgendwie ein bisschen schwieriger geworden.

Aber ich möchte allen Eltern etwas zurufen: *»Bewahrt die Liebe in euren Herzen!«* Was auch immer nötig ist zu tun – sprich mit Gott, mit deinem Ehepartner, mit deinem eigenen Herzen, lies ein Buch, das Gott ins Zentrum stellt, sinne über die Heilige Schrift nach, geh spazieren, hebe Gewichte, schau dir das Babyfoto deines Kindes an, oder kombiniere irgendetwas davon – entdecke diese Liebe neu und halte an ihr fest. Selbst in schwierigen Zeiten muss die Liebe der Antrieb für unsere Disziplinierungsmaßnahmen sein. Liebe muss unsere Worte und unsere Reaktionen leiten. Ist Liebe zuweilen hart? Ja, auf jeden Fall. Aber es ist trotzdem Liebe. Bewahre die Liebe in deinem Herzen!

Die Liebe in unseren Herzen wird dafür sorgen, dass die Atmosphäre in unseren Häusern von Liebe geprägt ist. Wie können wir das erreichen? Indem wir den Rat Gottes in

Epheser 6,4 befolgen: »*Und ihr Väter, reizt eure Kinder nicht zum Zorn, sondern zieht sie auf in der Zucht und Ermahnung des Herrn.*« Zunächst sagt uns Paulus, dass wir unsere Kinder nicht durch unsere Erziehungsmethoden provozieren sollen. Provozieren kann man auf verschiedene Art und Weise: indem man hart, übertrieben genau oder streng, wütend, sarkastisch, beleidigend, grausam, böse, rücksichtslos, ungerecht, unnachgiebig oder überheblich ist.

Stattdessen sollen wir unsere Kinder aufziehen. Wir kümmern uns um ihre körperlichen, emotionalen, geistigen, moralischen und geistlichen Bedürfnisse. Dazu gehört Mitgefühl. Wir wollen nur das Beste für sie. Unser Ziel ist es, dass sie zu ausgeglichenen Persönlichkeiten heranwachsen. Wir erziehen sie für das Erwachsenenleben, wir versorgen ihren Körper mit nahrhafter Kost, und wir leiten sie zur Rechtschaffenheit an. Wenn sie unsere Liebe spüren, sind sie viel eher bereit, zu gehorchen und für das Wohl der Familie zu arbeiten.

Wir müssen sie auch im Namen des Herrn ermahnen. Wir bestärken sie in ihrem guten Verhalten und weisen sie in Liebe zurecht, wenn sie falsch handeln. Wir unterweisen sie und erklären alles mit Worten. Manchmal ist auch Disziplinierung erforderlich. Das geschieht im Geist Christi gemäß Offenbarung 3,19: »*Alle, die Ich lieb habe, die überführe und züchtige Ich.*« Das ist weder für die Eltern noch für das Kind angenehm, aber es ist notwendig, um es zu korrigieren, und es ist letztendlich zu seinem Vorteil.

Wie können wir diese Liebe in unserem eigenen Herzen nähren, damit wir unsere Kinder richtig erziehen können? Wenn wir den Tag mit einer persönlichen »Stillen Zeit« beginnen, gibt das den Grundton in unseren Herzen an. Das Auswendiglernen von Bibelversen kann uns stärken. Wenn die Lage angespannt ist, schicke kurze Gebete zum Herrn: »Herr, bitte gib mir Weisheit!« Versuche, dich in dein Kind hineinzuversetzen. Es ist möglich, dass es sich über irgendetwas anderes aufregt und seinen Frust an uns auslässt. Anstatt unsere Emotionen eskalieren zu lassen, versuche mit freundlicher Stimme zu fragen: »Es scheint, dass dich etwas bedrückt. Kann ich irgendetwas tun, um zu helfen?« *»Eine sanfte Antwort wendet den Grimm ab« (Spr. 15,1).* Das könnte das Kind berühren, so dass es sich uns gegenüber öffnen könnte.

Zuneigung ist so wichtig, wenn es darum geht, Liebe zu zeigen – Zuneigung zwischen Ehemann und Ehefrau gibt den Kindern ein Gefühl der Sicherheit, und Zuneigung zwischen Eltern und Kindern gibt allen das Gefühl, geliebt zu werden. Zuneigung kann eine angespannte Situation entschärfen, aber es ist Vorsicht geboten, denn sie kann ein Kind auch verärgern.

Unsere Worte haben großen Einfluss auf unsere Kinder. Ein ermutigender Kommentar kann ihnen Hoffnung schenken und sie aufmuntern, wenn sie niedergeschlagen sind. Gott ist der große Ermutiger Seiner Kinder; unsere Kinder sind ebenfalls auf unsere Ermutigung angewiesen. Worte aus der Heiligen Schrift und Worte der Weisheit und Freundlichkeit können ihnen Kraft geben, um mit ihrer Arbeit weiterzumachen.

Der Vers aus Römer 8,28, dass *»alle Dinge zum Besten dienen«*, hat mich immer wieder beruhigt, und dann habe ich versucht, auch die Kinder zu beruhigen, wenn sie mal launisch waren. Wenn dein Kind mit einer Aufgabe überfordert ist und keinen Ausweg sieht, sag ihm ein sanftes Wort, wie zum Beispiel: »Du hast die schwierige Lektion von letzter Woche überstanden. Ich weiß, dass du es wieder schaffen kannst.« Ermutigung lässt unsere Kinder wissen, dass wir ihnen zur Seite stehen, und dass wir es gemeinsam schaffen werden.

Manchmal müssen wir uns einfach ein wenig entspannen. Anstatt auf Widerstand mit Verärgerung zu reagieren, können wir die gleichen Worte in einem angenehmen, positiven Tonfall sagen. Sophia meckert: »Ich will kein Unkraut jäten!« Du antwortest ruhig: »Nun, wir werden dieses Unkraut jäten, und der Garten wird großartig aussehen, wenn wir fertig sind. Also, los geht's!« – eine ehrliche Antwort, die keinerlei Emotionen erfordert. Auch Humor kann eine Situation entschärfen. Wenn sie mit dir zusammen backen und dabei überall etwas verstreuen, dann mach ein Foto und lach mit ihnen über die Sauerei (das ist besser als zu weinen), und räumt dann gemeinsam alles wieder auf. Bleib ruhig und mach weiter.

Wenn das Verhalten der Kinder disziplinarische Maßnahmen erfordert und du innerlich wütend bist, dann sage: »Ich werde in fünfzehn Minuten mit euch sprechen.« Das gibt ihnen ein paar Momente Zeit, um nachzudenken (und hoffentlich auch zu bereuen) und dir Zeit, dich für eine kluge Reaktion mit einem gewinnbringenden Ziel zu entscheiden. Tu alles, was nötig ist, um Worte, die du im Nachhinein bereuen würdest, zu vermeiden – stell dir vor, du würdest deinen Mund mit Klebeband zukleben, geh in dein Schlafzimmer und bete intensiv.

Ich war immer dankbar dafür, dass die Tage nur vierundzwanzig Stunden dauern und dass Gott dafür gesorgt hat, dass unsere Kinder acht bis zwölf Stunden davon schlafen. Jeden Abend, aber besonders nach einem anstrengenden Tag, schaute ich mir den wunderschönen Anblick unserer schlafenden Kinder an und erlebte, wie der Reset-Knopf der Liebe in meinem Herzen gedrückt wurde. Dann ging ich selbst schlafen und betete am nächsten Morgen für einen besseren Tag.

VORBILD UND ERWARTUNGEN

Von allen Eltern, mit denen ich sprach, lautete die häufigste Antwort auf die Frage »Wie bringt ihr eure Kinder zum Arbeiten?«: »Durch unser Vorbild.« Als ich einige Kinder fleißiger Eltern fragte, wie sie das sehen, antworteten sie: »Wir wussten, dass Papa jeden Tag so hart in seinem Beruf arbeitet; wir wollten ihn nicht enttäuschen. Wir wussten, dass er hart arbeitet, um uns zu unterstützen, also mussten wir unseren Teil dazu beitragen, indem wir zu Hause mit Mama hart arbeiten.«

Ich fragte eines jener Elternpaare, was sie machten, wenn ihre Kinder sich weigerten zu arbeiten oder faul waren. Sie hielten inne und sagten: »Ich weiß nicht, ob wir einfach nur mit fleißigen Kindern gesegnet waren, aber wir hatten keine allzu großen Probleme. Wir haben einfach gearbeitet und von ihnen erwartet, dass sie mit uns arbeiten, und das haben sie auch getan. Wir hatten keine festen Regeln, wir haben einfach als Familie gearbeitet. An einem Samstag haben wir zum Beispiel alle zusammen im Garten gearbeitet. Alles, was wir von ihnen verlangten, haben wir mit ihnen zusammen gemacht. Sie sahen, dass niedere Arbeiten nicht unter unserer Würde waren. Sobald sie alt genug waren und eine Arbeit gut beherrschten, erledigten sie sie allein. Aber wir machen auch weiterhin viele Dinge gemeinsam als Familie.«

Vor Jahren besuchten wir eine Konferenz in Kanada, wo wir einen pensionierten Soziologen trafen. Er erzählte uns etwas Erstaunliches: »Von allen Einwanderergruppen, die ich untersucht habe, gibt es keine, die wie die Niederländisch-Kanadier so erfolgreich im Geschäftsleben waren und einen so starken Familienzusammenhalt hatten.« Er führte dies auf ihren Fleiß und ihre Hingabe an Familie, Gemeinde und Schule zurück. Vor allem aber sah er es als den Segen Gottes an, der auf diesen Charaktereigenschaften liegt.

Es liegt in der gesamten Atmosphäre. Sie ist überall präsent. Wenn Eltern mit gutem Beispiel vorangehen und ihre Kinder so viel wie möglich in die Hausarbeit einbeziehen, dann gibt es eine Erwartungshaltung, die die Kinder übernehmen und die dieses Prinzip in ihrem Denken verankert: »Ein großer Teil des Lebens besteht aus Arbeit. So ist es nun mal, und das ist gut so.«

Zu dieser Atmosphäre gehört aber noch mehr. Ich habe bei den Eltern, die am wenigsten Probleme damit hatten, ihren Kindern eine gute Arbeitsethik zu vermitteln, eine entscheidende Grundhaltung festgestellt. Ich kenne einige von ihnen sehr gut, und sie haben ein unverhandelbares Prinzip, das fest in ihren Herzen verankert ist. Es lautet wie folgt: »Wir arbeiten. Unsere Kinder arbeiten. Wenn sie Einwände haben, ersticken wir diese im Keim und machen einfach weiter mit unserer Arbeit.«

Es gibt keine Toleranz für Widerstand. Kinder spüren, ob es Spielraum für Verhandlungen gibt. Das nicht ganz so fleißige Kind findet den winzigen Riss und versucht, einen Keil zwischen Mama und Papa zu treiben, um eine Ausrede zu finden, nicht arbeiten zu müssen. Aber wenn beide Elternteile eine einheitliche Front bilden, gibt es keine Risse. Je eher unsere Kinder erkennen, dass es kein Entrinnen aus der Arbeit gibt, desto eher akzeptieren sie es und machen sich an die Arbeit, und desto zufriedener und gehorsamer sind sie. Wir müssen Autorität zeigen, gemischt mit Liebe und Fürsorge, ohne autoritär zu sein.

Schließlich sollten wir dies nicht als ein Leben voller Mühen und Prüfungen betrachten. Ja, manche Menschen haben eine schwierige, mühsame Aufgabe, zu der sie berufen sind. Aber die meisten von uns können ihre Einstellung zur Arbeit unter Kontrolle halten. Lasst uns nicht die negative Einstellung der Welt dazu übernehmen. Stattdessen sollten wir die Arbeit als Geschenk Gottes betrachten, was sie ja auch ist. Lasst uns begeistert sein von der Arbeit und von dem, was wir dabei entdecken und lernen können. Lasst uns unsere Arbeit lieben und erwarten, dass unsere Kinder dies auch tun. Zeigen wir, dass wir uns über unsere Arbeit freuen, dass sie uns belohnt und dass wir etwas erreicht haben, und geben wir diese positive Einstellung an unsere Kinder weiter.

Fragen zum Studium

1. Zähle ganz allgemein auf, welche Stimmungen zu Hause positiv und welche negativ sind. Beurteile die Atmosphäre in deinem eigenen Zuhause. Was machst du gut? Wie kannst du dich selbst zu Verbesserungen herausfordern?

2. Warum ist Liebe so wichtig? Wie können wir die Liebe in unseren eigenen Herzen und in den Herzen unserer Kinder nähren?

3. Wie können wir unsere Kinder in ihrer Arbeit ermutigen?

4. Überlege dir Beispiele, in denen wir unseren Kindern gegenüber harte Liebe zeigen müssen. An welche biblischen Prinzipien sollten wir uns erinnern, wenn wir unsere Kinder zu ihrem Besten disziplinieren, sie es aber anders sehen?

5. Wie reagieren unsere Kinder auf unser Vorbild? Beschreibe zwei Situationen, in denen euer Vorbild eure Kinder positiv zum Arbeiten beeinflusst hat. Nenne eine Möglichkeit, wie ihr euren Kindern in Zukunft Vorbilder sein könnt.

6. Wenn ihr von euren Kindern erwartet, dass sie arbeiten, wie wird sich das in eurer Einstellung und euren Worten äußern? Welche konstruktiven Möglichkeiten gibt es, euren Kindern diese Einstellung zu vermitteln?

TEIL 1: Die elterlichen Prinzipien

Kapitel 4
BÄNDIGE IHREN WILLEN, UM SIE ZU BEFREIEN

Als ich eine junge Mutter war, sagte mir eine liebe Freundin, eine Mutter von zehn Kindern: »Der Wille eines Kindes muss den Eltern untergeordnet werden. Normalerweise hat jedes Kind im Alter von achtzehn bis dreißig Monaten eine heftige Konfrontation mit Mama oder Papa. Und die Eltern *müssen gewinnen*. Wenn das geschieht, wird es danach ruhiger zugehen. Wenn aber das Kind gewinnt, werden die Auseinandersetzungen weitergehen. Je älter das Kind ist, desto schwieriger ist es für den Elternteil, zu gewinnen.« Eines unserer Kinder wählte für diese Konfrontation einen Tag aus, an dem ein bekannter Theologe bei uns zum Mittagessen zu Besuch war. Ich erinnere mich noch genau. Zum Glück war das Mittagessen schon vorbei, und mein Mann begleitete unseren Gast schnell zur Tür hinaus. Hatte ich gewonnen? Ich glaube, um Haaresbreite.

Aber es geht nicht darum, dass wir gewinnen; es geht darum, dass unser Kind gehorcht. Es geht darum, den Willen unserer Kinder unterzuordnen, damit sie erzogen und von ihrem Egoismus befreit werden können, um ihr volles Potenzial zu entfalten. Gott befiehlt unseren Kindern: *»Du sollst deinen Vater und deine Mutter ehren, damit du lange lebst* *in dem Land, das der HERR, dein Gott, dir gibt!«* (2.Mo. 20,12). Sie müssen lernen, euch zu gehorchen, damit sie später auch anderen Autoritätspersonen – Lehrern, künftigen Arbeitgebern und Gott Selbst – gehorchen können.

Gott hat uns unsere Kinder geliehen, und wir sollen sie nach Seinen Geboten erziehen. Er setzt uns als Autorität über sie ein. Wir repräsentieren Gott in unserem Zuhause. Wir ehren Gott, wenn wir unsere Kinder dazu erziehen, Ihn zu ehren. Es liegt in unserer Verantwortung, sie zu lieben, sie zu erziehen und sie, weil sie Sünder sind, zu ermahnen. Das ist keine leichte Aufgabe. Wir brauchen Weisheit aus Quellen außerhalb unserer selbst, um zu wissen, was zu tun ist. Zu den vertrauenswürdigen Quellen gehören vor allem die Heilige Schrift, der Rat weiser Familienangehöriger und Freunde sowie Gebetserhörungen.

JUNG ANFANGEN

Ich glaube, dass das Trainieren des Willens schon im Säuglingsalter beginnt. Wenn wir auf jeden kleinen Pieps unseres Babys reagieren, wird es bald lernen, dass es gefüttert oder geknuddelt wird, sobald es schreit. Und dann werden die Ruhephasen immer kürzer. Wenn wir sie aber nach einem gewissen Zeitplan füttern und sie ausreichend in den Armen halten und knuddeln, dann ist es gut, wenn sie auch manchmal schreien. Das dehnt ihre Lungen aus, es ist eine Art Körpertraining. Reden und Singen mit ihnen sowie ein Schnuller, Schaukeln, Wippen und Spielzeug sind hilfreich, um sie abzulenken. Wir *können* ihnen Geduld beibringen. Und wir *können* ihnen vermitteln, dass wir ihnen nicht alles geben werden, was sie sich wünschen, sobald sie es wünschen.

Wenn Babys wachsen und sich bewegen, können sie in Schwierigkeiten geraten – indem sie Dinge anfassen, an denen sie sich verletzen könnten; indem sie sich an gefährliche Orte wie Treppen begeben, und indem sie schädliche Dinge in den Mund stecken. Keiner von uns würde das zulassen; also rufen wir »Nein!« und ergreifen Maßnahmen, um sie vor sich selbst zu schützen. So trainieren wir ihren Willen.

Angemessene Disziplinierung ist angesagt, vor allem, wenn sie Wut oder Trotz zeigen. Und ja, sogar Babys und Kleinkinder *können* das tun. Wenn ein sehr kleines Kind diese angeborenen Emotionen zeigt, vermittelt ein entschiedener Verweis, ein strenger Blick, ein Kopfschütteln, während du es fest im Arm hältst, eine Botschaft. Wenn ein Kind mit mürrischem Blick gegenüber Mama oder Papa »Nein!« sagt, dann muss man darauf entsprechend reagieren. Wenn dein Kind älter wird und das Trotzverhalten eindeutig aus einem rebellischen Herzen kommt, dann ist eine entschlossene Maßnahme angesagt, bis dieses Verhalten völlig überwunden ist. Null Toleranz für Ungehorsam. Lach nicht darüber, mach keine Fotos und zeige auf keinen Fall, dass du dein Kind niedlich oder lustig findest, denn das würde das negative Verhalten nur noch verstärken. Wenn du einen Ansporn brauchst, um mit dem Trotz entschieden und unverzüglich umzugehen, dann stell dir einfach vor, dein Kind wäre ein Sechzehnjähriger, der sich genauso verhält.

ES MUSS GETAN WERDEN

Ein wichtiger Grundsatz, an den wir uns erinnern müssen, wenn wir unsere Kinder erziehen, ist, *dass sie Sünder sind.* Sie sind Sünder, weil wir, die wir selbst Sünder sind, sie geboren haben. Wir lieben sie aus tiefstem Herzen. Aber sie müssen von uns erzogen werden, und sie müssen von Jesus gerettet werden. Wir sollten also nicht überrascht sein, wenn unser kleiner Liebling sündigt. Vielmehr sollten wir es erwarten und bereit sein, darauf zu reagieren, wenn es passiert.

Um ein Pferd reiten zu können, muss es zuerst eingeritten werden. Erst dann ist es nützlich. Es kann einem Zweck dienen, anstatt wild zu bocken und eine Gefahr für sich selbst und seine Umgebung darzustellen. Ich habe gelesen, dass ein Pferd treuer und angenehmer ist, wenn es dazu gebracht wird, seinem Führer aus Respekt und nicht aus Angst zu folgen.[1] Ist das bei Kindern nicht auch so? Indem wir sie streng, aber mit Liebe im Herzen disziplinieren und dabei biblischen Prinzipien folgen, bringen wir den Willen unseres Kindes allmählich dazu, sich dem Willen Gottes zu unterordnen. Wenn sie unsere Liebe spüren, wenn wir sie ermutigen, wenn wir sie darin bestärken, das Richtige zu tun, wenn sie wissen, dass wir das Beste für sie wollen, werden sie sich unterordnen. Sie werden zufrieden sein. Es mag ein langer Prozess sein; aber wenn wir beharrlich bleiben, wird Gott ihn segnen (Spr. 8,32).

Wir müssen ihren Willen bändigen, aber nicht ihren Geist brechen. Paulus warnt uns, dass unsere Kinder entmutigt werden, wenn wir sie zum Zorn reizen (Kol. 3,21). Ihr Geist wird daran zerbrechen. Ohne Ermutigung, gepaart mit Korrektur, werden sie das Gefühl haben, dass sie nichts richtig machen können. Sie werden das Gefühl haben, dass man auf ihnen herumhackt. Wenn wir ständig negativ eingestellt sind, wird eine Zeit kommen, in der sie uns nicht mehr zuhören wollen. Wenn sie dann Fehler machen, fühlen sie sich wie Versager; sie werden sich nicht mehr aufraffen wollen, um es erneut zu versuchen. Sie werden nicht mehr mit Be-

---

1 Ryan Corrigan, »How to Break a Horse«, www.wikihow.com.

geisterung lernen, arbeiten oder gehorchen. Vielleicht rebellieren sie gegen uns oder lassen ihre Frustration an jemandem aus, der jünger und kleiner ist, was zu Mobbing führt.

Freunde von uns haben mehrere Kinder aus verschiedenen Verhältnissen adoptiert. Eine Adoptivtochter litt unter einer reaktiven Bindungsstörung und unter dem fetalen Alkoholsyndrom. Als Kleinkind hat sie stundenlang um sich geschlagen. Ihre Mutter hielt sie fest, schaukelte sie und sagte ihr immer wieder, dass sie sie liebe und dass sie sich nicht so verhalten dürfe. Ich nenne das eine »Liebes-Zwangsjacke«. Zum Glück müssen die meisten von uns nicht mit einer solchen Extremsituation fertig werden, aber einige von uns haben kleine Kinder, die Wutanfälle bekommen. Die Liebes-Zwangsjacke ist ein nützliches Hilfsmittel, um unser Kind zu beruhigen und auch uns selbst im Sturm ruhig zu halten.

Jedes Kind ist anders. Vor einiger Zeit war ich in der hintersten Ecke des Supermarktes, als ich ein schrilles Schreien hörte. Als ich mich auf den Weg zur Kasse machte, wurde das Geräusch lauter. Ich versuchte, nicht hinzuschauen, aber ich kam nicht umhin, ein etwa vierjähriges Mädchen zu sehen, das auf dem Boden lag, strampelte und mit den Armen wild um sich schlug. Sie schrie immer wieder: »Ich will diese Puppe!« Sie zitterte vor Wut. Tränen strömten aus ihren geschwollenen Augen und über ihre roten Wangen. Ihre Mutter beendete schnell ihren Einkauf, hob ihre Tochter auf und schob den Wagen weiter. Das Mädchen trat und schlug ihre Mutter und weinte und schrie weiter. Die Mutter gab nicht nach. Das Mädchen bekam die Puppe nicht. Es war überhaupt nicht glücklich.

Ein anderes Mal war ich im Laden und stand in der Schlange. Ein Kind vor mir wollte etwas Süßes. Die Mutter sagte nein. Der kleine Junge sah sehr traurig aus, senkte den Kopf und vergoss ein paar Tränen. Aber ein paar Minuten später kuschelte er sich ganz ruhig an sie. Er war zufrieden.

Was war der Unterschied zwischen diesen beiden Kindern (abgesehen von ihren persönlichen Eigenschaften)?

Beide wollten unbedingt etwas haben. Beide Mütter sagten nein. Das Mädchen konnte nur daran denken, was es wollte. Sie hatte nicht gelernt, sich ihrer Mutter zu unterordnen. Sie war so wütend, wenn etwas nicht so lief, wie sie wollte, dass es ihr egal war, wenn sie ihre Mutter anschrie und einen Aufruhr verursachte. Sie konnte nicht über das Nein ihrer Mutter zur Liebe ihrer Mutter hinausblicken. Der Junge wusste, dass die Schokolade in nächster Zeit nicht auf seiner Zunge zergehen würde. Das machte ihn traurig, aber er akzeptierte es, weil er gehorchen musste. Er suchte bei seiner Mutter Trost, weil er wusste, dass sie ihn liebte. Welches Kind war zufriedener? Natürlich der kleine Junge. Er wusste, dass er sich mit den Umständen abfinden musste, und ging weiter. Das Mädchen schrie weiter.

Was ist mit dem willensstarken Kind?

Alles, was in diesem Buch steht, gilt auch für das willensstarke Kind – nur eben in doppelter oder dreifacher Intensität. Jedes Kind braucht Liebe und Bestätigung, gemischt mit Anleitung und Ermahnung; aber bei einem willensstarken Kind musst du vielleicht noch gezielter und kreativer vorgehen. Du wirst mehr auf die Probe gestellt werden, wirst mehr verärgert sein, und deine Bemühungen werden dir als vergeblich erscheinen. Aber genau wie beim Segeln eines Schiffes durch einen Sturm, solltest du ruhig bleiben, die Hand am Steuer und das Ziel im Auge behalten und weiterhin beten. Halte dich von den Felsen fern, um keinen Schiffbruch zu erleiden. Rechne mit hohen Wellen und tiefem Seegang. Ein willensstarkes Kind hat oft besondere Talente und Intelligenz, aber auch einen starken Wunsch und Antrieb. Es kann egozentrisch und so sehr auf seine eigenen Gedanken und Wünsche fixiert sein, dass es den Rest der Familie mit Füßen tritt. Zeige viel Liebe bei der Zurechtweisung. Konsequenz ist der Schlüssel. Lass dich nicht von ihren endlosen Argumenten irritieren. Überlege genau, was du von ihnen verlangst, teile es ihnen klar mit und bleibe standhaft. Lenke ihre Stärken auf gewinnbringende Fähigkeiten, und gib ihnen in so vielen Bereichen wie möglich (gefahrlose) Unabhängigkeit, damit sie eine gewisse Kontrolle über ihr Leben haben.

Woran erkennen wir, dass es uns gelungen ist, den Willen unseres Kindes zu bändigen?

Wenn es die meiste Zeit gehorsam ist, wenn es sich bessert, und wenn es nicht mehr fordernd oder trotzig ist. Das heißt aber nicht, dass es keine Rückfälle geben wird. Kindererziehung ist eine Aufgabe, die achtzehn Jahre oder länger dauert. Es mag zwar einen Wendepunkt geben, an dem sie erkennen, dass sie sich Mama und Papa unterordnen müssen; aber es wird auch viele andere Momente geben, in denen sie ihren Willen gegen den unseren austesten. Erfreue dich also an dem Abenteuer, mach dir weniger Sorgen und bete mehr, liebe die Kleinen von ganzem Herzen und lenke sie in die richtige Richtung. Denke daran, dass sie zufriedener sind, wenn ihr Wille gebändigt ist, dass sie dann von selbstzerstörerischen Impulsen befreit sind, und dass sie ihre von Gott geschenkten Gaben und ihr Potenzial entfalten können.

Fragen zum Studium

1. Was lehrt uns die Heilige Schrift über den Willen eines Kindes? Warum ist es so wichtig, hierin die richtige Perspektive zu haben?

2. Nenne drei Beispiele dafür, wie wir den Willen unserer Kinder schon im Baby- oder Kleinkindalter formen können. Warum ist es wichtig, frühzeitig etwas gegen die trotzige Haltung zu unternehmen?

3. Welche Gefahren bringt es mit sich, wenn wir die sündige Natur unserer Kinder nicht erkennen?

4. Unsere Kinder als Sünder zu erkennen, scheint im Widerspruch zu dem Gebot zu stehen, sie zu lieben. Wie können wir das miteinander in Einklang bringen? Was hat das Evangelium von Jesus Christus damit zu tun?

5. Warum ist es wichtig, Ermutigung mit Disziplinierung zu verbinden? Wie können wir den Willen unserer Kinder erziehen und ihnen gleichzeitig Respekt entgegenbringen? Wie können wir ihren Willen bändigen, ohne ihren Geist zu brechen?

6. Nenne drei hilfreiche Grundsätze für den Umgang mit einem willensstarken Kind.

TEIL 1: Die elterlichen Prinzipien

Kapitel 5

GIB DIE ZÜGEL AB

Wenn wir den Willen unseres Kindes gebändigt haben, ohne seinen Geist zu brechen, haben wir eine Grundlage geschaffen, auf der es im weiteren Verlauf seines Berufslebens aufbauen kann. Wenn die Kinder noch klein sind, werden sie durch die Maßregelung ihrer Eltern gezügelt. Im Verlauf von etwa achtzehn Jahren übernehmen sie dann die Kontrolle und entwickeln Selbstdisziplin. Wir erziehen und leiten sie durch unsere Worte und Taten, durch unsere Liebe und Ermahnung, durch unser Vorbild und unsere Unterweisung, so dass Selbstbeherrschung in ihrem Charakter verankert wird. Wir erwarten von ihnen, dass sie uns als ihre *Eltern* respektieren, und wir beten darum, dass sie charakterlich wachsen und ihren eigenen Maßstäben gerecht werden, damit sie ihre *Selbstachtung* aufbauen können. Das alles ist ein langer, schrittweiser Prozess.

Ein weiser Mensch mit Selbstbeherrschung ist stark. In Sprüche 16,32 heißt es: *»Besser ein Langmütiger als ein Starker, und wer sich selbst beherrscht, als wer eine Stadt bezwingt.«* Andererseits lesen wir: *»Wie eine Stadt mit niedergerissenen Mauern, so ist ein Mann, der seinen Geist nicht beherrschen kann« (Spr. 25,28).* Welcher Vers soll das Leben deines Kindes beschreiben? Wo führt jeder einzelne hin? Stell dir das erste Bild vor: ein junger Mensch, der seine inneren Impulse unter Kontrolle hat, der einen Arbeitsplatz hat, der in positive Beziehungen eingebunden ist und der einen Beitrag zur Gesellschaft leistet. Stell dir den zweiten Vers vor: ein junger Mensch, der seinen inneren Impulsen nachgibt, drogen- oder pornosüchtig ist, Beziehungsbrücken zerstört und nur für seinen Lohn arbeitet, aber sein Potenzial nicht ausschöpft.

Die innere Einstellung ist so wichtig. Wenn wir unsere Kinder so erziehen, dass sie ihre Triebe unter Kontrolle bringen, dann halten wir sie nicht gefangen. Wir schränken ihren freien Geist nicht grausam ein. Vielmehr befreien wir sie, damit sie ihr volles Potenzial entfalten können. Anstatt zu schreien: »Ich will ...!«, lernen sie die Freude am Teilen. Anstatt ihre Geschwister zu verprügeln, lernen sie, sich zurückzuhalten und freundlich zu sein. Anstatt sich von ihren egoistischen Wünschen fesseln zu lassen, werden sie befreit, um anderen zu dienen. Dann wird ihre Welt umfassend und aufregend, denn es geht nicht nur um das große kleine *Ich*. Ihre Augen werden geöffnet, um die Gaben zu entdecken, die Gott ihnen geschenkt hat.

Wir Eltern kennen unsere Kinder sehr gut. Wir sollten uns auf ihre Stärken konzentrieren und daran arbeiten, ihre Talente zu entwickeln, damit sie einen geeigneten Beruf ergreifen, sich selbst versorgen können und unabhängig sind. Lasst uns die spannenden Möglichkeiten für ihre Zukunft im Auge behalten. Natürlich wird es auf dem Weg dorthin Stolpersteine geben. Unsere Kinder werden sich vielleicht dem widersetzen, was gut für sie ist. Wir werden viele Kurskorrekturen vornehmen müssen, aber wenn wir uns auf Veränderungen einstellen, wird uns das nicht aus der Bahn werfen. Wir können uns umstellen und weitermachen. Bleib ruhig und mach weiter. Wir sollten ihr Potenzial nicht aus den Augen verlieren.

Wie können wir den Übergang von der elterlichen Disziplin zur Selbstdisziplin fördern? Bist du bereit, langfristig durchzuhalten? Ich hoffe es, denn dafür ist Ausdauer nötig. Jedes Kind ist anders; also erziehen wir es auf eine

Weise, die seinem Charakter entspricht. Ich hoffe, dass ich im nächsten Kapitel darauf eingehen kann. Aber es gibt einige allgemeine Richtlinien, die für alle Kinder gelten: positiv bleiben, Fertigkeiten und Gewohnheiten entwickeln, Zuversicht und Unabhängigkeit aufbauen und Identität entwickeln.

BLEIB POSITIV

Erinnere dich an den Rat von Paulus, unsere Kinder *»in der Zucht und Ermahnung des Herrn [aufzuziehen]« (Eph. 6,4).* Frag dich selbst ab und zu und besprich es mit deinem Ehepartner: »Finden wir das richtige Gleichgewicht zwischen diesen beiden Aspekten? Sprechen wir die Sünde an und zeigen dabei trotzdem Liebe? Halten wir ein Gleichgewicht zwischen Disziplin und Ermutigung? Sind wir eher positiv als negativ eingestellt? Haben wir Freude an unseren Kindern oder fühlen wir uns eher belastet?« Stell diese Fragen aber nicht spät am Abend, nach einem anstrengenden Tag. Stell sie lieber, wenn die Sonne scheint und du gut geschlafen hast.

Ich hoffe, dass du ermutigt wirst, oder dass du Ermutigung bei Gott und anderen findest. *»Denn die Freude am Herrn ist eure Stärke!« (Neh. 8,10)* – das ist ein wertvoller Vers, den ich gern entdeckt hätte, als unsere Kinder noch klein waren, denn er hat mich sehr ermutigt, als er mir in die Augen fiel. Ich bete, dass er auch dir Kraft, Mut, Freude und Frieden schenkt.

Die einzige Möglichkeit, die Freude am Herrn zu finden, besteht darin, in enger Gemeinschaft mit Ihm zu wandeln. Wenn du deinen Tag mit Ihm mit einer Andacht und dem Gebet beginnst, bist du auf dem richtigen Weg. Das gibt dir buchstäblich Kraft! Eine Andacht mit deinen Kindern prägt die Stimmung des Tages. Als unsere Kinder noch klein waren, haben wir vor dem Frühstück abwechselnd aus den Psalmen, den Sprüchen, aus dem Buch Prediger, den Evangelien und Jakobus vorgelesen, aber am häufigsten lasen wir Sprüche. Es war, als würden wir unsere Werkzeuge für die Arbeit des Tages anlegen. Ich liebe Weisheit, und ich sehnte mich nicht nur nach mehr Weisheit, sondern wollte auch unbedingt, dass unsere Kinder weise werden. Die Sprüche sind so praktisch für das tägliche Leben.

Ich weiß, dass es Zeiten gibt, in denen eine positive Einstellung ein Ding der Unmöglichkeit zu sein scheint. Als Mütter habt ihr vielleicht mit PMS (dem Prämenstruellen Syndrom) zu kämpfen. Jeder hat mal einen schlechten Tag. Das Leben kann schwierig sein. Kinder können unsere gute Laune im Handumdrehen zerstören. Ich verstehe dich. Bete zuerst! Halte Gott im Gebet Seine Verheißungen entgegen. *»… und rufe Mich an am Tag der Not, so will Ich dich erretten, und du sollst Mich ehren!« (Ps. 50,15).* Mein liebstes und häufigstes Gebet war schon immer: *»Herr, hilf Mir!« (Mt. 15,25).* Es deckt alles ab! Manchmal schenkt Er uns große Hilfe, manchmal lässt Er uns nur mit letzter Kraft durch den Tag gehen. Aber wenn wir gläubig sind, ist Er immer bei uns. *»Ich will dich nicht aufgeben und dich niemals verlassen!« (Hebr. 13,5).*

Wir können auch gezielt praxisbezogen beten. *»HERR, stelle eine Wache an meinen Mund, bewahre die Tür meiner Lippen!« (Ps. 141,3).* Bitte Gott darum, dass Er dir hilft, ruhig zu bleiben, weise auf die Kinder zu reagieren und so zu sprechen oder zu handeln, dass du es anschließend nicht bereuen wirst. Manchmal bin ich ins Badezimmer geflüchtet, habe gebetet, in den Spiegel geschaut und mich selbst ermahnt oder ermutigt, indem ich mir sagte: »Du schaffst es bis zum Abendessen!«, oder: »Lächeln!«

Wenn es sein muss, tue so, als wärest du jemand anders, der ruhiger ist – das ist besser, als in die Luft zu gehen. Ich habe das als nützlich empfunden, als unsere Kinder die Arbeit mit einem lauten Gejammer begrüßten. Anstatt meine Verärgerung zu zeigen, versuchte ich, mit freundlicher Stimme zu antworten: »Stellt euch nur vor, wie glücklich ihr sein werdet, wenn die Toiletten wieder sauber sind.« Halte negative Worte zumindest so lange zurück, bis du Zeit hattest, darüber nachzudenken, ob du sie sagen solltest. Du könntest dir einfach auch buchstäblich die Hand auf den Mund halten, indem du an jenen Vers denkst: *»Ein Tor lässt all seinem Unmut freien Lauf, aber ein Weiser hält ihn zurück« (Spr. 29,11).* Positives und negatives Denken sind wie Dominosteine. Wenn wir auf negative Kommentare mit noch mehr Negativem reagieren, wird es nur noch schlimmer. Wenn wir jedoch einer stressigen Situation eine positive Wendung geben können, dann können wir die Lage beruhigen.

Wenn wir Eltern die Arbeit in einem positiven Licht sehen, werden unsere Kinder die gleiche Einstellung übernehmen. Unsere Nichte, eine Mutter von vier Kindern, sorgt dafür, dass die Arbeit Spaß macht, indem sie fröhlich ist und sie als Familie zusammenarbeiten. Jeden Samstagmorgen sitzen sie zum Beispiel im Kreis und veranstalten eine Wäsche-Falt-Party, wobei sie sich gegenseitig herausfordern, ob sie es schaffen, den Stapel in sieben Minuten zusammenzulegen. Sie putzen gemeinsam das Haus und feiern danach, indem sie draußen spielen.

Eine verblüffend einfache Möglichkeit, kleinen Kindern eine positive Einstellung zu vermitteln, besteht darin, sie für kleine Aufgaben, die sie erledigen, zu loben. Unsere Tochter klatscht und jubelt, wenn ihre kleinen Kinder eine

Aufgabe erledigt haben. Wenn ich dort die Kinder betreue und wir mit dem Abwasch oder dem Zusammenlegen der Wäsche fertig sind, ruft unsere Enkelin jubelnd: »Wir haben es geschafft!« Jeder liebt es, wenn er gelobt wird.

Erwachsene und Kinder lieben es gleichermaßen, gewürdigt zu werden. Wir Ehefrauen genießen es – wie auch unsere Männer –, für unsere tägliche Arbeit Anerkennung und Dank zu erhalten, auch wenn diese Arbeit eigentlich von uns erwartet wird. Das Gleiche gilt für unsere Kinder. Wenn sie arbeiten, helfen sie uns; also ist ein Dankeschön an sie angebracht. Es gibt ihnen das Gefühl, wertgeschätzt zu werden, weil sie eine Aufgabe erfüllen und zum Funktionieren des Haushalts beitragen.

Dankbarkeit auszudrücken ist eine Möglichkeit, einander in Demut zu dienen und ein Gefühl der Dankbarkeit in ihnen und uns zu fördern. Wenn Kinder das Gefühl haben, wertgeschätzt zu werden, entwickeln sie eine positive Assoziation mit dem Begriff »Arbeit«. Heißt das, dass sie sich nie wieder gegen Arbeit wehren werden? Nein, leider nicht. Aber es ist etwas, das wachsen wird, wenn wir beharrlich bleiben.

FERTIGKEITEN UND GEWOHNHEITEN ENTWICKELN

Grundfertigkeiten sind die Bausteine von Gewohnheiten, die wiederum zu einem produktiven Arbeitsleben als Erwachsener beitragen. Fertigkeiten werden mit der Zeit und durch Wiederholung erlernt. Je jünger wir sind, wenn wir damit beginnen, desto früher werden die Gewohnheiten etabliert. Eine Grundfertigkeit ist zum Beispiel, hinter sich aufzuräumen. Das fängt schon beim Spielzeug an. Ich bin der festen Überzeugung, dass man einem kleinen Kind, das seine Bauklötze auskippt und im ganzen Zimmer verstreut, beibringen kann, die Klötze wieder in den Eimer zu legen. Mach es zu einem lustigen Spiel, sing dabei ein Lied, mach es gemeinsam mit dem Kind und lobe es, wenn es damit fertig ist. Wenn es sich wehrt, bleib optimistisch, aber gib nicht auf. Sag als Motivation: »Es gibt einen Snack, wenn die Klötze aufgesammelt sind!« Es ist leichter, den Willen eines Einjährigen zu trainieren als den eines Vierzehnjährigen.

Gib deinen Kindern die Aufgabe, beim Aufräumen ihrer Zimmer mitzuhelfen. Wenn sie laufen können, dann können sie ihre schmutzige Kleidung in den Wäschekorb legen – mach dies zu einer Gewohnheit. Mach das jeweilige Bett gemeinsam mit dem Kind – bring es ihnen einzeln bei. Freue dich mit deinem Kind, wenn es seine Arbeit gut gemacht hat: »Dein Zimmer sieht super aus!« Während der Coronazeit, als alle zu Hause bleiben und zu Hause unterrichtet werden mussten, erstellte unsere Nichte eine Tabelle. Ihre Kinder mussten mit gewaschenem Gesicht und gekämmten Haaren zum Frühstück erscheinen, die Betten gemacht und die Zimmer aufgeräumt haben, um einen Punkt zu bekommen. Wenn sie eine bestimmte Anzahl von Punkten erreicht hatten, fanden sie unter ihrem Kopfkissen eine Belohnung.

Einige Freunde in Maine wohnen in einem Haus mit einem kleinen Eingangsbereich. Die Kinder mussten ihre Schuhe und Mäntel beim Betreten des Hauses in den Keller bringen. Wenn sie ihre Schuhe im Flur stehen ließen und diese somit eine Stolperfalle für andere darstellten, mussten sie die Schuhe zehnmal hintereinander runterbringen. Beim zweiten Verstoß mussten sie es fünfzig Mal machen. Weil ihre Mutter diese Regel konsequent durchsetzte, lernten die Kinder schnell, sich daran zu gewöhnen.

Wenn ich zurückblicke, wünschte ich, ich wäre in diesem Bereich konsequenter gewesen. Wenn die Kinder von der

Schule nach Hause kamen, hätte ich sie an der Tür abfangen und sie als freundlicher Wachtmeister erst dann durchs Haus laufen lassen dürfen, wenn ihre Sachen ordentlich verstaut waren. Konsequenz im Vorfeld bewahrt die Kinder davor, ihre Taschen, Mäntel und Stiefel gedankenlos im Abstellraum zu deponieren, und verhindert, dass Mama verzweifelt. Konzentrierte Aufmerksamkeit beim Aufbau von Gewohnheiten zahlt sich kurz- und langfristig aus. Alltägliche Aufgaben müssen automatisch erledigt werden. Manche Eltern konzentrieren sich darauf, eine Gewohnheit nach der anderen aufzubauen, jede etwa eine ganze Woche lang, bis sie gut eingeübt ist. Andere tun dies im Laufe des täglichen Lebens.

Die Essenszeit ist eine gute Gelegenheit, unseren Kindern Gewohnheiten beizubringen. Anfangs kostet es zwar mehr Zeit und Mühe, aber wenn die Gewohnheiten erst einmal eingeübt sind, erübrigt sich beides. Es macht Spaß, bei der Zubereitung des Essens zu helfen, und es dient der ganzen Familie. Beziehe deine Kinder in die Auswahl der Mahlzeiten mit ein. Essen macht Spaß und ist eine Belohnung in sich selbst. Und natürlich sollte Mama hinterher nicht mit dem Aufräumen allein gelassen werden. Wenn die ganze Familie mit anpackt, ist die Arbeit in zehn bis fünfzehn Minuten erledigt. Wenn mein Schwager und meine Schwägerin das mit dreizehn Kindern geschafft haben, dann kann es jeder schaffen. Sie stürzten sich auf die Arbeit, und sie war schnell erledigt. Kein Jammern oder Aufschieben – einfach die Arbeit erledigen.

ZUTRAUEN UND UNABHÄNGIGKEIT AUFBAUEN

Als eine unserer Enkeltöchter drei Jahre alt war und mit ihrer Familie draußen spielte, musste sie auf die Toilette und bekam gesagt: »Geh ruhig und komm wieder raus.« Es dauerte eine Weile, aber schließlich tauchte sie wieder auf. Erst später bemerkten sie, dass sie es nicht ganz geschafft hatte. Sie hatte ihre nassen Klamotten in die Waschküche gebracht, war nach oben in ihr Zimmer gegangen und hatte statt einer Unterhose eine Badehose und eine saubere Jeans gewählt. An die Sockenschublade war sie nicht gekommen, also hatte sie diesen Teil übersprungen. Sie sagte kein Wort, als sie wieder zur Familie stieß. Ihre Mutter bemerkte es erst, als sie sie bei 15 Grad barfuß sah. Sie hatte ihre Schuhe ausgezogen, weil diese ohne die Socken an ihren Füßen scheuerten. Die Kleine war ziemlich selbstständig.

Ich bewundere unsere Schwiegertochter dafür, dass sie diese Selbstständigkeit gefördert und unterstützt hat, dass sie die Gewohnheit eingeführt hat, die schmutzigen Kleidungsstücke in die Waschküche zu bringen, und dass sie ihrer Tochter die Freiheit gegeben hat, ihr Kleidungsstück selbst auszuwählen (an den Tagen, an denen sie nicht wegfahren müssen). Offensichtlich traute sie sich das auch selbst zu.

Die meisten Kinder haben von Geburt an ein gewisses Maß an Selbstständigkeit, manche stärker als andere. Das zeigt sich, wenn sie versuchen, selbst zu essen und dabei mehr Essen auf ihrem Gesicht als in ihrem Mund landet, oder wenn sie versuchen, sich selbst anzukleiden, und dabei sagen: »Ich kann das schon!« Manchmal wollen wir die Sauerei nicht, oder wir haben keine Zeit zu warten. Aber ich sage, wir sollten uns die Zeit nehmen und diesen Wunsch nach Selbstständigkeit fördern. Wenn wir ihn unterdrücken, könnten sie bald zu dem Schluss kommen, dass es einfacher ist, Mama und Papa die Arbeit machen zu lassen, und sich schließlich weigern, auch nur einige dieser Selbstfürsorge-Aufgaben zu übernehmen. Natürlich wird es nicht von Anfang an so sein, wie es sein soll. Aber Übung macht den Meister. Wie sonst sollen sie lernen, wenn nicht durch eigenes Tun? Lobe sie dafür, wenn sie die Initiative ergreifen, und begleite sie auf ihrem Weg.

Ich empfehle, dass Kinder die Grundfertigkeiten des täglichen Lebens bereits im frühen Teenageralter beherrschen sollten. Abgesehen von den schon erwähnten Aufgaben, können sich Kinder an der Zeiteinteilung, dem Hausputz und der Organisation des Haushalts und der Mahlzeiten, dem Betreuen und Versorgen eines Kleinkindes, der Gartenarbeit und -pflege, der Pflege von Haustieren, den grundlegenden Bankgeschäften und der Finanzplanung, der grundlegenden Instandhaltung von Haus und Auto und dem Gebet in der Familienandacht beteiligen. Einige dieser Aufgaben sind vielleicht nicht für jedes Kind möglich, aber beziehe deine Kinder in den Prozess, in die Entscheidungsfindung und in die Konsequenzen mit ein. Wenn sie sich in bestimmten Bereichen bewährt haben, lass sie selbst Verantwortung für sich übernehmen. Respektiere sie für ihre Fähigkeiten und belohne sie für ihre harte Arbeit.

Warum sollte dies bereits im frühen Teenageralter geschehen?

Weil sich Kinder in dieser Zeit verändern, manche sogar dramatisch. Die Pubertät und die Teenagerjahre können eine turbulente Zeit sein. Wenn die Kinder die Grundlagen der Lebenskompetenz bereits verinnerlicht haben, verlaufen die Teenagerjahre reibungsloser. Das ist wie ein Geldpolster in schwierigen Zeiten. Wenn wir aber während der Wechselfälle der Hormone immer noch versuchen, ihnen diese Grundlagen beizubringen, werden wir uns wahrscheinlich auf einige Machtkämpfe gefasst machen müssen.

Wenn sie ihren ersten Job bereits als Teenager annehmen, hat das viele Vorteile. Sie müssen jetzt auf jemand anders hören. Wenn sie die »Grundausbildung« zu Hause durchlaufen haben, kann ihr Chef auf dem aufbauen, was sie bereits gelernt haben, und es festigen. Sie fangen auf der untersten Ebene an, so dass sie lernen, alltägliche Aufgaben zügig zu erledigen. Sie lernen Ausdauer und neue Fähigkeiten, darunter auch Sozialkompetenz, d. h. den rechten Umgang mit Menschen. Manche Eltern sind der Meinung, dass sich ihre Kinder ausschließlich auf die akademische Ausbildung konzentrieren und während der Oberstufe oder des Studiums keinen Job annehmen sollten; aber wenn sie jene wertvollen Lektionen am Arbeitsplatz lernen, sind die Jugendlichen besser auf ihre zukünftige berufliche Laufbahn vorbereitet.

Manche Teenager entwickeln eine Grundhaltung, die den Ratschlägen von Mama und Papa misstraut. Sie wehren und widersetzen sich: »Sag mir nicht, was ich tun soll. Ich bin doch kein Kind mehr!« Das gefällt uns als Eltern nicht, aber es ist Teil ihres Weges in die Unabhängigkeit. In ihrem Ungehorsam und Trotz sagen sie vielleicht: »Ich muss das selbst lernen, auch wenn das heißt, dass ich dafür meine eigenen Fehler machen muss.« Vielleicht sollten wir ihnen etwas mehr Freiraum geben, denn wir wissen, dass sie älter werden; und statt Befehle zu erteilen, sollten wir Gespräche mit ihnen führen. Wir können fragen: »Welche Idee hast du? Was denkst du, wie sich das auswirken wird?«

Bleib am Ball. Wähle deine Kämpfe. Streite mit ihnen nicht über Kleinigkeiten. Konzentriere dich auf die wichtigen Themen. In den meisten Fällen werden die Dinge besser werden. Sowohl mein Mann und ich, als auch andere Freunde wehrten sich gegen die Hausarbeit, als wir jünger waren; aber als wir unseren ersten Job bekamen, arbeiteten wir fleißig. Und warum? Es war aufregend, einen eigenen Job zu haben, wir wollten unsere Fähigkeiten unter Beweis stellen, und der Gehaltsscheck in unserer Tasche fühlte sich ziemlich gut an. Außerdem war es uns wirklich wichtig, was andere von uns dachten. Mit anderen Worten: Wir wurden reifer, und die Erziehung unserer Eltern begann sich auszuzahlen. (Ein kleiner Trost: Wenn dein Sohn oder deine Tochter dreiundzwanzig Jahre alt ist, wirst du weiser sein, und sie werden dich bestimmt um Rat fragen).

Schlussendlich wachsen Zutrauen und Selbstständigkeit mit der Erfahrung und Ermutigung. Eigene Entscheidungen zu treffen und mit den Konsequenzen zu leben, ob sie nun gut oder schlecht sind, lehrt Teenager viel mehr, als wenn Mama und Papa es ihnen sagen. Deine Kinder werden Fehler machen, und obwohl wir alles in unserer Macht Stehende tun, um sie vor den gefährlichen Fehlern zu schützen, können manche Fehler sogar von Vorteil für sie sein. Und vielleicht ist das die einzige Möglichkeit, wie sie lernen können – in der harten Schule des Lebens. Sie können lernen, wie sie Hindernisse überwinden können. Wir treten dabei einen Schritt zurück – und einen Schritt nach unten, indem wir beten. Wir lockern unseren Griff und geben ihnen allmählich die Freiheit, so zu sein, wie Gott sie sich wünscht. Dennoch halten wir sie mit unserer Liebe in unserem Herzen fest.

IDENTITÄT AUFBAUEN

Kinder entwickeln ihre Identität auf der Grundlage dessen, was sie tun können, wie sie sich selbst wahrnehmen und wie sie spüren, dass wir Eltern sie wahrnehmen. Wenn wir nörgeln, denken sie vielleicht: »Ich kann nichts richtig machen.« Aber wenn wir unsere kleinen Kinder in ihrer Arbeit fördern, werden sie denken: »Ich bin ein guter Arbeiter.« Stell dir die Kinder mit ihrer Spielzeugküche und ihren Werkzeugen vor. Sie fühlen sich erwachsen, wie Mami und Papi. Sie fühlen sich wichtig, wenn sie Papa beim Ölwechsel am Auto oder Mama beim Backen von Muffins unterstützen.

Wenn wir sie an unseren Kenntnissen über unsere tägliche Arbeit teilhaben lassen und respektvoll mit ihnen sprechen, werden sie erkennen, dass wir sie auf das Erwachsensein vorbereiten. Wenn wir ihnen Fertigkeiten, Gewohnheiten, Zutrauen und Selbstständigkeit vermitteln, werden sie mit dem Gedanken aufwachsen: »Ich kann das. Ich habe Fähigkeiten und Fertigkeiten auf meinem Gebiet.« Sie werden sich nicht als Versager ansehen, sondern als fähige Arbeiter. Sie werden begeistert sein, Aufgaben zu bewältigen. Sie werden begierig sein, mehr zu lernen. Sie werden Selbstdisziplin, Selbstbeherrschung und Zutrauen entwickelt haben. Diese Eigenschaften werden zunehmen, wenn sie sich angewöhnen, jeden Tag hart zu arbeiten. Dies ist unser Ziel. Wir werden erfolgreich den Staffelstab der Verantwortung an sie weitergegeben haben. Dann werden sie auf dem besten Weg sein, die Talente zu erkennen, die Gott ihnen gegeben hat, und sie mit Seiner Hilfe dankbar zu Seiner Ehre und Seinem Ruhm und zum Wohle ihrer Nächsten einzusetzen.

Fragen zum Studium

1. Beschreibe in wenigen Worten jede dieser Eigenschaften: Selbstdisziplin, Selbstbeherrschung und Selbstachtung. Nenne jeweils ein Beispiel dafür. Warum sind sie wichtig, wenn es darum geht, unsere Kinder zur Arbeit zu erziehen?

2. Welche Vorteile bringt es mit sich, eine positive Einstellung zu bewahren, während wir unseren Kindern das Arbeiten beibringen? Vor welchen Herausforderungen stehen wir? Welche Verse aus der Heiligen Schrift ermutigen dich?

3. Denke an vier grundlegende Fähigkeiten, die unsere Kinder lernen müssen, um selbstständig zu werden. Was würdest du empfehlen, um diese zu vermitteln?

4. Woran erkennst du, dass dein Kind eine Fähigkeit beherrscht und sie zur Gewohnheit gemacht hat? Nenne zwei schlechte Gewohnheiten, vor denen du dein Kind zu schützen versuchst, und zwei gute, an denen du gerade arbeitest. Warum kostet die Entwicklung von Gewohnheiten Zeit bzw. verschafft sie Zeit?

5. Denke an deine eigene Jugendzeit zurück. Wie kam es, dass du dir bei der Arbeit im Haushalt immer mehr zugetraut hast? Wie haben dir deine Eltern Selbstständigkeit beigebracht? Welches Konzept hast du, um deinen Kindern Zutrauen und Selbstständigkeit zu vermitteln?

6. Welche Vorteile hat es, wenn dein Kind bis zum Eintritt ins Teenageralter zur Selbstständigkeit erzogen worden ist? Welche Probleme könnten in den Teenagerjahren auftreten? Wie werdet ihr mit diesen Schwierigkeiten umgehen?

7. Welches ist deine Identität als Arbeiter? Mit anderen Worten: Wie würdest du die Lücke im folgenden Satz ausfüllen: »Ich bin ein ___________ Arbeiter«? Welche Art von Identität baust du in deinem Kind auf?

TEIL 1: Die elterlichen Prinzipien

Kapitel 6

INDIVIDUELLE ERZIEHUNG

Vor langer Zeit saßen wir bei einer Hochzeitsfeier mit zwei Paaren zusammen, die beide eine große Familie hatten. Die eine Familie hatte Probleme mit einigen ihrer Kinder. Bei der anderen Familie lief es ganz gut. Der besorgte Vater sagte: »Ich weiß nicht, was ich falsch mache. Ich erziehe sie alle gleich.« Der andere Vater entgegnete: »Vielleicht ist es das, was du falsch machst.«

Alle Eltern werden bezeugen, dass jedes Kind einzigartig ist. Unsere drei sind extrem unterschiedlich. Eines konzentriert sich auf die anstehende Arbeit, bringt sie zu Ende und geht zur nächsten Aufgabe über – es ist ein konvergenter Denker (strukturiert, analytisch und zielgerichtet). Ein anderes ist künstlerisch, kreativ und achtet auf jedes Detail im Leben – ein divergenter Denker (offen und unsystematisch). Und das dritte ist eine Kombination aus kreativ und konzentriert. Als wir sie aufzogen, war ich sehr darauf bedacht, allen dreien gerecht zu werden, vielleicht sogar zu sehr, bis hin zu den kleinen Details.

Wir müssen uns um Fairness bemühen. Wir müssen konsequent sein. Wir legen für sie alle die gleichen moralischen Maßstäbe zugrunde. Wir erziehen sie alle in der Furcht und Zucht des Herrn. Wir bilden sie in den Fertigkeiten des Lebens aus. Wir sorgen dafür, dass sie ausgewogene Mengen an nahrhaftem Essen, Bewegung und Schlaf bekommen.

Aber weil jedes von ihnen einzigartig ist, müssen wir sie entsprechend ihrem Charakter und ihrer Persönlichkeit erziehen. Welche Bereiche des Lebens erfordern eine individuelle Erziehung? Wir werden uns die Bereiche Lernstil und Arbeitsstil und Disziplin ansehen.

LERNSTIL UND ARBEITSSTIL

Wenn du einen Blick durch das Fenster einer Grundschule werfen könntest, würdest du vielleicht sehen, wie Leo, Emily und Charlie herumzappeln, während sie ihrer Lehrerin zuhören, wohingegen Ella, Noah und Lily ruhig sitzen. Aber wenn du Frau Perkins, ihre Lehrerin, fragen würdest, würde sie dir vielleicht sagen, dass einige der zappelnden Kinder die Lektion besser verstehen als einige derjenigen, die still sitzen.

Einige Jugendliche lernen für Tests, während Musik aus ihren Kopfhörern schallt, andere aber brauchen absolute Stille. Manche arbeiten inmitten eines Durcheinanders, andere brauchen Ordnung um sich herum. Jeder gute Lehrer wird eine Vielzahl von Methoden anwenden, um jeden Schüler zu erreichen, denn Kinder lernen und arbeiten auf unterschiedliche Weise.

Verhaltensforscher haben die Lern- und Arbeitsstile analysiert. Sie haben sieben allgemein anerkannte Lernstile gefunden:

- **VISUELL** Lernende ziehen es vor, Bilder zu verwenden; sie haben ein räumliches Denken.
- **AKUSTISCH** Lernende verstehen durch Klang und Musik.

- **VERBAL** Lernende bevorzugen gesprochene und geschriebene Wörter.
- **PHYSISCH** Lernende bevorzugen praxisnahes Lernen.
- **LOGISCH DENKENDE** Lernende mögen es, Dinge zu begründen und in Systemen zu denken.
- **SOZIAL** Lernende ziehen es vor, zusammen mit anderen Menschen zu lernen.
- **EINZELLERNER** ziehen es vor, allein zu lernen und allein zu arbeiten.[1]

Von den vielen verfügbaren Modellen von Arbeitsstilen halte ich die Zusammenstellung und Definition von Robert und Dorothy G. Bolton für am sinnvollsten:

- **ANALYTISCHE** Arbeiter sind vorsichtig, mögen Organisation und Struktur, arbeiten lieber allein, stellen detaillierte Fragen, bevorzugen objektive Arbeit und streben nach Genauigkeit.
- **ENGAGIERTE** Arbeiter sind unabhängig, wettbewerbsorientiert, entscheidungsfreudig und etwas intolerant gegenüber den Gefühlen und Ratschlägen anderer. Sie ergreifen Maßnahmen und mögen keine Untätigkeit. Sie mögen auch die Kontrolle und die Freiheit, sich selbst und andere zu führen, und arbeiten schnell und effizient selbstständig.

---

1 »Overview of Learning Styles«, www.learning-styles-online.com.

- UNTERSTÜTZENDE Arbeiter sind langsamer im Ergreifen von Maßnahmen und im Treffen von Entscheidungen und schwächer darin, Ziele zu setzen und sich selbstständig zu steuern. Sie orientieren sich an Menschen, können gut zuhören und arbeiten gut mit anderen zusammen, um deren Unterstützung zu gewinnen.
- EXPRESSIVE Arbeitnehmer sind risikofreudig und haben ansteckende Träume. Sie sind spontan, unkonventionell, engagiert, innovativ und springen schnell von einer Aufgabe zur nächsten, sind aber nicht immer gut darin, diese auch zu Ende zu führen.[2]

Ich könnte noch einige hinzufügen, die ich beobachtet habe: Der Festgefahrene, der Träumer, der Schwärmer, der Perfektionist, der nie fertig wird, der Zielstrebige, der Querdenker, der, der sich nur im Kreis dreht, der Risikofreudige, der Sicherheitsliebende, der eigenwillige Individualist und der Arbeitsverweigerer.

Die professionellen Forscher teilen uns in übersichtliche Kategorien ein. Sie beschreiben Vorlieben oder Tendenzen. Jeder von uns hat einen vorherrschenden Lern- und Arbeitsstil, und wir tun gut daran, mit unseren Kindern entsprechend ihren Stärken zu arbeiten. Wenn dein Kind ein visueller Lerntyp ist und Schwierigkeiten hat, den Abschnitt über die Zellteilung zu verstehen, lenke seine Aufmerksamkeit auf das Diagramm oder suche ein Video.

---

2 Robert Bolton and Dorothy Grover Bolton, *»People Styles at Work and Beyond«*, American Management Association.

Wenn du zu Hause unterrichtest, möchte dein Kind, das verbal lernt und analytisch arbeitet, vielleicht lieber eine Forschungsarbeit über Vulkane schreiben, während dein anderes Kind, das physisch lernt und arbeitet, vielleicht lieber ein Modell eines Vulkans baut und beschriftet.

Dennoch passen wir nicht wirklich in kleine Schubladen. Ich glaube, die meisten von uns sind eine Mischung aus diesen Typen. Keiner von uns steckt in irgendeiner Kategorie fest, nur »weil er eben so ist«. Wir können uns anpassen und lernen. Wir können uns selbst herausfordern, von den Stärken anderer zu lernen und an unseren eigenen Schwächen zu arbeiten. Wir alle müssen in unserem Alltagsleben auf vielfältige Weise arbeiten und lernen. Lasst uns also die Herausforderung und das Abenteuer genießen. Denn Abwechslung ist die Würze des Lebens!

Jeder von uns kennt Menschen, die unterschiedliche Arbeitsstile verkörpern. Eine Freundin von mir ist sehr gut organisiert und liebt es, Dinge lange im Voraus zu erledigen, damit sie nicht in Stress gerät, weil ihr die Arbeit über den Kopf wächst. Mein Mann ist so beschäftigt, dass er immer an der nächst dringenden Sache arbeitet. Unser Sohn weiß, dass er erst dann richtig in Fahrt kommt, wenn eine Deadline vor der Tür steht; also wartet er und nutzt das Adrenalin der letzten Minute, um die Dinge schneller zu erledigen.

Eine frühere Schülerin von mir hatte in der Schule Schwierigkeiten mit der Rechtschreibung, aber als Erwachsene wurde sie die beste Blutabnehmerin im ganzen Krankenhaus. Ein anderer Schüler hatte Schwierigkeiten mit den Sprachwissenschaften, wurde aber ein guter Mechaniker. Mehrere Freunde waren keine Akademiker, gründeten später aber erfolgreiche Unternehmen. Im Studium wurde mir klar, dass ich am besten abschneide, wenn ich mich in

Situationen begebe, in denen viel von mir verlangt wird. Ich bin kein Macher; ich bin eher jemand, der es gern anderen recht macht; also versuche ich, das für etwas Gutes zu nutzen.

Viele Menschen folgen gern den Anweisungen anderer. Andere ziehen es vor, mehr Verantwortung zu übernehmen und die Arbeit zu delegieren. Manche führen, andere folgen. Gott hat uns alle unterschiedlich geschaffen. Versuchen wir, die Stärken unserer Kinder herauszufinden und ihnen den Weg zu zeigen, den sie wählen sollten.

DISZIPLINIERUNG

Manche Kinder sind zart, andere sind hart. Ein strenger Blick lässt manche Kinder sofort in Tränen ausbrechen; bei anderen führt jede Art von Disziplinierungsversuchen zu keiner Änderung des Verhaltens. Je besser wir das Herz eines jeden unserer Kinder kennen, desto besser sind wir in der Lage, sie individuell zu erziehen. Eines ist sicher – jedes Kind ist ein Sünder. Aus der Weisheit der Sprüche wissen wir, dass wir unsere Kinder disziplinieren werden, wenn wir sie lieben und uns um sie sorgen (Spr. 13,24). Wir müssen uns mit ihrer Torheit auseinandersetzen (Spr. 22,15). Disziplinierung gibt einem Kind Weisheit und seinen Eltern Ruhe und Freude statt Schande (Spr. 29,15.17). Die Zucht und Ermahnung wird sogar die Seele eines Kindes vor dem Totenreich retten (Spr. 23,14). Um zu bekräftigen, was wir bereits gesagt haben, dürfen wir unsere Kinder durch unsere Erziehungsmethoden niemals zum Zorn reizen, sondern sie vielmehr in der Zucht und Ermahnung des Herrn aufziehen (Eph. 6,4).

Es bedarf großer Weisheit, um zu wissen, wie wir disziplinieren sollen. Wir müssen lernen, bei dieser schwierigen

Aufgabe in der Abhängigkeit von Gott zu leben. Gott beschenkt uns mit der Heiligen Schrift, um uns zu lehren, und mit der Gabe des Gebets, um Ihm unser Herz ausschütten zu können. Und dann beschenkt Er uns mit weiteren Gaben, wenn Er unsere Gebete erhört. Eine weise, erfahrene Mutter teilte mir Folgendes mit: »Ich versuche, vorbeugend zu handeln, Probleme vorauszusehen und sie zu lösen, bevor sie eine Strafe nach sich ziehen. Das erfordert mehr Zeit und Unterweisung, aber auf lange Sicht ist es das wert.« Ein Vater von mehreren Jungen im Teenageralter erzählte uns: »Meine Jungs haben viel Energie; also beschäftige ich sie mit körperlicher Arbeit – auf dem Bauernhof, bei der Jagd usw. Sie verbrennen Energie, werden stärker, lernen Fertigkeiten und bleiben von Ärger verschont.«

Ein Großteil der Disziplinierung erfolgt schrittweise und durch Ausprobieren. Wir beginnen mit Worten der Belehrung und steigern sie dann zu Worten der Ermahnung. Wenn unser Kind nicht verantwortungsbewusst reagiert, gehen wir einen Schritt weiter, wobei wir immer daran denken, wozu es fähig ist. Wenn wir versuchen, einem Kleinkind beizubringen, etwas Zerbrechliches nicht anzufassen, erziehen wir es geduldig mit strengen Worten. Aber wenn unsere Fünfjährige ihrer Schwester absichtlich weh tut, greifen wir zu härteren Maßnahmen. Manche Kinder reagieren besser auf eine Auszeit oder den Entzug von Privilegien, manche brauchen andere Disziplinierungsmaßnahmen. In den Kapiteln 20 bis 22 werden wir uns mit positiven und negativen Methoden befassen, mit denen wir unsere Kinder zur Arbeit erziehen und mit ihrem Widerstand umgehen können. Kindererziehung ist nichts für schwache Nerven. Kurzfristig müssen wir jeden Tag durchhalten und langfristig konsequent und kreativ sein.

Wenn wir mit jedem unserer Kinder entsprechend seines Lern- und Arbeitsstils arbeiten und es, wenn nötig, maßregeln, damit es Selbstdisziplin entwickelt, werden seine Talente und Fertigkeiten zum Vorschein kommen. Jennys Liebe zu Tieren und ihr Verständnis für Biologie könnten zu einer Karriere in der Tiermedizin führen. Henrys Liebe zu Pflanzen und zu Abenteuern in der Natur könnte dazu führen, dass er Förster in einem Nationalpark wird. In Kapitel 19 werden wir uns mit praktischen Möglichkeiten befassen, wie wir die einzigartigen Gaben unserer Kinder zu einem produktiven Ziel und schließlich zu ihrem Lebenswerk führen können.

Fragen zum Studium

1. In welcher Hinsicht müssen wir unsere Kinder alle gleich erziehen? Inwiefern sollten wir sie unterschiedlich erziehen?

2. Was sind die sieben allgemein anerkannten Lernmethoden? Was ist deine Lernmethode? Was sind die Lernmethoden deiner Kinder?

3. Wie lauten die vier beschriebenen Arbeitsstile? Was ist dein Arbeitsstil? Und der deiner Kinder?

4. Kannst du aus deiner Lebenserfahrung weitere Lern- und Arbeitsstile vorschlagen? Warum sollten wir vorsichtig damit sein, unsere Kinder in kleine Schubladen einzuordnen?

5. Warum ist es notwendig, dass wir als Eltern unsere Kinder disziplinieren? Gib eine biblische Begründung aus den Sprüchen oder von einer anderen Stelle.

6. Nenne einige Beispiele dafür, wie man dem Charakter eines Kindes entsprechend Disziplin ausübt. Welche Möglichkeiten gibt es, der Notwendigkeit von Disziplinierung vorzubeugen?

TEIL 1: Die elterlichen Prinzipien

Kapitel 7

GEMEINSAM VERBRACHTE ZEIT

Man sagt über die Kindererziehung: »Die Tage sind lang, aber die Jahre sind kurz.« Das ist so wahr. Ich kann mich noch gut an die Tage erinnern, an denen wir endlos Windeln gewechselt, Unmengen an Wäsche gewaschen, Mahlzeiten zubereitet und Unordnung gemacht haben. (Und wir hatten damals erst drei Kinder.) Es kommt mir vor wie gestern. Mein Mann sagt: »Du blinzelst ein paar Mal, und dein Neugeborenes kommt in die Schule. Noch ein paar Mal blinzeln, und schon fährt es Auto. Noch ein paar Mal blinzeln, und die Nester sind leer – und ihr seid ein Ehepaar mit Enkelkindern.« Natürlich haben wir alle ungefähr gleich viel Zeit – etwa 157.752 Stunden –, um die Arbeit der Kindererziehung zu bewältigen. Wie werden wir diese Stunden nutzen?

Es erscheint logisch. Die Arbeit muss bewältigt werden. Du genießt die Zeit mit der Familie. Die Kinder müssen lernen, zu arbeiten und Verantwortung zu übernehmen. Sie müssen lernen, hinter sich aufzuräumen und der Familie zu helfen. Sie müssen wissen, wie man in einem Haushalt hilft und ihn selbst führt. Deshalb ist es sehr sinnvoll, als Familie zusammenzuarbeiten. Was steht dem im Weg? Vielleicht nörgelnde Kinder. Vielleicht unser Perfektionismus. Nicht genug Zeit. Wir haben Mitleid mit unseren Kindern. Wir fühlen uns schuldig, wenn wir sie unsere Arbeit machen lassen, also sagen wir: »Sie haben ihr ganzes Erwachsenenleben lang Zeit zu arbeiten; lasst sie jetzt Kinder sein.«

Dies sind keine unüberwindbaren Hindernisse. Mit einer veränderten Einstellung lässt sich schon viel erreichen. Arbeitende Kinder sind glückliche Kinder, weil sie etwas Sinnvolles tun. Zeige eine gewisse Erwartungshaltung: »Natürlich werdet ihr arbeiten. Das ist unser aller Job.« Denk daran, was wir zuvor besprochen haben. Beginne in jungen Jahren mit einfachen Aufgaben, damit sie sich nie an eine Zeit erinnern, in der Arbeit nicht zu ihrem Leben gehörte. Stelle altersgemäße Anforderungen. Am wichtigsten ist es, eine positive und fröhliche Einstellung zur Arbeit zu zeigen und ein konsequentes Arbeitsverhalten vorzuleben. Die folgenden Geschichten von Menschen, die ich interviewt habe, sprechen für sich selbst.

KLEINE KINDER

»Unsere Kinder sind im Alter von vier und fast zwei Jahren. Der Kleine hat noch nicht ganz gelernt, allein oder mit seiner Schwester zu spielen, deshalb hängt er viel an mir. Ich lasse ihn das Besteck in die Spülmaschine einräumen, die Wäsche in den Trockner stecken und aus dem Trockner nehmen und seine schmutzige Wäsche in den Wäschekorb legen. Im Moment konzentrieren wir uns darauf, es uns zur Gewohnheit zu machen, unsere Schuhe wegzustellen, wenn wir das Haus betreten. Für mich wäre es zwar schneller, die Hausarbeit während des Mittagsschlafs der Kleinen zu erledigen, aber es ist effizienter, sie gemeinsam zu machen, weil wir Hausarbeit und Erziehung miteinander verbinden. Wenn die Kinder fragen, ob sie helfen können, sage ich immer Ja, auch wenn sie die Arbeit unordentlich machen. Kinder lieben es, arbeiten zu spielen. Sie machen

Mama und Papa immer alles nach. Warum sollte man sie nicht stattdessen echte Arbeit erledigen lassen? Sie lieben es, Zeit miteinander zu verbringen – warum also nicht auch Zeit für richtig gute Zusammenarbeit? Ich lobe sie und danke ihnen für die Arbeit, die sie leisten.«

WIR MACHEN DAS GEMEINSAM

»Unsere Kinder sind zwischen der Mittelstufe und dem Verheiratet- und Elternsein. Wir haben immer gemeinsam gearbeitet, z. B. geputzt und Müllsäcke überall im Haus geleert. Sie lernten, dass wir bereit waren, niedere Arbeiten zu verrichten, und sie lernten, es auch selbst zu tun. Am Samstagmorgen haben wir alle zusammengearbeitet, zum Beispiel im Garten und im Haus. Wenn man es gemeinsam anpackt, macht es Spaß, und die Arbeit ist schneller erledigt. Wir haben versucht, uns nicht unter Druck zu setzen oder Stress zu machen; wir haben einfach alle zusammen hart gearbeitet. Wir fingen morgens frisch an und belohnten die Kinder später am Tag mit Spielen oder einem Familienausflug. Durch die tägliche Arbeit haben wir die Unordnung in den Griff bekommen. Bei kleinen Kindern räumten wir die Spielsachen vor einer Mahlzeit oder vor Beginn eines anderen Spiels jeweils weg. Wir sangen ein Aufräumlied oder rannten um die Wette, während wir die Spielsachen in eine Kiste warfen, oder wir wechselten uns ab, wenn sie etwas unwillig waren. Ein Spiel, das Spaß macht, ist ein guter Motivator.«

RÜCKBLICK

»Wir sind eine Bauernfamilie, und unsere Kinder sind alle erwachsen und haben eigene Kinder. Mein Mann war

Manager in einem Unternehmen; also musste er dort täglich viele Stunden arbeiten. Außerdem hatten wir zu Hause einen Bauernhof. Später gründeten wir ein Unternehmen, das ebenfalls viele Arbeitsstunden in Anspruch nahm. Zwischendurch hatte mein Mann Nebenjobs. Wir waren jung und konnten es uns nicht leisten, andere für die Arbeit zu bezahlen; also haben wir und unsere Kinder selbst sehr hart gearbeitet. Wir waren zielstrebig und gesund.

Wenn wir zurückblicken, stellen wir fest, dass wir zu hart gearbeitet haben – nicht etwa, dass harte Arbeit schlecht sei, sondern weil wir nicht genug Zeit damit verbracht haben, mit unseren Kindern zu reden und sie das Wort Gottes zu lehren. Vielleicht haben wir uns zu sehr auf die Gemeinde und die christliche Schule verlassen, dass sie diese Lücke füllen würden. Wir haben jeden Tag gemeinsam zu Abend gegessen und eine Andacht gehalten. Wir waren auch im Gemeindedienst und in der Schulleitung tätig. Durch die Gnade Gottes wandeln unsere Kinder mit dem Herrn, arbeiten fleißig und erziehen ihre Kinder gemäß der Heiligen Schrift.

Unsere Kinder halfen auf dem Bauernhof, sammelten schon mit vier Jahren Eier ein und putzten die Käfige, als sie etwas älter waren. Unser Sohn sagt, er habe gelernt, unangenehme Arbeiten schnell zu erledigen, damit er sie hinter sich bringen konnte – eine Praxis, die er heute noch anwendet. Wenn die Kinder sich beschwerten, hatte ich keine Zeit, mich darum zu kümmern; wir mussten die Arbeit einfach erledigen. Sie spürten schon in jungen Jahren die Verantwortung, mitzuhelfen. Wir hatten einen riesigen Garten.

Samstags haben wir gemeinsam gearbeitet. Eine unserer Töchter erinnert sich an eine Zeit, in der sie mit Papa an der Reihe war, die Hausarbeit zu erledigen. Sie spielte gerade mit ihren Puppen und hatte keine Lust dazu. Er sagte: ›Schon gut, ich will nicht, dass mir jemand hilft, wenn er nicht helfen will.‹ Daraufhin stand sie auf und ging mit ihm mit. Wenn sie heute an diese Jahre zurückdenken, sagen unsere Kinder: ›Ja, wir haben hart gearbeitet, aber wir kannten es nicht anders. Wir haben schöne Erinnerungen. Wir haben Fleiß und viele andere Dinge gelernt. Wir sind eine glückliche und gesegnete Familie.‹

Wir sind der Meinung, dass es für junge Familien heute am wichtigsten ist, ihren Kindern eine christliche Erziehung zukommen zu lassen. Wir sehen, dass unsere eigenen Kinder mehr über geistliche Themen sprechen, und dafür sind wir sehr dankbar. Wir beten viel für unsere Kinder und Enkelkinder und halten engen Kontakt zu ihnen, indem wir uns mit ihnen treffen und digital kommunizieren.«

Es gab eine Zeit, in der das Paar nicht so oft mit seinen Kindern über das Evangelium gesprochen hat. Während sie als Familie zusammenarbeiteten, lebten die Eltern jeden Tag christliche Werte vor – das war ihre Stärke, entband sie jedoch nicht von ihrer Pflicht, ihre Kinder täglich das Evangelium zu lehren. Werte wie Hingabe an Gott, Ehrlichkeit, Integrität, Fleiß, Hilfsbereitschaft, Verantwortlichkeit und Treue hatten die Kinder trotzdem vom Vorbild der Eltern *aufgegriffen*. Der Herr hat ihnen Gnade erwiesen und ihre inbrünstigen Gebete erhört; und sie haben nach der Erkenntnis ihres Versäumens nicht einfach aufgegeben, sondern ab diesem Zeitpunkt mit ihren erwachsenen Kindern und ihren Enkelkindern viele tiefgründige Gespräche geführt.

MULTITASKING

»Wir haben vier Kinder im Alter von sieben bis achtzehn Jahren. Wir haben ein Bauunternehmen, eine Hobbyfarm, eine Hundezucht und Mietobjekte. Wir haben unsere Kinder schon sehr früh in die Hausarbeit einbezogen. Am Samstagmorgen gibt es ein besonderes gemeinsames Frühstück, und dann packen alle bei der Hausarbeit mit an: Einer saugt, ein anderer wischt hinterher. Wenn sie sich weigern, gehen sie in ihr Zimmer, bis sich ihre Einstellung geändert hat. Dann reden wir mit ihnen, und sie können wieder herauskommen. Wir schenken ihnen einen Welpen, wenn sie etwa vier Jahre alt sind, und sie kümmern sich um ihn. Wenn sie etwa fünf Jahre alt sind, geben wir ihnen ein Dutzend Hühner, und sie sind für das Füttern und das Einsammeln und Waschen der Eier verantwortlich. Wir machen das gemeinsam, bis sie es gelernt haben, dann übernehmen sie es selbst. Im Sommer habe ich einen ›Aufgaben-Korb‹. Jedes Kind wählt daraus drei Aufgaben aus. Es gibt darin auch eine Freikarte, so dass eines der Kinder nur zwei Aufgaben erledigen muss. Das geschieht immer auf eine lustige und scherzhafte Art und Weise. Wir arbeiten gemeinsam zusammen, und dann gehen sie nach draußen und spielen.«

LECKERBISSEN

Ich würde noch ein paar Ideen hinzufügen. Eine Technik, die bei uns gut funktioniert hat und die ich öfter hätte anwenden sollen, war die »Aufräumzeit« bzw. die »Zehn-Minuten-Aufräumaktion«. Nachdem das Abendessen weggeräumt war, verteilten wir uns alle im Haus und räumten auf, wo immer wir Unordnung vorfanden. Manchmal konzentrierten wir uns auf die Gemeinschaftsräume, manchmal auf die Kinderzimmer. Aber das ging alles schnell, und das Haus sah in wenigen Minuten ordentlich aus. Das hat mich als Mama glücklicher gemacht. (Und wenn Mama nicht glücklich ist, ist niemand glücklich!) Ich benutzte auch gern den Ausdruck aus der Seemannssprache: »Alle

Mann an Deck!«, wenn es um die Samstagsarbeit oder um dringende, spontane Erfordernisse ging.

Ein Ansporn, früh anzufangen, ist die zukünftige Betriebsamkeit. Wenn die Kinder erst einmal im Teenageralter sind, haben sie größere Belastungen durch Hausaufgaben, Hausarbeit und vielleicht einen Teilzeitjob außerhalb des Hauses. Wir haben unseren Kindern in dieser Zeit die Hausarbeit und die häuslichen Pflichten ein wenig erleichtert, so wie es unsere Eltern bei uns getan hatten. Umso wichtiger ist es aber, ihnen schon in jungen Jahren gute Arbeitsgewohnheiten zu vermitteln. Wenn wir ihnen keine produktiven Gewohnheiten beibringen, werden sie wahrscheinlich kontraproduktive Gewohnheiten entwickeln. Denk daran: Was sie in jungen Jahren lernen, lernen sie am besten.

Die gemeinsamen Themen, die sich durch die Geschichten in diesem Kapitel ziehen, sind diese:

- Gemeinsam macht die Arbeit mehr Spaß.
- Bring den Kindern etwas bei, während du arbeitest.
- Fang frühzeitig damit an.
- Die Einführung guter Gewohnheiten ist entscheidend.
- Zusammen zu sein und etwas zu erreichen, ist gut investierte Zeit.
- Arbeitszeiten sind gute Familienzeiten.
- Arbeit ist ein Teil des Lebens.
- Dein Vorbild ist wirkungsvoll.
- Positiv zu bleiben, kostet Mühe, zahlt sich aber aus.
- Kinder reagieren auf unsere Erwartungen.

»Gewöhne den Knaben an den Weg, den er gehen soll, so wird er nicht davon weichen, wenn er alt wird!« (Spr. 22,6).

Fragen zum Studium

1. Was denkst du darüber, wenn die Kinder im Haushalt mitarbeiten? Auf welche Hindernisse stößt du dabei? Wie willst du sie überwinden?

2. Nenne einige Beispiele für Arbeiten, die für Kleinkinder geeignet sind. Was sind die Vor- und Nachteile, wenn du die Kleinen mitarbeiten lässt?

3. Welche Grundsätze aus den vorangegangenen Kapiteln dieses Buches siehst du in dem Abschnitt »Wir machen das gemeinsam« angewendet?

4. Das Ehepaar in dem Abschnitt »Rückblick« betrachtet seine Familiengeschichte sowohl positiv als auch mit Bedauern. Wie beurteilst du ihre Geschichte? Welche Praktiken würdest du in deiner Familie anwenden?

5. Worum handelt es sich bei dem, was die Kinder im Abschnitt »Multitasking« aufgrund des Vorbilds und der Einstellung der Eltern zum Mitarbeiten bringt? Wie gehen die Eltern mit dem Widerstand gegen die Arbeit um? Was hältst du davon, Kinder zur Arbeit zu verpflichten?

6. Welche Lehren hast du aus diesem Kapitel gezogen? Wie möchtest du sie gern umsetzen?

TEIL 1: Die elterlichen Prinzipien

Kapitel 8

VERSCHONE SIE NICHT AUFGRUND IHRES WEINENS

»*Züchtige deinen Sohn, solange noch Hoffnung vorhanden ist, und lass dir nicht in den Sinn kommen, ihn dem Tod preiszugeben!*« *(Spr. 19,18)*. Der erste Teil dieses Verses bedeutet eindeutig, dass wir Sünde und schlechte Gewohnheiten bei unseren Kindern im Keim ersticken sollen, bevor sie sich verfestigt haben und solange noch Hoffnung auf eine positive Veränderung besteht. Wir disziplinieren sie, solange sie noch klein sind.

Die zweite Hälfte dieses Verses kann auf zwei Arten verstanden werden. Er kann eine Warnung vor zu schwerer Züchtigung sein. Die NKJV (New King James Version) übersetzt ihn mit den Worten: »*... und richte dein Herz nicht auf seine Vernichtung*«. Wir dürfen also unsere Kinder nicht zugrunde richten, indem wir sie übermäßig disziplinieren.

Die zweite Auslegung ist, dass wir unsere Kinder zugrunde richten können, wenn wir sie *nicht* in Zucht und Ermahnung aufziehen. Wenn wir sie bemitleiden, weil sie weinen, und sie *nicht* disziplinieren, wenn sie noch klein und formbar sind, dann könnten ihre Sünden und destruktiven Gewohnheiten zur Selbstzerstörung oder zur Bestrafung durch die Richter für ihre Verbrechen führen, was viel schlimmer wäre. Es ist also besser, sie weinen zu lassen, wenn sie noch klein sind, als wenn sie erwachsen sind. Wir tun gut daran, beide Bedeutungen zu beherzigen und ein kluges Gleichgewicht zu finden. Wir haben uns bereits mit der ersten Auslegung befasst, als wir uns mit Epheser 6,4 befassten, wo es darum ging, unsere Kinder nicht zum Zorn zu reizen, und wollen uns nun auf die zweite Auslegung des besagten Verses konzentrieren.

AUF DEM WEG IN DIE FALSCHE RICHTUNG

Kinder sind sehr scharfsinnig. Schon in jungen Jahren können sie unsere »Gedanken lesen«. Sie hören, wenn wir ihnen sagen, dass sie arbeiten sollen, aber wenn sie unsere Zögerlichkeit oder mangelnde Entschlossenheit spüren, nutzen sie die Gelegenheit und widersetzen sich.

Glücklicherweise sind nicht alle Kinder so. Aber einige sind »Überlebenskünstler« – und *Überleben* heißt für sie, Arbeit zu vermeiden. Mit einer geduldigen Mutter haben sie kein Mitleid. Wenn sie Anzeichen von Frustration zeigt, wittern sie den Sieg; sie ist kurz davor, sie von der Arbeit zu befreien. Sie merken, wenn Mama und Papa nicht einer Meinung sind, wenn es um Maßregelung geht oder darum, wie viel Arbeit sie verlangen sollten, und es macht ihnen nichts aus, einen Keil zwischen sie zu treiben. Sie werden die Worte ihrer Eltern zu ihrem eigenen Vorteil gegeneinander ausspielen. Sie sind vielleicht zukünftige Anwälte und drehen sich mit ihren Argumenten so lange im Kreis, bis Mama und Papa gar nicht mehr wissen, worum es ursprünglich ging. Sie spielen vielleicht das Spiel der Schuldzuweisung. Wenn sie in Schwierigkeiten geraten, sind die ersten Worte aus ihrem Mund: »Mein

Bruder hat mich dazu gezwungen«, oder »Mein Lehrer ist ungerecht«.

Sie können Profis im Erfinden von Ausreden sein. Zu Hause sagen sie: »Mein Freund hat sich mein Buch ausgeliehen und es mir nicht zurückgegeben; also kann ich meine Hausaufgaben nicht machen.« In der Schule erzählen sie ihrem Lehrer: »Ich habe die Aufgaben gemacht, aber ich habe sie zu Hause vergessen«, obwohl sie sie absichtlich dort liegen gelassen haben. Einigen von ihnen macht es nichts aus zu lügen; sie reden sich vielleicht sogar ein, dass sie die Wahrheit sagen.

Manche spüren die Zärtlichkeit oder das Mitleid ihrer Mutter und ziehen ein langes Gesicht, wenn sie zur Arbeit aufgefordert werden. Mama nimmt ihnen dann die Last ab und erhöht ihre eigene, und die Kinder sind glücklich. Wenn Papa aber sagt, dass es Zeit sei, Unkraut zu jäten, sacken ihre Schultern in sich zusammen, und sie können kaum noch laufen, geschweige denn körperliche Arbeit verrichten. Sie jammern, und Papa gibt vielleicht nicht ganz nach, aber wenn man ihn dazu bringen kann, 30 statt 45 Minuten zu verlangen, ist es das Jammern wert. Sie könnten sogar weinen, wenn sie für etwas belangt werden, von dem sie wissen, dass sie sich schuldig gemacht haben.

Wir Eltern lassen uns erweichen, erteilen nur eine Belehrung und drohen für den nächsten Verstoß eine härtere Maßnahme an. Der Kleine denkt: »Ha, ich bin noch einmal davongekommen!« Beim nächsten Mal ist es dasselbe. Die Stimme von Mama und Papa klingt zwar streng, aber ihre Worte sind nur leere Drohungen. Wenn sie das Kind zurechtweisen und Maßnahmen ergreifen, fängt es an, laut zu weinen. Das ist wie Geld auf der Bank; beim nächsten Mal werden die Eltern nachsichtiger sein.

Zu guter Letzt versuchen sie vielleicht, sich aus dem Staub zu machen. Sie wissen, dass Mama Hilfe für das Abendessen braucht, aber sie sind müde, weil sie den ganzen Tag gelernt haben (dass Mama auch müde ist, das ist egal). Sie wissen, dass sie vielleicht nicht die Mühe auf sich nehmen will, sie aus ihren Zimmern zu rufen, um zu helfen. Also verschwinden sie bequemerweise genau dann, wenn Mama mit dem Zubereiten des Essens beginnt. Sie wissen, dass sie denkt, es sei weniger anstrengend, alles selbst zu machen, als sich die Mühe zu machen, widerspenstige Kinder zur Hilfe zu rufen.

Wenn diese Dinge bei dir zu Hause passieren, befürchte ich, dass deine Kinder dich durchschaut haben und du in gewissem Maße manipuliert wirst. Sie lieben dich zwar. Aber wenn es an der Zeit ist, Arbeit zu verrichten, die sie einfach nicht machen wollen, wird diese Liebe auf Eis gelegt. Der »Überlebensmodus« wird eingeschaltet, und sie tun alles, um sich vor der Arbeit zu drücken. Sie sind vielleicht nicht offensichtlich trotzig oder ungehorsam, aber sie sind definitiv auch nicht gehorsam. Oder aber sie sind sehr aufsässig und ungehorsam. Sie müssen ihre Einstellung ändern und ihr Verhalten überdenken.

DAS SCHIFF WENDEN

Wenn ein Schiff in einem Kanal liegt und in die entgegengesetzte Richtung gedreht werden muss, kann der Kapitän nicht einfach die Motoren anwerfen, das Steuerrad drehen und das Schiff wenden. Er muss es hinaus in offene Gewässer steuern, umdrehen und wieder zurückkommen. Das ist ein langwieriger Prozess. Wenn sich unsere Kinder durch Weinen, Jammern und Manipulationen gegen die Arbeit wehren und sie damit durchkommen, müssen wir das Schiff wenden. Es wird ein langer Prozess sein, aber wir müssen es tun. Und wir können es! Lasst uns darüber sprechen, wie.

Erkenne das Problem

Es beginnt mit unserer eigenen Einstellung. Wenn du eines der oben genannten Verhaltensmuster erkennst oder etwas Ähnliches bei dir zu Hause beobachtest, musst du das als Problem erkennen. Sei davon überzeugt, dass sich etwas ändern muss. Sprich mit deinem Ehepartner. Wenn du alleinerziehend bist, suche Rat bei einem gottesfürchtigen Freund oder Familienmitglied. Bete viel um Weisheit. Durchforste die Heilige Schrift nach Ratschlägen. Lass dich nicht entmutigen; ein Teil der Elternschaft besteht darin, die Situation zu beurteilen und den Kurs zu korrigieren. Selbst die besten Eltern müssen sich ständig neu ausrichten. Denk daran, dass unsere Kinder Sünder sind und dass ihre Erziehung ein jahrelanger Prozess ist. Manchmal lösen wir ein Problem, und dann taucht ein anderes auf. Du *kannst* es durchaus schaffen, aber es erfordert Entschlossenheit. Sei *jetzt* stark, um spätere Probleme zu vermeiden. Liebe muss manchmal hart sein.

Lege das Ziel fest

Welche Einstellungen und Verhaltensweisen sollten wir bei unseren Kindern anstreben? Vor langer Zeit besuchten wir eine Gemeinde in Nord-Michigan, in der ein Ältester die Sonntagsschulstunde leitete, während wir hinter den Kindern saßen. Er wiederholte eine frühere Lektion und sagte: »Erinnert ihr euch noch daran, Kinder, wie wir unseren Eltern gehorchen sollten? Unverzüglich, vollständig und mit

Liebe.« Das ist es, kurz und bündig. Kein widerstrebender oder widerwilliger Gehorsam. Kein verzögerter Gehorsam. Und schon gar nicht Ungehorsam. Sondern unser Ziel ist es, dass unsere Kinder sofort, vollständig und mit Liebe gehorchen. Das ist ein hochgestecktes Ziel, aber Gott befiehlt es, und Er wird uns dabei helfen.

Arbeite einen Plan aus

Wir müssen einen vernünftigen Plan erstellen, der auch umgesetzt werden kann. Ich schlage vor, ihn aufzuschreiben, damit du ihn bei der Umsetzung immer wieder zur Hand nehmen kannst. Liste die problematischen Verhaltensweisen und die notwendigen Veränderungen auf. Beschreibe die erforderlichen Grundhaltungen. Solltest du große Veränderungen vornehmen, oder sollten sie eher schrittweise vollzogen werden? Ich würde sagen, dass im Bereich der *Grundeinstellung* eine große, vollständige Veränderung erforderlich ist, während im Bereich der *Arbeit* nur schrittweise Änderungen vorgenommen werden sollten, damit der Schock nicht allzu groß ist. Die Arbeit sollte dann im Laufe der Zeit gesteigert werden.

Wenn die geforderte Veränderung zu drastisch ist, könntest du versucht sein, sie aufzugeben. Mache dich auf die Reaktion der Kinder gefasst. Lege die Konsequenzen fest, sowohl Belohnung für Gehorsam als auch Bestrafung für schlechtes Benehmen und Ungehorsam. Die Kinder werden sich vielleicht dagegen wehren, wenn sie es sich schon angewöhnt haben, aber denk daran, *dass du sie nicht aufgrund ihres Weinens verschonen solltest.* Es ist langfristig zu ihrem Vorteil, auch wenn sie erst später davon überzeugt sein werden. Hier ein Gedanke, der dich motivieren soll: Stell dir einfach vor, dein Kind würde in zehn oder fünfzehn Jahren im Beruf oder zu Hause dasselbe Verhalten an den Tag legen. Nein, so weit willst du es nicht kommen lassen. Also kümmere dich jetzt darum.

Stelle den Plan vor

Um den Plan umzusetzen, solltest du eine Familiensitzung abhalten, wenn es sich um ein grundsätzliches Problem handelt. Wenn es ein einzelnes Kind betrifft, führe mit ihm ein Gespräch unter vier Augen. Sorge dafür, dass dein Herz voller Liebe ist. Tu das nicht, wenn du wütend oder frustriert bist.

Der Vater könnte mit den Worten beginnen: »Kinder, wir haben euch lieb. Wir danken euch für … (etwas, das sie gut machen). Mama und ich haben uns unterhalten, und wir haben festgestellt, dass sich einige Verhaltensweisen in unserer Familie eingeschlichen haben, die nicht gut für uns sind.«

Als Nächstes beschreibe in einer ruhigen, sachlichen Art und Weise die Verhaltensweisen.

Der Vater fährt fort: »Wir bitten um Vergebung dafür, dass wir es so weit haben kommen lassen. Aber das muss sich ändern. Deshalb haben wir einen Plan ausgearbeitet, den wir euch jetzt mitteilen wollen.«

Teile deinen Plan mit, welche Arbeit du erwartest und welche dazugehörige Einstellung, und erkläre: »Wir erwarten von euch, dass ihr gehorcht; aber wenn ihr euch weigert, sind hier die Konsequenzen.« Zähle dann die Konsequenzen für Ungehorsam auf.

Abschließend kannst du sagen: »Wir sind eine Familie. Wir lieben einander, wir brauchen einander, und wir helfen einander. Mama und ich können das alles nicht ohne eure Hilfe schaffen. Habt ihr noch irgendwelche Fragen?«

Betet zum Schluss gemeinsam.

Setze den Plan um

Dann führst du den Plan einfach aus. Ich weiß, dass das nicht *einfach* ist. Aber das ist der entscheidende Teil. Ich kann es nicht genug betonen. Deine Kinder werden dich auf die Probe stellen. Wenn dein Plan vernünftig ist, wenn ihr euch auf diesen Plan geeinigt habt, dann setze ihn um. Rechne damit, dass es Tränen gibt. Aber verschone sie nicht aufgrund ihres Weinens. Sag nicht: »Ich zähle jetzt bis drei, um zu sehen, ob ihr gehorcht«, oder »Ich sage es euch nur noch *ein* Mal«. Stattdessen solltest du beim ersten Mal klare Anweisungen geben. Stelle sicher, dass die Kinder verstehen, was von ihnen erwartet wird. Führe die Aufgabe mit ihnen gemeinsam aus, wenn sie es lernen müssen. Aber beim ersten Verstoß musst du die versprochene Bestrafung auch umsetzen.

Das Gleiche gilt für das zweite, dritte und vierte Mal – wie oft auch immer es nötig ist, um einen unverzüglichen, vollständigen und von Liebe angetriebenen Gehorsam zu erreichen. Und dann lobe sie und zeige ihnen deine Liebe, sodass das Positive an die Stelle des Negativen tritt. Sei entschlossen, den Plan auf Dauer durchzuhalten. Denke daran, dass Rom nicht an einem Tag erbaut wurde. Besprich die Fortschritte mit deinem Ehepartner. Drücke deinen Kindern deine Anerkennung und Dankbarkeit für die gute Arbeit aus, die sie geleistet haben.

Gib nicht auf

Ich möchte dich ermutigen – es gibt Hoffnung. Die oben beschriebenen Verhaltensweisen stammen entweder aus eigener Erfahrung oder aus genauer Beobachtung. Viele Familien haben mit diesen Herausforderungen zu kämpfen. Gott benutzt diese Schwierigkeiten, um uns wachzurütteln und uns zu Ihm zu ziehen, damit uns Seine Hilfe zuteilwird. Wenn du durchhältst, werden sich die Dinge normalerweise zum Guten wenden. Wenn du dir keine Sorgen über das negative Verhalten deiner Kinder machst, dann wirst du auch nichts tun, um es zu ändern. Aber wenn du besorgt *bist,* betest du und arbeitest mit aller Kraft, und dann kannst du darauf vertrauen, dass der Herr dich segnen wird. Bleib voller Hoffnung. Verschone sie nicht aufgrund ihres Weinens. Gib nicht auf.

Fragen zum Studium

1. Was bedeutet der erste Teil von Sprüche 19,18? Welche zwei Interpretationsmöglichkeiten gibt es für den zweiten Teil?

2. Kommt dir eine der Verhaltensweisen, die in dem Abschnitt »Auf dem Weg in die falsche Richtung« aufgeführt sind, bekannt vor? Was könntest du der Liste noch hinzufügen? An welchen Verhaltensweisen musst du bei deinen Kindern arbeiten?

3. Was muss in den Gedanken der Kinder vor sich gehen, damit sie ihre Einstellung und ihr Verhalten ändern können?

4. Welche Schritte sollten Eltern unternehmen, die mit den in diesem Kapitel aufgeführten Verhaltensweisen konfrontiert sind? Welche Bibelverse wären hierzu ermutigend? Schreibe ein Gebet auf, das diese Eltern beten sollten.

5. Warum sind Planung und Beharrlichkeit so wichtig für den Erfolg in diesem Kampf? Welchen Stellenwert haben dabei Geduld und Liebe?

6. Nenne ein Beispiel für ein Kind, das sich in irgendeiner Weise gegen die Arbeit sträubt, und schlage einen Weg vor, wie man damit umgehen kann.

TEIL 1: Die elterlichen Prinzipien

Kapitel 9

BETEN UND NACHDENKEN

Elternschaft ist eine super lohnende Aufgabe. Wir werden Zeugen davon, wie sich die Persönlichkeiten unserer Kinder entfalten. Wir erleben das Leben mit ihnen gemeinsam. Wir erhalten ihre Zuneigung und Liebe und geben ihnen das Gleiche zurück. Aber es gibt auch Enttäuschungen. Die meisten von uns werden bis zu einem gewissen Grad auf Widerstand stoßen, während wir unseren Kindern beibringen zu arbeiten. Wenn wir innerlich frustriert oder wütend sind und unseren Frust an ihnen auslassen, können wir unser Ziel, ihnen eine gute Arbeitsethik zu vermitteln, nicht so effektiv erreichen. Unsere eigenen Emotionen sind zwar verständlich, stehen uns aber im Weg. Wie können wir ruhig bleiben, wenn wir uns am liebsten die Haare ausraufen würden?

SPRICH IM GEBET ZUM HERRN

In dem alten Lied »Welch ein Freund ist unser Jesus« heißt es (wörtlich übersetzt): »Haben wir Prüfungen und Anfechtungen? Gibt es irgendwo Schwierigkeiten? Dann sollten wir uns nie entmutigen lassen. Bring sie im Gebet zum Herrn!« Ganz gleich, ob wir wenig oder viel Hilfe brauchen, die erste und beste Anlaufstelle ist Gott. Er wirft uns in Psalm 50,15 einen Rettungsring zu: *»Und rufe Mich an am*

Tag der Not, so will Ich dich erretten, und du sollst Mich ehren!« Er mag dir jetzt oder später antworten, aber auf jeden Fall hilft dir das Gespräch mit Ihm, das auszudrücken, was in dir vorgeht. Du schämst dich vielleicht für deine Gefühle, aber Er weiß sowieso, was du denkst und fühlst; deshalb schütte ruhig dein Herz vor Ihm aus.

REDE VERNÜNFTIG MIT DIR SELBST

Wenn ein Mensch Selbstgespräche führt, halten andere ihn für senil oder ein wenig seltsam. Aber ich bin da anderer Meinung. Ich finde, wir sollten *alle* mit uns selbst reden! Ich mache das schon lange, und ich finde es besonders hilfreich. Selbstgespräche helfen uns, unsere Gedanken zu klären. Sie helfen uns, uns der nächsten Sache zuzuwenden, Gefühle zu verarbeiten und Probleme zu lösen. Manchmal müssen wir uns sogar selbst tadeln. Selbstgespräche können in der Kindererziehung ungemein nützlich sein. Vielleicht gehörst du zu denjenigen, die einfach über eine Sache nachdenken können, ohne sie in Worte zu fassen, oder vielleicht musst du etwas davon aufschreiben. Wie auch immer du die Sache angehst, es ist in Ordnung. Ich möchte dir verschiedene Möglichkeiten vorstellen, wie wir vernünftig mit uns selbst reden können, um das Ziel zu erreichen, unsere Kinder zum Arbeiten zu erziehen.

Lehrermodus

Sie haben es wieder getan: Sie haben ein nasses Handtuch in einer Ecke ihres Schlafzimmers liegen lassen. Sie wissen es doch besser! Es riecht muffig, und ich mache mir Sorgen um schwarzen Schimmel. Mein Blutdruck beginnt zu steigen. »Okay, beruhige dich«, sage ich mir. »Schalte in den

›Lehrermodus‹.« Als unsere Kinder noch jünger waren und ich erfolgreich mit mir selbst reden konnte, hat das funktioniert. Da ich Lehrerin war, konnte ich meinen Denkmodus umschalten und mir sagen, dass ich mit der Situation vernünftig umgehen sollte. Meine Gedanken gingen in diese Richtung: »Ich habe es als Kind nicht beim ersten Mal gelernt, also brauchen sie Wiederholungen. Erteile erneut Anweisungen und sorge für angemessene Konsequenzen, damit sie es lernen. Sei geduldig, aber bestimmt. Lehre sie!«

Ich versuchte, ihnen die Einstellung zu vermitteln, dass ich von ihnen erwarte, dass sie weise auf Belehrung und Zurechtweisung hören, wie es in den Sprüchen beschrieben wird: *»Ein weiser Sohn hört auf die Unterweisung des Vaters, … wer … auf Zurechtweisung achtet, kommt zu Ehren« (Spr. 13,1.18).* Das Beste, was der Lehrermodus mir gebracht hat, war, dass er mir geholfen hat, meinen Tonfall zu mäßigen und meine Frustration unter Kontrolle zu bringen, damit ich mir überlegen konnte, wie ich am klügsten mit der Situation umgehe. Wenn wir unseren Frust und unsere Verärgerung unter Kontrolle haben, können wir nicht nur das Problem lösen, sondern unseren Kindern auch zeigen, wie man mit ärgerlichen Situationen ruhig umgeht.

Sei wie ein Roboter (oder auch nicht)

Als wir einmal unterwegs waren, fuhren wir an der Straße vorbei, in die wir laut GPS abbiegen sollten. Die Stimme sagte uns daraufhin, wir sollten in die nächste Straße hineinfahren. Wir bogen in ein Einkaufszentrum ein, und die Einbahnstraßen führten uns noch weiter in die Irre. Aber Mr. GPS wies uns ruhig an, diese und dann die nächste Abzweigung zu nehmen. Schließlich kamen wir wieder auf den richtigen Weg. Ich bemerkte gegenüber meiner Familie, dass das GPS uns gegenüber nie frustriert war, obwohl es uns mehrmals umleiten musste. Ich dachte bei mir selbst: *Das könnte eine praktische Methode für uns Eltern sein, einen kühlen Kopf zu bewahren – sei einfach wie Mr. GPS und gib mit ruhiger Stimme so lange Anweisungen, bis alle wieder auf dem richtigen Weg sind.*

Ich habe einmal einer Freundin gegenüber erwähnt, dass ich mir im Rückblick auf die Zeit der Kindererziehung wünsche, ich wäre mehr wie ein Roboter gewesen. Sie rief daraufhin: »Nein! Du willst kein Roboter sein! Das war die Art und Weise, in der ich erzogen wurde, und das ist nicht gut!« Was ich jedoch damit meinte, war, dass ich wünschte, ich hätte nicht gleich kapituliert, wenn die Kinder jammerten oder sich beschwerten. Ich wünschte, ich hätte sie diszipliniert, anstatt noch einmal zu drohen, weil ich sie nicht leiden sehen wollte. Ich bedaure, dass ich nicht ruhig und distanziert wie ein Roboter geblieben bin, anstatt mich an der Lösung der Probleme zu beteiligen, die die Kinder selbst verursacht hatten. Meine Freundin hatte das Gegenteil erlebt – starre Erwartungen, kein Mitleid für Unzulänglichkeiten und schwarz-weiße Konsequenzen für Fehlverhalten. Ich habe viel über dieses Thema nachgedacht. Ich denke, es geht um Ausgewogenheit, nicht wahr? Klare und vernünftige Erwartungen, gepaart mit Anerkennung für Gehorsam und fairer Bestrafung für Ungehorsam, gemischt mit Anleitung, Liebe, Barmherzigkeit, Mitgefühl und Geduld.

Visuelle Bilder

Ein visuelles Bild könnte helfen. Es ist fast Schlafenszeit für die Kinder. Es war ein anstrengender Tag, und jetzt sind sie quengelig und streiten sich wegen nichts. Stell dir vor, du würdest eine Kletterwand erklimmen. Du befindest dich auf der letzten Etappe. Sie ist steiler als der untere Teil der Wand. Wenn du jetzt die Nerven verlierst, werden die Kinder traurig und schlecht gelaunt ins Bett gehen, und du wirst noch Stunden später mit Schuldgefühlen im Bett liegen. Du sagst dir: »Ich kann das letzte Stück der Wand auch noch schaffen!« In Gedanken stellst du dir vor, wie du das Glöckchen oben an der Kletterwand anschlagen kannst, wenn du später in ihre Zimmer schaust und sie süß und glücklich schlafen siehst. Wie schön ...

Wenn wir mit guten, ehrbaren Eltern gesegnet waren, neigen wir dazu, uns an die guten Dinge zu erinnern, die sie getan haben, auch wenn sie sich an ihre eigenen Unvollkommenheiten erinnern mögen. Manchmal, wenn wir mit unserem Latein am Ende sind, könnten wir einfach mal von unserem derzeitigen Gemütszustand zurücktreten und uns vorstellen, wir wären unsere Mutter oder unser Vater. Wir könnten uns fragen: Was würden sie in dieser Situation tun? Es ist fast so, als würden wir sie um Rat fragen. Und weil wir sie so gut kennen, wissen wir, was sie antworten würden. Wenn wir uns von unseren heftigen Gefühlen wie Wut, Abscheu oder Verzweiflung lösen können, dann können wir vernünftiger mit der Situation umgehen.

Für Mütter

Ladys, PMS ist real – für manche realer als für andere. Du weißt aus Erfahrung, dass die Welt an diesen Tagen düster und trostlos aussieht. Du weißt, dass es nicht viel braucht, um dich aus der Fassung zu bringen. Jeder geht dir auf die Nerven. Gestern hast du deinen Sohn geduldig daran erinnert, den Hund zu füttern, aber heute fauchst du ihn an: »Füttere jetzt endlich den Hund!« Er sieht dich mit großen

Augen an, als wolle er sagen: »Wow, Mama! Was ist denn mit dir los?«

Darf ich dir einen Vorschlag machen? Behalte deinen Zyklus im Auge, damit du weißt, wann es so weit ist (falls dein Zyklus regelmäßig ist). Warne deinen Mann, er möge besonders nett zu dir sein. Warne deine Kinder, wenn sie alt genug sind, um es zu verstehen.

Versuche, dir in dieser Zeit etwas Gutes zu tun – zum Beispiel durch eine besondere Belohnung. Treibe Sport. Trinke Kräutertee. Sprich im Gebet mit dem Herrn. Rede mit dir selbst. Sage dir, dass die Sonne morgen oder übermorgen wieder scheinen wird.

Wenn du ein Familienmitglied zur Rede stellen willst, schreibe das Problem auf einen Zettel und verschiebe es auf später, bis du dich besser fühlst. Dann bewerte die Lage neu. Es ist ziemlich wahrscheinlich, dass sich bis dahin der Sturm gelegt haben wird.

Ich habe bereits erwähnt, dass du ins Badezimmer gehen und in den Spiegel schauen solltest, um dich um einen freundlicheren Gesichtsausdruck zu bemühen, auch wenn du dies vortäuschen musst. Umarme dich. Tu so, als wärst du dein angenehmeres Ich an Tagen ohne PMS.

Halte dir die Hand vor den Mund, um zu verhindern, dass du Worte sagst, die du später bereuen wirst. Stell dir einfach etwas vor, das dir hilft, diese schwere Zeit zu überstehen. Und bete mehr.

Schlussfolgerung

Wenn wir uns in Selbstbeherrschung üben, können wir unsere Kinder besser erziehen und ihnen beibringen, zu arbeiten. Und wir bekräftigen das, was wir lehren; wir zeigen durch unser Verhalten, wie man Probleme am ruhigsten und effektivsten löst und mit stressigen Situationen umgeht. Am wichtigsten ist es, jede Situation mit dem Gebet zu verbinden. Bete um Weisheit, wenn du den Tag beginnst und wenn du ihn beendest. Bete spontane Gebete in Augenblicken der Not. Und bete mit deinen Kindern in schwierigen Situationen, nachdem du sie belehrt und ermahnt hast. Unser Vater im Himmel kennt jede deiner Nöte, und Er ist mächtig, dir in jeder Situation zu helfen.

Fragen zum Studium

1. Warum kann es frustrierend sein, unseren Kindern das Arbeiten beizubringen? Nenne drei Aspekte.

2. Was ist das Besondere und Wichtige am Gebet? Erzähle anderen, wie Gott ein Gebet von dir erhört hat.

3. Warum ist es für uns Eltern von Vorteil, vernünftig mit uns selbst zu reden? Welche Methode findest du am hilfreichsten, um ein Dilemma zu lösen?

4. Was sind die Vorteile, wenn man im »Lehrermodus« denkt? Was denkst du über den Vorschlag: »Sei wie ein Roboter (oder auch nicht)«?

5. Welche visuellen Bilder helfen dir, die anfallenden Frustrationen zu bewältigen, die bei der Anleitung deiner Kinder zur Arbeit entstehen?

6. Welche Vorteile hat es, wenn wir unsere eigenen Emotionen unter Kontrolle haben?

TEIL 1: Die elterlichen Prinzipien

Kapitel 10

DIE BILDSCHIRMZEIT ÜBERWACHEN

Bildschirme sind überall. Digitale Technologien sind untrennbar mit unserem Leben verwoben. Sie dienen uns in erstaunlicher Weise. Wenn unsere Kinder in der heutigen Arbeitswelt überleben wollen, müssen sie mit Computern umgehen können. Aber digitale Technologien können auch die Herzen und Gewohnheiten unserer Kinder ernsthaft schädigen. Auf der Grundlage aktueller Forschungsergebnisse möchte ich einige Fragen zu den Auswirkungen digitaler Technologien auf die Entwicklung von Arbeitsgewohnheiten beantworten. Ich werde nur an der Oberfläche kratzen, aber ich lade dich ein, die Quellen in den Fußnoten für weitere Informationen in Augenschein zu nehmen.

Was sind nun die Vorteile und Gefahren der Computernutzung? Wie sieht ein ausgewogener Ansatz für die Computernutzung in unserem Zuhause aus?

VORTEILE UND GEFAHREN

Wie haben wir in früheren Zeiten ohne unsere Handys und Laptops eigentlich überlebt? Wie konnten wir ohne digitale Kommunikation den Kontakt zur Familie halten, uns ohne GPS orientieren und ohne Suchmaschinen Informationen finden? Wie konnten wir vor der Einführung von Textverarbeitungsprogrammen problemlos neue Ideen auf der ersten Seite unserer Semesterarbeiten einfügen oder mit unseren Kollegen über Tausende von Kilometern hinweg zusammenarbeiten, bevor es die Cloud gab?

Wir sind jeden Tag auf digitale Technologien angewiesen. Wir bleiben mit Familie und Freunden in Verbindung, nah und fern. Wir hören ihre Stimmen und sehen ihre Gesichter, auch wenn uns Berge und Ozeane trennen. Besondere Ereignisse können ganz einfach in Echtzeit mitgeteilt werden, selbst an diejenigen, die an ihr Zuhause gebunden sind.

Das Internet ist für jeden von uns leicht zugänglich. Sam möchte das Öl in seinem Auto wechseln, und Olivia möchte ein Fledermaushaus bauen; Hunderte von Do-it-yourself-Videos sind für sie verfügbar. Jennifer arbeitet an einer Forschungsarbeit und muss dafür nicht einmal in die Bibliothek gehen – sie sucht einfach »Bestäubung von Obstbäumen« in ihrem Browser. Wenn Michael ein besonderes Interesse an Automobildesign hat, kann er sich im Internet inspirieren lassen. Außerdem können wir von unserem zu Hause aus mit Hilfe von Dokumentarfilmen um die Welt reisen. Inspirierende Geschichten über Heldentum und Güte oder Naturfilme, die Gottes erstaunliche Schöpfung vom mikroskopischen Zellkern bis zum Teleskopblick auf die Milchstraße zeigen, stehen unseren Familien auf unzähligen Streaming-Diensten zur Verfügung.

Diese Vorteile sind jedoch mit einer Warnung verbunden. Jede Quelle, in der ich nachgelesen habe, egal ob weltlich oder christlich, rät entschieden von der Mediennutzung bei Kindern unter zwei Jahren ab. Kinder entwickeln ihre sprachlichen, erkenntnismäßigen, feinmotorischen und sozial-emotionalen Fähigkeiten in der Interaktion mit Menschen, nicht mit Computern. Sie lernen durch soziale Interaktion mit den Eltern in einer dreidimensionalen Welt viel besser als vor einem zweidimensionalen Bildschirm. Im Alter von drei bis fünf Jahren können Kinder jedoch bereits in den Bereichen Sprache, Mathematik und soziale Fähigkeiten wachsen, wenn sie hochwertige Bildungsprogramme nutzen und die Eltern mit ihnen interagieren, um das Gelernte zu festigen.[1]

Technische Fähigkeiten, die Kinder dabei ebenso erlernen, können ihnen in diesem digitalen Zeitalter bei ihrer beruflichen Laufbahn von großem Nutzen sein. Genaues und schnelles Tippen ist in vielen Berufen von großem Nutzen. Kinder, die mit Smartphones, Laptops und Tablets aufwachsen, haben ein natürliches Verständnis für das Internet. Aufgrund ihrer Sprachgewandtheit und ihrer Navigationsfähigkeiten in diesem Bereich haben die Kinder von heute auf dem Arbeitsmarkt einen deutlichen Vorteil gegenüber früheren Generationen. Die Durchführung von Gruppenprojekten bei gleichzeitiger Online-Kommunikation bereitet sie darauf vor, im Beruf mit anderen zusammenzuarbeiten.[2] Die Forschung hat gezeigt, dass »die Nutzung digitaler und sozialer Medien unter anderem folgende Vorteile mit sich bringt: frühzeitiges Lernen, Kontakt zu neuen Ideen und Kenntnissen, mehr Möglichkeiten, soziale Kontakte zu knüpfen und Unterstützung zu erhalten, sowie neue Möglichkeiten, auf gesundheitsfördernde Mitteilungen und Informationen zuzugreifen«[3].

An dieser Stelle möchte ich die Aufmerksamkeit auch auf Videospiele lenken, weil sie sehr beliebt sind. Bei begrenzter

---

1 Yolanda Reid Chassiakos et al., »Children and Adolescents and Digital Media«, *Pediatrics*, Vol. 138, Issue 5.

2 Mrunal, »Impact of Social Media on Children«, https://parenting.firstcry.com.

3 Chassiakos et al., »Children and Adolescents and Digital Media«.

Nutzung kann es möglicherweise Vorteile geben: Das Gehirn wird darauf trainiert, Probleme mit Hilfe von Logik zu lösen. Die Feinmotorik und die Hand-Augen-Koordination werden verbessert. Mathematik- und Lesefähigkeiten werden geschärft. Und kognitive Funktionen wie visuelle Verarbeitung, Merkfähigkeit, logisches Denken, strategisches Denken und Wahrnehmung werden gestärkt.

Wenn der Inhalt des Spiels jedoch negativ ist oder das Kind oder der Jugendliche zu viele Stunden spielt, treten negative Auswirkungen auf. Gewalttätige Spiele führen zu gewalttätigem und aggressivem Verhalten im wirklichen Leben. Da Spiele so konzipiert sind, dass sie den Spieler in das nächste Level und immer weiter in das darauffolgende ziehen, werden viele Spieler süchtig. Dies kann zu weiteren Problemen wie Angstzuständen, Schlaflosigkeit, Isolation und Depression führen. Die Kinder gehen nicht mehr nach draußen, um sich zu bewegen, sodass die Fettleibigkeit zunimmt. Das stundenlange Starren auf den Bildschirm schädigt ihre Sehkraft. Und je mehr Stunden mit Spielen verbracht werden, desto wahrscheinlicher ist es, dass die Schüler in der Schule keine guten Leistungen erbringen.[4]

Es wurde viel über das Fernsehen und ältere Medienformen geforscht, weniger über neuere digitale und soziale Medien. Ältere Medien waren eher passiv; die Menschen schauten sie einfach an oder hörten ihnen zu. Neuere Medien sind mehr interaktiv: Wir kommunizieren über digitale und soziale Medien; Spiele erfordern Reaktionen; wir klicken auf Links, die uns interessieren; wir kaufen ein, wir

4 Sheetal DeCaria, »Positive and Negative Effects of Playing Video Games«, www.epainassist.com.

träumen, und wir gestalten. Fast jeder Beruf hat mit digitalen Medien zu tun. Experten sagen zwar, dass die Nutzung neuerer digitaler Medien noch weiter erforscht werden muss, aber sie übernehmen die Ergebnisse der Forschung zu alten Medien und wenden sie auf die heutige Zeit an.[5]

Insgesamt scheint es weit mehr Risiken als Vorteile zu geben. Tatsächlich sind die Risiken heute sogar noch größer, weil wir mehr Stunden mit den Medien verbringen und viel stärker involviert sind. Welcher Gefahren müssen wir uns bewusst sein, wenn wir unsere Kinder erziehen? Einige dieser Gefahren überschneiden sich mit denen, die oben in Bezug auf Videospiele genannt wurden, aber sie sind es wert, wiederholt zu werden, weil sie so schwerwiegend sind.

ÜBERMÄSSIGE NUTZUNG

»Das Volumen des Gehirns eines Kindes verdreifacht sich in den ersten zwei Lebensjahren«, während das Kind die Welt um sich herum wahrnimmt.[6] Exekutive Funktionen wie Urteilsvermögen, Entscheidungsfindung, Problemlösung, emotionale Kontrolle und Gedächtnis entwickeln sich.[7] Die Grundlagen dafür werden bereits in den ersten zwei Jahren gelegt, sind aber erst im Alter von 26 Jahren vollständig. Dieses frühe Lernen erfolgt, »indem Kinder die natürliche Umgebung erforschen, mit Gleichaltrigen und Betreuungspersonen interagieren und auf unstrukturierte, kreative Weise spielen«.[8]

5 Chassiakos et al., »Children and Adolescents and Digital Media«.

6 Center on Media and Child Health, »The Internet and the Brain«, Boston Children's Hospital.

7 Center on the Developing Child, »What is Executive Function? And How Does It Relate to Child Development?«, Harvard University.

8 Jenny S. Radesky, Jayna Schumacher, Barry Zuckerman, »Mobile and Interactive Media Use by Young Children: The Good, the Bad, and the Unknown «, *Pediatrics*, Vol. 135, Issue 1.

Deshalb empfiehlt die *American Academy of Pediatrics (AAP*; Amerikanische Akademie für Kinderheilkunde) nachdrücklich, Kindern unter zwei Jahren keine Bildschirmzeit zu gewähren. Eine Ausnahme wäre die audiovisuelle Kommunikation mit anderen, wenn Eltern und Kinder beispielsweise mit den Großeltern per Video telefonieren. Die andere Ausnahme wären gelegentliche Bildungsprogramme, bei denen die Eltern mit den Kindern interagieren, obwohl die AAP darauf hinweist, dass die meisten als »bildend« bezeichneten Programme nicht auf soliden Forschungsergebnissen beruhen.[9]

Das *Journal of the American Medical Association (JAMA)* fand heraus, dass Drei- bis Fünfjährige, die mehr Stunden am Bildschirm verbrachten als von der AAP empfohlen, eine geringere Integrität der weißen Substanz des Gehirns aufwiesen. Dieser Teil des Gehirns unterstützt die Sprach- und Lesefähigkeiten. Obwohl weitere Studien erforderlich sind, ergaben bisherige Untersuchungen, dass der sprachliche Teil des Gehirns von Vorschulkindern unterentwickelt ist, wenn sie zu viel Zeit mit Bildschirmmedien verbringen.[10]

Studien zeigen, dass der durchschnittliche Acht- bis Zehnjährige fast acht Stunden pro Tag mit verschiedenen Medien verbringt, Teenager sogar mehr als elf Stunden pro Tag, und 71 Prozent der Kinder und Jugendlichen haben einen Fernseher in ihrem Zimmer. Gleichzeitig haben zwei Drittel der Eltern keine Regeln oder Einschränkungen

---

9 Chassiakos et al., »Children and Adolescents and Digital Media«.

10 John S. Hutton et al., »Associations Between Screen-Based Media Use and Brain White Matter Integrity in Preschool-Aged Children«, https://jamanetwork.com.

für die Mediennutzung.[11] Die AAP äußert große »Besorgnis über Mediengewalt, Sex in den Medien, Drogenmissbrauch, Musik und Musikvideos, Fettleibigkeit und Medienkonsum, sowie die Mediennutzung von Kleinkindern«.[12]

Focus on the Family, eine international tätige, evangelikale gemeinnützige Organisation in den USA, tritt dafür ein, den Zeitpunkt des Smartphone-Besitzes hinauszuzögern (45 Prozent der Zehn- bis Zwölfjährigen haben ein Smartphone) und die Bildschirmzeit einzuschränken, insbesondere bei den Mahlzeiten, bei Familienzeiten und nachts.[13] Diese Statistiken sind erschreckend. Lasst uns alles tun, was wir können, um unsere Kinder anzuleiten, ihre Zeit sinnvoll zu nutzen, damit sie lernen, gut zu arbeiten und Gott zu verherrlichen.

GEWOHNHEITEN

Wenn Kinder und Jugendliche so viele Stunden in den Medien verbringen, haben wir ganz sicher ein Suchtproblem. Sucht ist eine tief verwurzelte, schädliche Gewohnheit, die unser Leben beherrscht. Die Mediensucht ähnelt der Drogensucht; sie verändert die Struktur des Gehirns und stimuliert das Verlangen in ähnlicher Weise wie Alkohol, Tabak und Drogen.[14] Forschungsergebnisse zeigen, dass internetabhängige Jugendliche bei IQ-Tests schlechter abschneiden. Es ist jedoch unklar, ob die übermäßige Internetnutzung

11 Victoria J. Rideout, Ulla G. Foehr, Donald F. Roberts, »*Generation M2: Media in the Lives of 8 to 18-Year-Olds*«, Kaiser Family Foundation.

12 Victor C. Strasburger, Marjorie J. Hogan, »Children, Adolescents, and the Media«, *Pediatrics*, Vol. 132, Issue 5.

13 Jonathan McKee, »How to Help Your Kids Dodge Digital Distractions«, www.focusonthefamily.com.

14 »The Internet and the Brain«.

ihren IQ senkt oder ob Jugendliche mit einem niedrigeren IQ anfällig für die Sucht sind.[15] Die Impulskontrolle gehört zu den exekutiven Funktionen des Gehirns und entwickelt sich in der Jugend und in den frühen Zwanzigern weiter. Dies ist ein sensibler Lebensabschnitt; daher ist es äußerst wichtig, gesunde Arbeitsgewohnheiten zu entwickeln.[16]

Während unsere Kinder stundenlang am Computer oder am Handy sitzen, vergeuden sie nicht nur wertvolle Zeit, sondern lassen auch andere Dinge unerledigt. Bewegung und Aktivitäten im Freien werden vernachlässigt, und es wird mehr gegessen, was zu einem Anstieg des Body-Mass-Index (BMI) führt. Das passive Schauen auf den Bildschirm nimmt ihnen die Initiative und Motivation. Anstatt fleißig zu werden, werden sie lethargisch. Familien verbringen weniger Zeit damit, miteinander zu reden, zu arbeiten und zu spielen, wenn jedes Mitglied mit seinem eigenen Gerät beschäftigt ist, sodass wir uns voneinander entfernen und emotional distanziert werden.

Übermäßiger Fernsehkonsum (und wahrscheinlich auch Medienkonsum) in der frühen Kindheit wurde mit kognitiven, sprachlichen und sozial-emotionalen Verzögerungen in Verbindung gebracht. Und es besteht ein direkter und eindeutiger Zusammenhang zwischen dem Anschauen von Gewalt und aggressivem Verhalten bei Kindern.[17] Wenn kleine Kinder sich Gewaltszenen anschauen, gehen die Szenen von der Fantasie auf das wirkliche Leben über. Gewalt wertet das Leben ab. Sie behindert die Entwicklung von ei-

15 »The Internet and the Brain«.
16 Chassiakos et al., »Children and Adolescents and Digital Media« und »The Internet and the Brain«.
17 Chassiakos et al., »Children and Adolescents and Digital Media«.

ner positiven Arbeitsethik. Sie zerstört Beziehungen, Liebe und Freundlichkeit. Warum sind wir noch überrascht, wenn unsere Kinder das Gleiche tun, was sie sehen?

Narben

Die Studien und Statistiken wären schon beunruhigend genug, wenn wir wüssten, dass am Ende alles gut werden würde. Aber wenn es jetzt nicht gut ist, wird es mit Sicherheit Auswirkungen auf unsere Zukunft haben! Es wird Narben geben. Unsere Kinder werden vielleicht aus einigen schlechten Angewohnheiten herauswachsen, aber in der Realität werden sie wahrscheinlich einige bis ins Erwachsenenalter mitschleppen. Es ist schon schlimm genug, dass ihr Lernprozess durch übermäßigen Medienkonsum behindert werden kann. Es ist schlimm genug, dass ihre Impulskontrolle und Entscheidungsfindung durch zu viel Bildschirmzeit beeinträchtigt werden. Es ist schlimm genug, dass sie nur eine kurze Aufmerksamkeitsspanne haben und in jeder freien Minute auf ihr Handy schauen müssen. Aber es gibt noch schlimmere Gefahren. Zwei davon stechen hervor.

Cybermobbing hat dem Mobbing auf dem Spielplatz längst den Rang abgelaufen. Das Opfer kann sich auch zu Hause nicht davor schützen. Der Mobber verfolgt es Tag und Nacht überall hin – online, in den sozialen Medien, bis in sein Innerstes. Das tut weh und hinterlässt Narben. Der Schmerz kann die Fähigkeit des Opfers einschränken, in seiner Arbeit voll zu funktionieren. Manche Opfer hat das Cybermobbing sogar in den Selbstmord getrieben.

In all den Stunden, die Kinder und Jugendliche an ihren Geräten verbringen, werden sie mit Sicherheit auch mit

Pornografie in Berührung kommen. Sie brauchen nicht einmal danach zu suchen; die Pornografie wird sie finden. Viele werden dies überleben, aber viele werden Narben davontragen. Die visuellen Bilder, für die sie zu jung sind und die von perverser Natur sind, hinterlassen einen tiefen Eindruck in ihren Köpfen und Herzen. Die menschliche Sexualität ist etwas so Persönliches, dass die Neugierde sie in ihren Bann zieht. Viele Erwachsene, die nach Pornos süchtig sind, haben zum ersten Mal in jungen Jahren ein verbotenes Bild gesehen. Pornosucht zerstört die Liebe, das Leben und die Familien. Sie verzehrt die Gedanken so weit, dass sie sich in die tägliche Arbeit einmischt.

Hierin liegt also die Ironie. Unser Leben wird von Medien überflutet. Wir sind von ihnen abhängig. Wir brauchen sie für unsere tägliche Arbeit. Und doch sind sie in vielerlei Hinsicht gefährlich. Wo ist also das Gleichgewicht?

EIN AUSGEWOGENES KONZEPT

Ich hörte einmal folgende Analogie: Eine Familie lud einen Mann ein, in ihrem Haus zu wohnen. Dieser Gast unterstützte sie dabei, die Kinder zu unterrichten und zu erziehen. Zunächst lief alles gut. Doch dann begann er, die Kinder in eine Richtung zu führen, die der Unterweisung der Eltern zuwiderlief – zunächst subtil, dann immer deutlicher. Es dauerte eine Weile, bis die Eltern es bemerkten. Obwohl es ihnen nicht gefiel, unternahmen sie nichts dagegen. Schließlich wandten sich die Kinder gegen ihre Eltern und gegen alles, was sie ihnen beibrachten.

Du würdest sagen: »Schmeißt den Schurken raus! Warum solltest du jemandem erlauben, deine Kinder gegen deine Prinzipien zu beeinflussen? Das ist genauso, als würdest du jemandem erlauben, Schlamm auf den Boden zu werfen, während du gerade am Wischen bist.« Aber ist es nicht genau das, was wir tun, wenn wir Medien in unsere Häuser hineinlassen, die unserer biblischen Unterweisung völlig entgegengesetzt sind? Ja, es gibt gute Inhalte, auf die man über die digitalen Medien zugreifen kann, und manches ist neutral und sachlich, aber so vieles davon ist *wirklich schlecht*! Es ist vom Satan – Gewalt, sündige sexuelle Inhalte, Lügen, Förderung des Bösen und Verunglimpfung des Guten.

Freunde, wir müssen unsere Kinder schützen – angefangen bei den Kleinen in ihren ersten Lebensjahren, bis hin zu den älteren Kindern und Jugendlichen in ihren schwierigen Jahren. Kinder sind unsere Zukunft. Sie sind eine Investition in die Menschheit. Sie sind ein Geschenk Gottes an uns! Also sollten wir sie beschützen. Lasst uns sie dazu erziehen, produktiv zu arbeiten. Lasst uns in sie investieren – unsere Zeit, unsere Energie, unser Alles – in den wenigen kurzen Jahren, in denen sie sich entwickeln.

Digitale Technologien sind Werkzeuge. Wir sollten unsere Werkzeuge beherrschen, und nicht umgekehrt. Lasst uns diese Werkzeuge nur für das Gute einsetzen – für das *wirklich* Gute, das *einzig* Gute – zur Ehre Gottes. Gehe bewusst mit deinem Gerät um, ob allein oder mit deinen Kindern. Verwende es zu einem bestimmten Zweck und lass dich nicht von diesem Zweck ablenken – Arbeit zu erledigen, bestimmte Informationen zu finden, eine nützliche Fähigkeit zu erlernen oder mit deinen Freunden und deiner Familie zu kommunizieren.

Wenn du einen Erdbohrer verwendest, drückst du die Spitze des Bohrers in den Boden, hältst den Bohrer fest, schaltest ihn ein und bohrst ein Loch. Wenn du mit den Füßen nicht fest auf dem Boden stehst, dich aber am Bohrer festhältst, beginnst du, dich mit dem Gerät im Kreis zu drehen. Auf diese Weise würdest du dein Ziel, ein Loch zu bohren, nicht erreichen. Du würdest in ungewollte Richtungen fliegen und dich vielleicht sogar verletzen. Das Werkzeug würde dich beherrschen, anstatt dass du es beherrschst. Genau das tun wir, wenn wir uns ans Smartphone oder Laptop setzen, um unsere Arbeit zu erledigen, und uns von den unzähligen Nachrichten und Links ablenken lassen, während wir einem nach dem anderen folgen. Wir fliegen in alle Richtungen, erreichen unser Ziel nicht und werden vielleicht sogar verletzt.

Digitale Medien in deinem Zuhause zu kontrollieren, ist ein Kampf gegen unsere Kultur. Du könntest als übermäßig streng abgestempelt werden. Deine Kinder werden dir vielleicht sagen: »Aber meine Freunde dürfen das auch sehen.« Sei stark; denn du tust es aus Liebe. Wenn deine Kinder einen sündigen Film angeschaut haben, können sie diesen nicht »ungesehen« machen. Er hat sich in ihren Köpfen und Herzen eingebrannt. In einer Kultur, in der alles erlaubt ist, in der die Menschen selbst entscheiden, was richtig und was falsch ist, und in der Selbstbeherrschung altmodisch ist, brauchst du mehr denn je Selbstbeherrschung und Selbstdisziplin. Lebe es durch deine eigenen Mediengewohnheiten vor. Es passiert so leicht, dass man ständig auf sein Handy schaut. Ich kenne das, ich tue es selbst. Wir fühlen uns davon angezogen. Wir wollen nichts mehr verpassen. Die Menschen in meinem Umfeld, die ein gesundes Medienverhalten haben, rufen nur zu bestimmten Tageszeiten Textnachrichten und andere Apps ab. Sie erlauben es sich nicht, endlos Zeit zu verschwenden. Sie nutzen dieses Werkzeug; das Werkzeug beherrscht sie nicht.

Bringe deinen Kindern bewusst bei, wie man dieses Hilfsmittel benutzt. Setz dich zu ihnen und zeige ihnen, wie du damit umgehst. Warne sie vor der Gefahr. Sei dir bewusst, dass es böse Menschen gibt, die absichtlich versuchen, deine Kinder in die Falle zu locken, sich Pornos und Gewalt anzuschauen und sie sogar in Beziehungen zu locken. Installiere eine Software, die sündige Inhalte herausfiltert und es euch als Eltern ermöglicht, die Mediennutzung eurer Kinder zu überwachen. Stelle die Geräte in den offenen Bereichen des Hauses auf, wo du auf den Bildschirm blicken kannst. Dies sind Abschreckungsmaßnahmen, die verhindern sollen, dass deine Kinder der Versuchung nachgeben, und dir helfen, dagegen anzugehen, wenn sie es doch tun. Sogar säkulare Organisationen wie die AAP empfehlen Eltern, keine Geräte in den Schlafzimmern ihrer Kinder zuzulassen.[18]

Es ist sehr leicht, Spiele und Filme zum Babysitter für unsere Kinder zu machen. Aber wir sollten dem widerstehen, auch wenn es uns viel Energie kostet. Vergiss nicht, dass die AAP rät, dass Kinder unter zwei Jahren nie allein an einem Gerät sitzen sollten und Kinder zwischen drei und fünf Jahren nur selten. Freunde von uns belohnen ihren zehnjährigen Sohn mit dreißig Minuten am Computer, nachdem er seine Arbeit erledigt hat. Das motiviert ihn zum Arbeiten und belohnt ihn, schränkt aber seine Bildschirmzeit ein.

Doch hier geht es nicht nur um Verbote. Nutze die unzähligen guten Materialien, die dir zur Verfügung stehen. Fördere aber auch die Entwicklung, die Kreativität und den Lernprozess mit nicht-digitalen Mitteln. Bilde den jungen Verstand auf vielfältige Weise. Gib den kleinen Kindern

18 Jenny Radesky und Dimitri Christakis, »Media and Young Minds«, *Pediatrics*, Vol. 138, Issue 5.

einen großen Pappkarton und sieh zu, auf welche erstaunlichen Ideen sie damit kommen: ein Häuschen bauen, ihn den Berg hinunterrollen oder ein Bild darauf malen. Wenn wir ihnen Rohmaterialien geben, wecken wir ihre Kreativität. Du säst damit den Samen für das Arbeitsleben als Erwachsener.

Lies ihnen Geschichten vor, anstatt Filme mit ihnen zu sehen; so lernen sie die Sprache besser, und ihr habt einen positiven Austausch miteinander. Spielt Ball miteinander, anstatt euch ein Spiel anzuschauen; dabei verbrennt ihr alle Kalorien und trainiert die Koordination, anstatt nur dazusitzen und Popcorn zu essen. Lass deine Kinder mitkommen, wenn du im Haus arbeitest; rede mit ihnen und unterweise sie dabei. Das wird dich und deine Kinder motivieren und eure Beziehung stärken. Sie werden lernen, indem sie etwas tun. Hole die ganze Familie von der Couch runter und beschäftige sie mit Arbeit und Spiel. Lege bildschirmfreie Zeiten, Mahlzeiten und Familienaktivitäten fest, damit ihr die Gesellschaft der jeweils anderen genießen könnt.

SCHLUSSFOLGERUNG

Worte, die lange vor der Erfindung des Computers geschrieben wurden, werden uns helfen, die Bildschirmzeit zu überwachen: *»Ich will nichts Schändliches vor meine Augen stellen« (Ps. 101,3).* Und: *»Im Übrigen, ihr Brüder, alles, was wahrhaftig, was ehrbar, was gerecht, was rein, was liebenswert, was wohllautend, was irgendeine Tugend oder etwas Lobenswertes ist, darauf seid bedacht!« (Phil. 4,8).* Lasst uns um Weisheit beten, um unsere Familien darin anzuleiten, wie wir die digitalen Technologien als Werkzeuge für unsere tägliche Arbeit nutzen können, um unsere Kinder auf ihre Lebensaufgabe vorzubereiten und um Gott zu verherrlichen.

Fragen zum Studium

1. Was sind deiner Erfahrung nach die Vorteile digitaler Technologien? Was sind die Gefahren? Wie haben sie sich auf deine Familie ausgewirkt?

2. Nenne anhand der in diesem Kapitel beschriebenen Forschungsergebnissen drei positive Auswirkungen des Umgangs unserer Kinder mit digitalen Medien. Wie kann ihnen das in ihrem zukünftigen Berufsleben helfen?

3. Welche besonderen Warnungen geben Wissenschaftler in Bezug auf Babys und Kleinkinder, die digitalen Medien ausgesetzt sind? Wie lernen diese Kleinen am besten?

4. Welche besonderen Gefahren sind mit Videospielen verbunden?

5. Wie wirkt sich der übermäßige Gebrauch digitaler Technologien auf das Gehirn und das Denken eines Kindes aus? Welche anderen Faktoren im Elternhaus tragen zur übermäßigen Nutzung bei?

6. Gewohnheiten können zur Sucht führen. Wie wirkt sich die Sucht auf das Gehirn aus? Wie wirkt sich die Sucht nach digitalen Technologien auf andere Lebensbereiche aus?

7. Nenne und beschreibe zwei Verletzungen, die sich bei unseren Kindern durch den Missbrauch oder die übermäßige Nutzung von digitalen Technologien einstellen können. Inwiefern findest du diese beunruhigend?

8. Wie wichtig ist es für uns als Eltern, zu wissen, welche digitalen Technologien in das Leben unserer Kinder eindringen, und dass wir die Kontrolle darüber behalten? Wie können wir das erreichen? Wie können wir diese Technologien als ein Werkzeug nutzen, das wir beherrschen, und nicht zulassen, dass es uns beherrscht?

9. Wie sollten wir mit unseren Kindern über die Nutzung von digitalen Technologien sprechen? Gib Beispiele für ein Gespräch mit einem 7-Jährigen und einem 13-Jährigen. Wie können wir Positives mit Warnungen verbinden?

10. Erstelle einen Plan für die Nutzung von digitalen Technologien in deiner Familie.

TEIL 2

Praktische Prinzipien

TEIL 2: Praktische Prinzipien

Kapitel 11

GUT – EGAL WAS KOMMT

Die letzten zehn Kapitel (Teil 1 – Elterliche Prinzipien) waren grundlegende biblische Richtlinien für uns als Eltern, die wir fest in unserem Gedächtnis verankern sollten, wenn wir unsere Kinder zur Arbeit erziehen wollen. Mein Ziel war es, dass wir die *Grundlage* von Gottes Geschenk der Arbeit verstehen, den *Wert* der Arbeit für uns und besonders für unsere Kinder, sowie die *Prinzipien*, die wir befolgen, wenn wir sie zur Arbeit erziehen und anleiten.

Nun kommen wir zu Teil 2, den »Praktischen Prinzipien«, wo ich euch Anregungen für die Umsetzung der elterlichen Prinzipien geben möchte. Der erste Teil befasste sich damit, wie man denken sollte. Im zweiten Teil soll es nun darum gehen, was zu tun ist. Ziehen wir also unsere Stiefel an und machen uns an die Arbeit mit unseren Kindern. Hier gibt es praktische Ratschläge für unseren Arbeitsalltag – zu Hause und unterwegs. Ich werde Wege aufzeigen, wie wir mit den Tricks unserer Kinder umgehen können, wenn sie versuchen, sich vor der Arbeit zu drücken. Unser Ziel ist es, das Beste aus ihnen herauszuholen, damit sie die Freuden und Belohnungen der Arbeit erleben.

In Kapitel 2 wurden die Grundlagen unseres Arbeitslebens beschrieben: Wahrheit, die Verherrlichung Gottes, Liebe zu Gott und zu unserem Nächsten, Weisheit und Heiligkeit. Wie machen sich diese Werte im Arbeitsalltag bemerkbar?

Indem wir das Gute lieben, nach dem Guten streben und versuchen, gut zu sein und Gutes zu tun, egal was kommt – nicht, um Gottes Gunst zu verdienen, sondern um Seinen Namen zu verherrlichen. Der Wunsch nach Rechtschaffenheit muss unser Handeln bestimmen. Das Gute ist der entscheidende Faktor: Wenn das, was wir tun wollen, gut ist, tun wir es. Wenn nicht, tun wir es nicht.

GUT GEGENÜBER GOTT

»Die Augen des HERRN sind überall« (Spr. 15,3) – das ist ein Trost, aber auch eine Ermahnung. Seine Gegenwart leitet uns in unseren Handlungen. Wir Christen wissen, dass Er in unseren Herzen lebt. Wir wollen, dass unsere Kinder dies erfahren. Wir wollen ihr Gewissen stärken, nicht aus Angst, sondern aus echter Liebe zu Gott und aus Liebe zum Guten. Der Prophet Daniel ist uns und unseren Kindern ein Vorbild darin. Als Teenager in die Gefangenschaft in ein heidnisches Land verschleppt, befolgte er in jedem Lebensbereich die Gesetze Gottes, auch wenn er dafür leiden musste.

Die Zehn Gebote leiten uns in unserem Leben. *»Sechs Tage sollst du arbeiten« (2.Mo. 20,9)* – das erfordert Fleiß. Wir arbeiten im Geiste von Epheser 6,5-9 *»als dem Christus«*. Auch wenn andere nicht zusehen, Gott sieht es; darum arbeiten wir hart. Erst in meinen Zwanzigerjahren habe ich das wirklich begriffen. Ich bedauere die Zeit, in der ich als Lageristin in einem Lagerhaus arbeitete und dem Beispiel anderer folgte – nachlässig zu sein, außer wenn wir die Füße des Chefs die Treppe herunterkommen sahen. Dann schienen wir fleißig zu sein. Es war eigentlich anstrengend, nachlässig zu sein. Es wäre einfacher gewesen, zu gehorchen und zwischen den Aufträgen zusätzliche Arbeit zu leisten; da wäre mein Gewissen beruhigt gewesen. Unseren eigenen Kindern sagte ich: »Folgt stattdessen dem Beispiel eures Vaters; er hat schnell und hart gearbeitet und ist befördert worden.« Es kann Jahre dauern, bis sich bei unseren Kindern Fleiß entwickelt, aber wir sollten beharrlich sein und Geduld haben. *»Eine nachlässige Hand macht arm, aber eine fleißige Hand macht reich« (Spr. 10,4).*

So wie unsere Kinder im fünften Gebot dazu aufgerufen werden, uns zu ehren, verlangt es von uns selbst, all diejenigen zu ehren, die über uns Autorität haben: Arbeitgeber, Lehrer, die Polizei und zivile Behörden. Verhalten wir uns also ihnen gegenüber respektvoll und sprechen wir am Esstisch respektvoll über sie. Indem wir bei der Arbeit den Charakter eines Christen vorleben und uns selbst unter schwierigen Umständen nicht beschweren, geben wir ein Beispiel für christliches Verhalten. Wir geben anderen ein Zeugnis, indem wir aufrichtig leben und andere auf praktische Weise evangelisieren. Lasst uns *»[leuchten] als Lichter in der Welt«*, wie Paulus uns auffordert (Phil. 2,14-16). Unsere Kinder werden unsere Haltung wahrnehmen und durch Gottes Gnade unserem Beispiel folgen, indem sie sowohl uns als auch eines Tages ihren Chef respektieren.

Wir freuen uns, dass Unternehmen wie »Chick-fil-A« und »Hobby Lobby« am Tag des Herrn geschlossen bleiben und trotzdem erfolgreich sind. Wir nehmen unsere Kinder dorthin mit und erzählen ihnen, warum Gottes Gunst und Segen auf denen ruht, die Ihn in ihrem Unternehmen ehren. Und wir ermutigen sie, dort eine Beschäftigung zu finden, wenn sie ihren ersten Job suchen. Ganz gleich, ob sie einen beruflichen Werdegang in der Gastronomie oder im Einzelhandel anstreben: Wir beten dafür, dass sie guten, Gott verherrlichenden Geschäftspraktiken folgen werden.

Integrität zeigt sich überall. Halten wir uns an die Gesetze, wenn wir mit unseren Kindern jagen und fischen gehen, auch wenn keiner den Unterschied bemerkt? Befolgen wir die Bauvorschriften, wenn wir umbauen? Zahlen wir die geforderten Steuern, oder machen wir ein paar Geschäfte unter dem Tisch? Leisten wir einen ehrlichen Arbeitstag, oder kürzen wir ihn um ein paar Minuten ab? Ist unsere Arbeit von hoher Qualität? Wenn wir ein Fahrzeug privat verkaufen, legen wir dann nicht nur die Vorzüge, sondern auch die Mängel vollständig offen? Wenn wir um einen niedrigeren Preis für einen Gegenstand feilschen, den wir kaufen wollen, liegt das daran, dass der Gegenstand tatsächlich weniger wert ist? Oder sind wir so wie in Sprüche 20,14: *»›Es ist schlecht, es ist schlecht!‹, sagt der Käufer – wenn er aber weggeht, dann rühmt er sich«?* Wenn wir integer sind, sehen und lernen unsere Kinder, dass Ehrlichkeit im täglichen Leben und im Geschäftsleben die beste Strategie ist. *»… wohl [dem Volk], wenn es das Gesetz bewahrt!« (Spr. 29,18).*

Einige unserer Kleinen lügen und stehlen nicht. Aber seien wir ehrlich, viele von ihnen tun es. Wir tun ihnen einen Gefallen, wenn wir sie dabei erwischen, wie sie Süßigkeiten aus dem Schrank stehlen, und wenn wir sie dafür bestrafen. Als unsere eigenen Kinder klein waren und ich sah, dass sie etwas Falsches taten, drehte ich mich weg und rief sie streng bei ihrem Namen. Ich wollte ihnen den Eindruck vermitteln, dass Mama »Augen im Hinterkopf« hat und sie deshalb gar nicht erst auf die Idee kommen sollten, etwas Hinterlistiges zu tun. Ich wollte ihr Gewissen darin schulen, dass Gott allgegenwärtig ist. Wir formen unsere Kinder moralisch, wenn wir sie bei einer Lüge erwischen und sie streng und angemessen disziplinieren.

Unseren Kindern beizubringen, nicht zu lügen oder zu stehlen, *kann* und *muss* schon in jungen Jahren geschehen, sonst sündigen sie unkontrolliert weiter und entwickeln schlechte Gewohnheiten. Wenn sie älter werden, bringen wir ihnen bei, dass nachlässige und mangelhafte Arbeit eine andere Form des Diebstahls ist – es ist Diebstahl von Zeit und Lohn von demjenigen, für den wir arbeiten. Wenn sie Reue zeigen und ihre Lektion lernen, sollten wir sie ermutigen und loben, damit das negative Verhalten abnimmt und das positive verstärkt wird.

Lasst uns bei den Kindern schon in jungen Jahren gute Gewohnheiten fördern. Warum sollten wir sie schlechte Gewohnheiten entwickeln lassen? Sie werden später schwerer zu ändern sein, wenn sie sich überhaupt noch ändern. Lasst uns mit Geduld und der Kraft Gottes den Marathon laufen, um unsere Kinder zu guter Arbeit zu erziehen. Lasst uns das lieben, was gut ist, damit sie dies auch tun. Zeigen wir ihnen die tiefe Zufriedenheit, die sich einstellt, wenn sie Gott gegenüber Gutes tun. Wenn es nach Gottes Maßstäben gut ist, werden wir gesegnet sein. Und das Gute wird in den Dienst an anderen überfließen.

GUT ZU ANDEREN

Bei einer Hochzeit, an der wir kürzlich teilnahmen, neckte der Bruder des Bräutigams bei seiner Tischrede Aaron, den Bräutigam, wegen seiner jugendlichen Macken. Dann sagte er: »Neulich fuhr ich die Straße entlang und bemerkte jemanden mit einer Autopanne auf dem Seitenstreifen. Ich habe angehalten, um zu sehen, ob ich helfen kann. Aber Aaron war schon da. Wisst ihr, er hat immer Werkzeug, Starthilfekabel und einen Abschleppgurt in seinem Wagen – nur für den Fall, dass er eine Gelegenheit findet, jemandem zu helfen. So ein Typ ist Aaron eben. Das macht ihm sehr viel Freude.«

Liebe Eltern, lasst uns unseren Kindern beibringen, mit Freude anderen Gutes zu tun! Sie werden dadurch ein erfüllteres Leben führen. Ihnen diese Freude vorzuenthalten bedeutet, sie verarmen zu lassen. Einige Kinder sind schon von Natur aus dazu geneigt, anderen Gutes zu tun; den anderen muss man es beibringen. Erzieht sie zu Mitgefühl. Weist auf die Leiden eines kranken Nachbarn hin und kocht gemeinsam mit euren Kindern eine Mahlzeit. Bringt das Essen dann zusammen mit einer Karte und etwas Selbstgebasteltem von jedem Kind hinüber und werdet Zeuge seiner Dankbarkeit. Euer Nachbar wird gerührt sein und eure Kinder ebenfalls.

Als mein Mann 16 Jahre alt war, sagte sein 19-jähriger Bruder eines Tages zu ihm: »Ich habe herausgefunden, worum es im Leben geht, und ich kann es mit einem Wort sagen: *Dienen!*« Joel antwortete: »Wow! Das ist cool!« Aber fünfzig Jahre später hat er nun ein viel tieferes Verständnis dafür, wie wahr das ist. Wenn wir Gott über alles lieben und unseren Nächsten wie uns selbst, dann besteht unser ganzes Leben aus Dienen – zu Hause, in der Gemeinde und bei der Arbeit. Lasst uns unsere Kinder dazu anleiten, Berufe im Dienstleistungsbereich zu ergreifen, damit sie nicht nur ihren Lebensunterhalt verdienen, sondern auch die tiefe Erfüllung erfahren können, die es mit sich bringt, wenn man anderen hilft.

Meine Schwester ist Krankenschwester, und es ist immer ein Highlight ihres Arbeitstages, wenn sie einen ängstlichen Patienten beruhigen kann. Eine befreundete Lehrerin sagte mir: »Mir wurde die Aufgabe anvertraut, die Grundlage für das Leben meiner Schüler zu legen, damit sie in vielen Jahren ihre von Gott gegebene Berufung erfüllen können.« Mein Mann und andere Pastoren üben den wertvollsten Beruf des Dienstes aus: das Evangelium den verlorenen Seelen zu verkündigen.

Als eine unserer Enkeltöchter in die Vorschule kam, sagte sie: »Wenn ich groß bin, möchte ich ein Held sein!« Die meisten von uns, ob jung oder alt, träumen davon, in irgendeiner Form ein Held zu sein. Wir können die Träume unserer Kinder nähren, indem wir ihnen Heldengeschichten erzählen: ein Feuerwehrmann, der Menschen aus brennenden Gebäuden rettet; ein Polizist, der einen Menschen vor dem Selbstmord bewahrt, indem er ihn vom Rand einer Brücke wegzieht; ein Mitarbeiter eines Tierschutzvereins, der misshandelte Tiere wieder gesund pflegt; ein Abschleppwagenfahrer, der ein Auto von der Autobahn zieht und damit einen weiteren Unfall verhindert; ein Soldat, der für unsere Freiheit kämpft; ein Bauer, der für einen kranken Nachbarn die Ernte einfährt; oder ein Arzt, der kranke Kinder heilt. Stillen wir den Hunger unserer Kinder nach Abenteuern, indem wir ihnen spannende Geschichten vorlesen und förderliche Filme über Helden zeigen, die Menschen in Not helfen. Zeige ihnen *keine* Videos, die Gewalt und das Böse verherrlichen! Womit auch immer du die Gedanken eurer Kinder fütterst, sorge dafür, dass der Böse verliert und der Gute gewinnt.

Manchmal sind es nur kleine Dinge aus unserem Arbeitsalltag. Ich kann mich noch gut daran erinnern, wie ich bei Opa und Oma Kamp Erdbeeren und Rhabarber gepflückt habe. Oma wollte uns die Früchte schenken, aber Papa wollte sie bezahlen. Es gab fast jedes Mal eine Diskussion darüber. Als kleines Mädchen habe ich dadurch gelernt, den Wert der Dinge zu schätzen und für das zu bezahlen, was man bekommt, und dass man keine Haltung entwickeln sollte, auf etwas Anspruch zu haben. Und ich habe gelernt, dass es gut ist, großzügig zu sein.

Wenn ich auf meine Kindheit zurückblicke, bin ich so dankbar für das Vorbild, das mir meine Eltern als freiwillige Helfer in unserem Ort gegeben haben. Mein Vater hat regelmäßig Blut gespendet – 14 Gallonen (das sind ca. 53 Liter) im Laufe seines Lebens, bis er schließlich Blutverdünner nehmen musste und deswegen nicht mehr spenden konnte. Mama und Papa dienten unserer Gemeinde und der christlichen Schule auf jede erdenkliche Weise: im Schulvorstand, im Gemeinderat, in der Esther Guild Organisation (ein Hilfsdienst von Frauen) und in der Elternvertretung. Im Alter von 88 und 86 Jahren arbeiten sie weiterhin ehrenamtlich in der Mission unserer Gemeinde. Sie haben sogar Fremden geholfen, indem sie sich um die Umwelt gekümmert haben. Das Schild an den Tahquamenon Falls war unser Mantra in der Natur: »Nimm nichts mit außer Erinnerungen und Bildern; hinterlasse nichts als Fußspuren.« Abfälle zu hinterlassen war streng verboten; wir sammelten sogar die Abfälle anderer Leute auf. Meine Mutter verschönerte ein Blumenbeet beim Arzt oder in einem Geschäft, indem sie im Vorbeigehen Unkraut zupfte. Meine Geschwister und ich machen das ebenfalls. Uns wurde beigebracht: »Verlasse einen Ort besser, als du ihn vorgefunden hast.«

Warum ist die »Goldene Regel« golden? Eine Internetsuche konnte mir das nicht beantworten. Aber ich schlage drei Gründe vor: Wir alle wissen diejenigen zu schätzen, die uns gemäß der Goldenen Regel behandeln – es fühlt sich einfach »golden« an. Aber was noch mehr zählt: Es ist das, was Jesus getan hat. Der göttliche und doch so demütige Jesus tat den Sündern Gutes. Lasst uns Seinem Beispiel folgen! Und dies führt zum dritten Grund: Wenn wir und unsere Kinder die Goldene Regel gegenüber anderen praktizieren, sind wir selbst unglaublich gesegnet. Wir führen ein »goldenes Leben«!

Lasst uns immer bereit sein, anderen zu helfen: zu Hause, bei der Arbeit, als Freiwillige oder als ein Hobby. Lasst uns mit unseren Kindern über die Freude sprechen, die wir dabei empfinden. *»Freut euch mit den Fröhlichen und weint mit den Weinenden!« (Röm. 12,15)*. Und halten wir uns an Matthäus 25,31-46: Hungrige speisen, Durstigen zu trinken geben, Nackte bekleiden, Kranke und Gefangene besuchen und Fremde beherbergen. Denn wenn wir diese Dinge tun, ermutigt uns Jesus mit den Worten: *»Was ihr einem dieser Meiner geringsten Brüder getan habt, das habt ihr Mir getan!«*

DEIN GUTER NAME

Bens Vater hatte mir erzählt, dass sein Sohn gern arbeitet; also stellte ich ihn ein, um mir im Garten zu helfen. Weil er gute Arbeit leistete, erzählte ich es meiner Mutter. Sie beauftragte ihn, einige Myrthen zu pflanzen. Einmal hielten wir an einer örtlichen Farm an, um Erdbeeren zu kaufen, und fanden heraus, dass Ben dort arbeitet. Sein Arbeitgeber erzählte sogar: »Er schärft die Werkzeuge und macht eine Menge anderer Dinge. Er ist ein großartiger Arbeiter.« Ben macht sich damit einen guten Namen und wird dafür belohnt, indem er mehr Arbeit bekommt und mehr Erfahrung sammelt.

»Ein guter Name ist wertvoller als großer Reichtum, und Freundlichkeit ist besser als Silber und Gold« (Spr. 22,1). Unser Ruf ist wichtig. Er beginnt in jungen Jahren und baut sich auf. *»Schon ein Knabe gibt durch sein Verhalten zu erkennen, ob sein Tun lauter und redlich ist« (Spr. 20,11).* Wenn wir unseren Kindern klarmachen, dass Gott alles sieht, was wir

tun, und dass auch die Menschen etwas von dem sehen, was wir tun, dann hoffen und beten wir, dass sie mit dem Bewusstsein aufwachsen, wie wichtig es ist, gut zu sein. Ein Gleichgewicht ist erforderlich. Wir wollen nicht, dass sie sich so sehr darauf konzentrieren, sich durchzusetzen, sodass sie egoistisch und stolz werden. Wir wollen auch nicht, dass sie einfach nur den Menschen gefallen wollen. Aber die Realität ist, dass sie sich auf die eine oder andere Weise einen Ruf aufbauen. Integrität und Fleiß werden einen jungen Menschen in der Arbeitswelt weit bringen – ich würde sagen, sogar weiter als Intelligenz. Aus der Sicht eines Lehrers ist ein Kind mit einem hohen IQ, das durch die Schule gerauscht ist, aber nicht gelernt hat, hart zu arbeiten, weniger gut auf die Arbeitswelt vorbereitet als ein Schüler mit durchschnittlicher Intelligenz, der gelernt hat, fleißig zu sein.

Ich kann spüren, wie einige von euch in diesem Moment seufzen. Ihr denkt: »Ich habe mir selbst nicht den besten Ruf aufgebaut«, oder: »Mein Kind geht in die falsche Richtung, und es scheint ihm egal zu sein«. Es gibt Hoffnung! Es gibt Erlösung! Jesus Christus kann das Steuer unseres Lebens herumreißen. Er kann unseren Ruf und den unseres Kindes wiederherstellen, indem er uns den Willen schenkt, Gutes zu tun. Er kann uns Ausdauer schenken, sodass unser Ruf schließlich wiederhergestellt wird. Er kann uns helfen, die Belohnungen zu erkennen und die Freude daran zu finden, in unserer Arbeit dem Guten zu folgen – gegenüber Gott und gegenüber anderen. Mögen wir die Worte aus Sprüche 4,23 beherzigen: *»Mehr als alles andere behüte dein Herz; denn von ihm geht das Leben aus.«*

Fragen zum Studium

1. Was fällt dir ein, wenn du an Gutes denkst? Welches Bild kommt dir in den Sinn, wenn dein Kind als Erwachsener in der Arbeitswelt das Gute vertritt?

2. Welche Gebote haben einen direkten Bezug zur Arbeit? Erläutere, wie sie miteinander verbunden sind, und gib ein entsprechendes Beispiel.

3. Warum ist es so wichtig, dass das Wort Gottes in den Herzen unserer Kinder verankert ist, wenn sie erwachsen sind? Welchen Nutzen bringen wir unseren Kindern, wenn wir sie dabei erwischen, dass sie etwas Falsches tun?

4. Wir bereichern das Leben unserer Kinder, wenn wir sie die Erfahrung machen lassen, anderen Gutes zu tun. Welche Beispiele gibt es dafür, wie wir das als Familie tun können?

5. Wie können wir in unseren Kindern den Wunsch wecken, anderen Gutes zu tun, sei es in einem Beruf, der anderen hilft und dient, oder auch nur in den kleinen Dingen des Alltags?

6. Was ist eine biblisch ausgewogene Haltung, die unsere Kinder anstreben sollten, um einen guten Ruf zu erlangen?

TEIL 2: Praktische Prinzipien

Kapitel 12

ARBEIT IST DER INHALT DES LEBENS

Für Kinder und Erwachsene, die von Natur aus fleißig sind, wird vieles in diesem und den folgenden Kapiteln selbstverständlich sein. Wenn du ein »Mach jetzt deine Arbeit«-Typ bist, dann siehst du, was zu tun ist, und tust es – so einfach ist das. Es würde deine Geduld auf die Probe stellen, etwas über Arbeit zu lesen. Du sagst: »Lass mich einfach an die Arbeit gehen!«

Wir anderen hingegen müssen manchmal bewusst über unsere Arbeit nachdenken. Unsere Kinder brauchen vielleicht Ratschläge, wie sie eine Aufgabe angehen sollen. Sie brauchen vielleicht ein wenig Motivation (oder auch viel!). Es ist gut, wenn sie diese Motivation von sich selbst aufbringen können. Aber wenn nicht, müssen wir Eltern Druck von außen ausüben. Wenn sie die Wahl hätten, würden einige unserer Kinder die Arbeit lieber ganz vermeiden. Aber Arbeit ist das, was wir tun. Es ist der Inhalt des Lebens. Lasst uns also damit fortfahren.

KEIN SPIELRAUM

Ein Kind muss nicht sehr alt sein, um zu spüren, wann das Spielen zur Arbeit wird. Und manche mögen das nicht. Ein Kleinkind kann seine Puppe und die Puppenkleidung mit Eifer auf dem Fußboden des Spielzimmers verteilen, aber wenn Mama sagt: »Es ist jetzt Zeit, aufzuräumen«, fühlt es sich plötzlich wie gelähmt. Ich habe das bei meinen Kindern und Enkelkindern erlebt. Ich versuche dann, freundlich zu bleiben, bestehe aber trotzdem darauf, dass die Arbeit erledigt wird. Ich sage ihnen: »Wenn wir damit fertig sind, gibt es Mittagessen.« Oder ich sage: »Wir machen das zusammen. Ich nehme mir ein Spielzeug, dann bist du dran.«

Sorge dafür, dass es Spaß macht, während du es ihnen beibringst. Die ganz Kleinen nehme ich an der Hand, lasse sie ein Spielzeug aufheben und freue mich, wenn sie es tun. Ich betrachte es positiv. Aber wenn sie der Aufgabe gewachsen sind und ablehnend reagieren, sage ich fröhlich: »Du weißt, wie man aufräumt. Wenn du fertig bist, kannst du mit uns zu Mittag essen.« Und dann erlaube ihnen nicht, wegzulaufen oder etwas anderes zu tun, bis die Aufgabe erledigt ist. Gib ihnen auf keinen Fall auch nur einen Bissen vom Essen, bevor sie die Arbeit erledigt haben. Wenn sie sich schlecht benommen haben, müssen sie vielleicht sogar bestraft werden.

Manche Kinder wehren sich innerlich – in ihrem Kopf und ihrem Herzen – gegen die Arbeit. Das war bei mir der Fall. Ich wusste aber, dass ich nicht ungehorsam sein konnte; meine Eltern würden das nicht dulden. Aber ich grübelte darüber nach, wie ich mich vor der Arbeit drücken oder nur das Nötigste tun könnte. Und was passierte? Das Unvermeidliche wurde aufgeschoben, aber nicht aufgehoben. Während ich mich mit dem Gedanken herumschlug, dass ich der Arbeit nicht würde ausweichen können, machten sich meine Geschwister an die Arbeit und erledigten ihren Teil. Als sie fertig waren, war ich immer noch am Jammern und Stöhnen. Und die Arbeit musste dennoch erledigt werden. Also tat ich sie schließlich; aber wie viel leichter wäre es gewesen, wenn ich die Umstände einfach akzeptiert und alles sofort erledigt hätte.

Bringen wir unsere Kinder zur »Ameisenschule«. Beobachtet gemeinsam, wie diese Lebewesen auf dem Ameisenhügel herumwuseln. Studiert ihre Gewohnheiten. Dann lest Sprüche 6,6-8: *»… sieh ihre Wege an und werde weise: Obwohl sie keinen Anführer hat, weder Vorsteher noch Herrscher, bereitet sie dennoch im Sommer ihr Brot und sammelt in der Erntezeit ihre Speise.«*

Wir können unseren Kindern helfen, sich Gedanken darüber zu machen, wie sie eine Aufgabe angehen sollen. Wenn sie alt genug sind, um uns zu sagen, was sie denken, können wir ihnen gut zureden. Erkläre deinem Kind: »Du sagst mir, dass du dein Zimmer nicht gern aufräumst, weil du nicht weißt, wo du anfangen sollst. Womit ist es am einfachsten, anzufangen?«

»Ich räume meine Anziehsachen weg. Dann mache ich mein Bett.«

»Okay, das ist ein guter Anfang. Wenn du das geschafft hast, wirst du auch den Rest schaffen.«

Ermutige es und leite es an.

Wenn die Kinder sich weigern, Hilfe bei der Bewältigung einer Aufgabe anzunehmen, und wenn sie wissen, was sie zu tun haben und dazu in der Lage sind, dann treten die »natürlichen Konsequenzen« ein (Kapitel 20). Finde etwas heraus, das ihnen Spaß macht, und entziehe es ihnen – die Zeit mit Freunden, Spiel oder Entspannung, ihr Handy –, bis die Arbeit erledigt ist, oder aber länger, wenn sie einen Aufstand machen. Und nimm keine Rücksicht auf ihr Weinen. Bleib ruhig, und fühle dich nicht schuldig.

Es gibt keinen Vergleich zwischen der Freude, etwas geschafft zu haben, und der Schuld, etwas vermieden zu haben. Wenn unsere Kinder diese Freude nicht für sich selbst suchen, müssen wir ihnen diese Erfahrung so lange abverlangen, bis sie das gelernt haben. Sie müssen die Würde erfahren, die mit der Arbeit einhergeht, egal, ob sie die Arbeit mögen oder nicht.

Ältere Kinder, die eine Abneigung gegen die Arbeit haben, werden kreativer, wenn es darum geht, die Mühen der Arbeit zu vermeiden. Wenn sie einen Hauch von Kapitulation in deinem Tonfall entdecken, werden sie deine Schwäche ausnutzen, um sich vor der Arbeit zu drücken. Wenn sie denken, du würdest es vergessen, warten sie gern ab. Wenn sie sich heimlich mit einer halbfertigen Arbeit davonstehlen können, betrachten sie das als einen Sieg. Ein Teenager kann diskutieren. Manche lügen auch. Wenn ihr Trotz nicht in ihren jüngeren Jahren unterbunden wurde, wird er sich wahrscheinlich wieder zeigen, wenn sie sich hormonell vom Kind zum Erwachsenen entwickeln.

Aber das Wichtigste ist: Die Arbeit muss erledigt werden. Der Schlüssel dazu ist Konsequenz. Kein Spielraum. Keine leeren Drohungen. Keine Verhandlungen, sobald du sie mit der Arbeit beauftragt hast. Du musst ihr Verhalten beobachten. Strenge Liebe kann notwendig sein. Sie müssen wissen, dass es Konsequenzen haben wird, wenn sie ihre Pflicht vernachlässigen. Wenn sie sich für den unbequemen Weg entscheiden, musst du die Umstände so gestalten, dass die Konsequenzen, sollten sie die Arbeit *nicht* erledigen, mühsamer sind als die Arbeit selbst. Dann werden sie arbeiten. Wenn sie es dann tun, muss die Belohnung sie anspornen, dass sie beim nächsten Mal schneller gehorchen.

Sobald die Erkenntnis einsetzt, dass Arbeit ein wichtiger Teil des Lebens ist, und sie dies akzeptieren, werden sie zufriedener sein. Wenn sie den Kampf aufgeben und erkennen, dass es mehr Mühe macht, die Arbeit zu vermeiden, als sie zu erledigen, werden sie sich damit abfinden. Eltern, haltet durch! Betet, seid weise, stark und entschlossen und vertraut auf Gott in dieser langwierigen Aufgabe.

ALLTÄGLICHE ARBEIT

Jeder Beruf hat seine langweiligen Seiten. Selbst der begabteste Pianist muss Tonleitern üben. Ein hochqualifizierter Arzt musste viele Nächte lang studieren, um seine Position zu erreichen, und er muss nach wie vor mit den neuesten Forschungsergebnissen Schritt halten. Ein Anwalt muss sich in die Details eines jeden Falles vertiefen. Wir Mütter werden damit belohnt, dass wir die Meilensteine im Leben unserer Kinder miterleben dürfen; aber dafür müssen wir eine Menge Windeln wechseln und viele Ladungen Wäsche waschen. Väter freuen sich, wenn das älteste Kind das Rasenmähen übernehmen kann, auch wenn es ziemlich viel Übung braucht, um an diesen Punkt zu gelangen. Ganz gleich, wie sehr wir unseren Job lieben, wir müssen uns trotzdem durch die mühevolle Arbeit hindurchquälen. So ist eben das Leben.

Das muss jedes Kind lernen. Teds erster Job war in einem Lebensmittelladen. Mit seiner Aufgabe, Toiletten zu reinigen, war er nicht sehr zufrieden. Er wollte lieber Kassierer werden und mit dem Geld umgehen. Er blieb bei dem Job; allerdings passte er seine Erwartungen an und arbeitete sich durch die niederen Arbeiten hoch. *»Wer im Geringsten treu ist, der ist auch im Großen treu«* (Lk. 16,10). Es ist eine Übung in der Demut, gewöhnliche Arbeit zu machen.

Wir müssen unsere Kinder bewusst wiederkehrende Arbeiten verrichten lassen. Dadurch entwickeln sie geistiges Durchhaltevermögen, Geduld und Ausdauer, um eine Aufgabe bis zum Ende durchzuführen. Sie entwickeln Fertigkeiten in alltäglichen Aufgaben. Wenn unsere Kinder jammern und sich beschweren, müssen wir ruhig bleiben, aber auf keinen Fall Mitleid zeigen. Sie müssen sich glücklich schätzen, dass sie fähig sind zu arbeiten, und einfach loslegen. Wenn sie sich ständig beschweren, müssen sie *mehr* von der gleichen langweiligen Arbeit zu tun bekommen, bis sie merken, dass Jammern keine gute Lösung ist. Wenn wir ihrem Gejammer nachgeben, wird es von uns sogar noch belohnt.

Wir können unseren Kindern helfen, indem wir mit gutem Beispiel vorangehen und ihnen mitteilen, wie wir mit langweiliger Arbeit umgehen. »Erledige sie zuerst. Denke an etwas anderes, während du arbeitest. Höre dir etwas Sinnvolles an, während du arbeitest. Erfreue dich daran, wenn es geschafft ist.« Während der Erdbeersaison hat meine Mutter uns vier Kinder an einem bestimmten Morgen früh geweckt, uns mit Frühstück versorgt, und dann ging es auf das Erdbeerfeld zum Selbstpflücken. Ein paar Stunden später, nachdem wir viele Behälter gefüllt hatten, kamen wir zu Hause an. Erdbeeren mit Zucker auf Toast waren unsere Belohnung. Es folgten weitere Stunden, in denen wir die Beeren säuberten und Marmelade kochten, was den größten Teil des Tages in Anspruch nahm; aber die langweilige Wiederholung derselben Handlungen wurde durch den Spaß an der gemeinsamen Arbeit und durch das leckere Essen ausgeglichen. Wir haben schöne Erinnerungen an diese Zeit.

Es bringt viele Vorteile, wenn wir die alltäglichen Dinge der Arbeit akzeptieren. Ich habe einmal ein Zitat gehört: »Es ist gut, jeden Tag etwas Unangenehmes zu tun« – für die Charakterfestigkeit, nehme ich an. Ein Freund entgegnete: »Das tue ich. Ich stehe morgens auf.« Ja, damit fängt es an. Wir sollten unseren Kindern diesen Gefallen tun und zu Hause ihre Selbstdisziplin fördern, indem wir von ihnen Aufgaben verlangen, die sie nicht mögen, die langweilig sind oder sich immer wieder wiederholen, damit sie kein böses Erwachen erleben, wenn sie in die Arbeitswelt eintreten. Wir werden ihrem zukünftigen Chef einen Gefallen tun, wenn sie stundenlang an einer niederen Arbeit dranbleiben können. Sie werden auch die Nebenwirkungen von Freude und Würde und die Zufriedenheit nach einer gut gemachten Arbeit erleben.

ERST DIE ARBEIT, DANN DAS VERGNÜGEN

Susies Mutter legte den Plan für die Gartenarbeit nach dem Mittagessen fest. Susie sagte: »Lass uns erst einmal eine Tasse Tee trinken und ein paar Bücher über Magnolien anschauen.« Für Mama klang das sehr reizvoll, aber sie blieb bei ihrem Plan. »Erst machen wir die Arbeit, und wenn es uns dann heiß ist und wir durstig sind, trinken wir Eistee, essen Kekse und sehen uns die Bücher an.« Für manche Kinder ist allein der *Gedanke* an Arbeit anstrengend. Sie haben das Gefühl, dass sie eine Pause brauchen, bevor sie überhaupt angefangen haben. Aber das ist keine Pause, wenn man nicht gearbeitet hat. Wir brauchen keinen Appetitanreger für unsere Arbeit; wir müssen einfach anfangen zu arbeiten! Die Pause ist eine verdiente Belohnung. Elisabeth Elliot sagt: »Arbeit ist ein Segen. Gott hat die Welt so eingerichtet, dass Arbeit notwendig ist, und Er gibt uns Hände und Kraft, sie zu tun. Die Freude an der freien Zeit wäre nichts wert, wenn wir nur freie Zeit hätten. Es ist die Freude über eine gut ausgeführte Arbeit, die uns befähigt, die Ruhe zu genießen, genauso wie es die Erfahrungen von

Hunger und Durst sind, die Essen und Trinken zu einem solchen Vergnügen machen.«[1]

Spielen ist ein Ansporn. Wenn die Engelsma-Kinder von der Schule nach Hause kamen, gab es auf ihrem Obsthof immer etwas zu tun. Nach einem Imbiss und einem kleinen Plausch über den Tag ging es in die Scheune oder in den Obstgarten, um die zugewiesenen Aufgaben zu erledigen. Wenn die Arbeit geschafft war, konnten sie spielen. Es war also jedem Kind überlassen, ob es eine oder zwei Stunden brauchte. Gute und schnelle Arbeit zahlte sich durch mehr Spielzeit aus.

So ist unsere Welt nun einmal aufgebaut. Arbeit ist das, was wir tun. Wir werden durch einen Gehaltsscheck und Ruhe belohnt. Das ist eine gute Art zu leben. Es ist ein von Gott verordneter Plan. Das gibt uns Sinn und Wert. Frage einfach mal jemanden, der nicht arbeiten kann. Während ich dies schreibe, befinden wir uns in der COVID-19-Pandemie. Mein Mann und ich haben uns mit dem Virus angesteckt; ich hatte einen leichten Verlauf, er einen schwereren. Joel arbeitet normalerweise etwa achtzig Stunden in der Woche, aber in dieser Zeit konnte er nur schlafen, essen und langsame Spaziergänge machen. Er konnte weder denken noch arbeiten oder auch nur beten. Er war unglücklich. Gott sei Dank, dass es nur zwei Wochen dauerte.

Wir wurden geschaffen, um zu arbeiten. Arbeit ist ein großer Segen! Bereiten wir unsere Kinder auf das Erwachsenenleben vor, damit sie die Erfüllung und die Freude an der Arbeit erleben können, denn *»süß ist der Schlaf des Arbeiters« (Pred. 5,11).*

---

1 Elisabeth Elliot, *»Joyful Surrender: 7 Disciplines for the Believer's Life«*, Revell.

Fragen zum Studium

1. Jedes Kind ist anders. Beschreibe zwei oder drei Kinder, die du kennst und die auf unterschiedliche Weise an die Arbeit herangehen. Wie gehst du selbst an die Arbeit heran?

2. Wie versuchen manche Kinder, sich vor der Arbeit zu drücken? Was denken und tun sie? Wie sollten wir darauf reagieren?

3. Warum müssen Kinder lernen, alltägliche Aufgaben zu erledigen? Wie können wir sie dazu erziehen, langweilige, sich wiederholende Aufgaben zu erledigen?

4. Womit werden Kinder belohnt, wenn sie alltägliche Aufgaben übernehmen und ihre Arbeit gut machen?

5. Warum ist es eine gute Idee, zuerst zu arbeiten und sich dann zu vergnügen? Welche Vergleiche führt Elisabeth Elliot an? Welche Erfahrungen hast du in diesem Bereich gemacht?

TEIL 2: Praktische Prinzipien

Kapitel 13
LOS GEHT'S

Manche Kinder sind von morgens bis abends aktiv; deshalb müssen ihre Eltern deren Energie in eine produktive Richtung lenken. Bei anderen Kindern scheint ständig die Handbremse angezogen zu sein, sodass ihre Eltern Wege finden müssen, ihr Tempo zu beschleunigen. Die meisten Kinder haben eine Vorliebe für bestimmte Arbeiten und eine Abneigung gegen andere. Jedes Kind ist einzigartig. Aber unabhängig von seiner Persönlichkeit muss jedes Kind lernen, sowohl angenehme als auch unangenehme Aufgaben zu erledigen. Kinder haben Vorlieben, die sich bis ins Erwachsenenalter fortsetzen; aber Charaktereigenschaften sind nicht in Zement gegossen. Wir können unseren Kindern beibringen, wie sie ihre Schwächen ausgleichen können, indem wir sie anleiten, ihre Stärken zu nutzen. Es ist eine spannende Reise, auf der sie ihre besonderen Talente entdecken. Um sie auf diesem Weg erziehen und begleiten zu können, brauchen wir die Hilfe Gottes.

LEG EINFACH LOS

Admiral William McRaven, ein ehemaliger Navy SEAL und pensionierter Kommandeur des US Special Operations Command, hielt 2014 vor Absolventen der University of Texas folgende Rede:

> »Wenn du die Welt verändern willst, fang damit an, dein Bett zu machen. Wenn du jeden Morgen dein Bett

> machst, hast du deine erste Aufgabe des Tages schon erfüllt. Das wird dich vielleicht ein kleines bisschen stolz machen und ermutigen, eine weitere Aufgabe zu erledigen und dann noch eine und noch eine. Am Ende des Tages werden aus der einen erledigten Aufgabe viele weitere erledigte Aufgaben geworden sein. Wenn du dein Bett machst, beweist das die Tatsache, dass auch kleine Dinge in deinem Leben zählen. Wenn du kleine Dinge nicht richtig machen kannst, wirst du nie in der Lage sein, große Dinge richtig zu machen. Und wenn du einmal einen schlechten Tag hast, wirst du nach Hause kommen und wenigstens ein gemachtes Bett vorfinden, das *du* gemacht hast. Und ein gemachtes Bett ist eine Ermutigung, dass es morgen besser laufen wird.«[1]

Warum wurde diese Rede über 18 Millionen Mal aufgerufen? Admiral McRavens Äußerungen klingen nicht nur wahr, sondern ermutigen uns auch. Er erinnert uns daran, dass sich alles Weitere ergibt, wenn wir nur erst einmal anfangen. Unser Verstand ist am Arbeiten. Wir erledigen die erste Aufgabe und machen mit der nächsten weiter. Wir haben das Gefühl, etwas erreicht zu haben, auch wenn es noch so wenig ist, und suchen dann nach mehr. Admiral McRaven inspiriert uns dazu, die großen Dinge zu erreichen, indem wir fleißig die kleinen Dinge tun. Wir tun unseren Kindern einen Gefallen, wenn wir dafür sorgen, dass sie diese Erfahrung machen.

In der Physik befasst sich das erste der drei Newtonschen Gesetze, in dem Newton die Grundsätze der Bewe-

---

1 Texas Exes, »University of Texas at Austin 2014 Commencement Address – Admiral William H. McRaven«, YouTube.

gungslehre formuliert, mit der Trägheit eines Körpers. Die Trägheit im Zustand der Ruhe bedeutet, dass ein ruhendes Objekt in Ruhe bleibt, bis eine andere Kraft darauf einwirkt. Die Trägheit der Bewegung bedeutet, dass ein sich bewegendes Objekt in konstanter Geschwindigkeit bleibt, bis eine andere Kraft darauf einwirkt. Und die Trägheit der Richtung bedeutet, dass ein Objekt sich so lange in die gleiche Richtung bewegt, bis eine Kraft seine Richtung ändert.[2] Wir können das auch auf die Arbeit anwenden. Ein Kind, das sich nicht bewegt bzw. das ruht, will vielleicht nicht arbeiten. Aber eine Kraft (Papa oder Mama) bringt es dazu, mit der Arbeit zu beginnen. Sobald es sich erst in Bewegung gesetzt hat, sind die Aussichten gut – es hat einen *Impuls*. Das Kind wird in der richtigen Richtung weitermachen und seine Aufgabe erfüllen, bis sie beendet ist oder es durch etwas unterbrochen wird.

Welche Kräfte behindern die »Trägheit« der Arbeit, und wie können wir diese Hindernisse überwinden? Jammern ist eines davon: »Ich bin müde.« Wie bekämpft man das Jammern? Zeige kein Mitleid. Reagiere mit Worten wie: »Wir haben gerade erst unseren Urlaub beendet, Drew. Du bist gut ausgeruht. Wir werden das Wohnmobil gemeinsam ausladen.« Kinder quengeln, weil sie bemerkt haben, dass dies funktioniert. Wenn sie jedoch lernen, dass sie für das Quengeln mit mehr Arbeit »belohnt« werden, geben sie es bald auf. Drew wird lernen, sich nicht mit der Ausrede »Ich habe keine Lust zu arbeiten« aufzuhalten. Er wird zu der Einstellung übergehen: »Ich werde arbeiten.« Schließlich wird er zur Erkenntnis gelangen: »Arbeit ist gut.«

2 Jennifer Betts, »Examples of Inertia« (Beispiele der Trägheit), Your Dictionary.

Auch Ablenkungen behindern die Arbeit. Sally schaut zum Beispiel ständig auf ihr Handy, was ihren Gedankengang unterbricht und ihre Produktivität verringert. Was auch immer die Ablenkung ist, sie muss beseitigt oder minimiert werden. Warum versuchst du nicht, das Objekt der Ablenkung als Belohnung einzusetzen? Sag einfach, ohne zu klagen, und während du positiv bleibst: »Sally, ich weiß, dein Handy ist wichtig für dich, aber es stört deine Arbeit, und du brauchst dadurch für alles länger. Wir werden es beiseitelegen, uns auf die Aufgabe konzentrieren, und dann kannst du eine Pause machen und nach deinem Handy sehen.« Eine aufgeschobene Belohnung ist eine Lektion, die Kinder lernen müssen, um zu reifen.

Als jemand, der Aufgaben gern vor sich herschiebt, konnte ich mich immer mit dem Sprichwort identifizieren: »Eine angefangene Arbeit ist halb erledigt.« Erst als ich dieses Buch schrieb, wurde mir klar, dass ich dieses Sprichwort falsch verstanden hatte. Aber ich bleibe bei meiner Version. Wir fürchten uns vielleicht vor einer Aufgabe, was dazu führt, dass wir sie hinausschieben. Aber wenn wir einfach loslegen, sind wir schon auf dem richtigen Weg. Unsere Gedanken sind in Bewegung. Ein Schritt nach dem anderen, genau wie beim Besteigen eines Berges. Denk nicht darüber nach, wie groß die Aufgabe ist, sondern setz einfach einen Fuß vor den anderen.

Der Einstieg in die Arbeit kann wie ein Sprung ins kalte Wasser sein. Am Anfang ist es ein unangenehmer Schock, aber wenn man wie verrückt schwimmt, gewöhnt man sich schnell an das Wasser – und empfindet es dann sogar als erfrischend. Versichere deinem Kind, dass der Einstieg in eine Aufgabe eine Herausforderung sein kann; aber wenn es erst einmal angefangen hat und mit Eifer arbeitet, wird es voller Energie sein!

VORWÄRTSBEWEGUNG

Wenn du einmal angefangen hast, dann bleibe in Bewegung. Selbst langsame Bewegung ist besser als gar keine. Eine Geschwindigkeit von einem Kilometer pro Stunde mal zehn Stunden bringt dich zehn Kilometer weit. Aber mit null Kilometern pro Stunde mal zehn Stunden bist du genau da, wo du vorher warst. Natürlich ist es besser, sich schneller zu bewegen, und das wird auch geschehen, wenn unsere Kinder die Aufgaben besser beherrschen.

Kinder müssen die Weisheit der Fabel »Die Schildkröte und der Hase« verinnerlichen. Der Hase machte sich über die Schildkröte lustig, weil sie langsam war. Daraufhin forderte die Schildkröte ihn zu einem Wettlauf heraus. Der Hase lief los und machte sich mit seinen großen Sprüngen weiterhin über die Schildkröte lustig. Kurz vor dem Ziel entschloss er sich, ein Nickerchen zu machen, denn die Sprünge hatten ihn müde gemacht. Die Schildkröte dagegen trottete unaufhörlich weiter, vorbei an dem schlafenden Hasen. Erst als die Schildkröte das Ziel erreicht hatte und die Zuschauer jubelten, erwachte der Hase. Die Schildkröte hatte gewonnen.

Was ist die Lektion daraus?

Ausdauerndes Arbeiten führt zum Ziel. Beständigkeit ist besser als gelegentliche Arbeit.

Ich unterhielt mich einmal mit einer Dame, als ich im Lebensmittelgeschäft in einer Schlange stand. Sie erzählte mir, wie sie ihren Enkel erziehe. Sie wollte sicherstellen, dass er ein guter Arbeiter wird. »Ich sage ihm, er soll den Küchentisch abwischen. Dann sage ich ihm, er soll es noch einmal tun. Ich will ihm beibringen, sich stets zu beschäftigen.«

Ich habe viele Male über dieses Gespräch nachgedacht. Ich würde es nur ein bisschen abändern. Unseren eigenen Kindern habe ich immer gesagt: »Wir sind im ›Was kommt als Nächstes‹-Modus. Wir haben einen Haufen kleiner Aufgaben zu erledigen; also kommt einfach immer wieder zu mir, um nach der nächsten Aufgabe zu fragen. Hört nicht auf, bis wir fertig sind.« Der Vater einer fleißigen Familie, den ich interviewte, sagte seinen Kindern: »Wenn ihr eure Mutter arbeiten seht, solltet ihr nicht entspannen.« Eine andere Familie lehrte ihre Kinder: »Schaut euch um. Wenn ihr etwas seht, das getan werden muss, dann tut es.«

Im Werkunterricht der Schule haben wir mit einem Drehmomentschlüssel gemessen, wie fest eine Schraube angezogen war. Das Drehmoment ist eine Kraft, die mithilfe eines Hebelarms einen drehbaren Körper, wie zum Beispiel die Schraube, dreht. Wenn wir ein Drehmoment erzeugen, indem wir unsere Arbeit treu und beständig verrichten und unseren Kindern zeigen, wie es geht, werden sie sich viel leichter bewegen und können sich eine gute Arbeitsweise zur Gewohnheit machen. Mit anderen Worten: Gehe mit gutem Beispiel voran und zeige deinen Kindern, wie man »einfach weitermacht«.

In den meisten Familien mit mehreren Kindern scheint sich im Laufe der Jahre ein Wandel zu vollziehen. Mama und Papa beginnen mit idealistischen Zielen und verlangen von den älteren Kindern, dass sie fleißig arbeiten. Aber allmählich lassen sie ihre Anforderungen an die jüngeren Kinder sinken. Die älteren Kinder ziehen aus, und wenn sie zu Besuch kommen, fragen sie: »Hey, warum müssen unsere jüngeren Geschwister nicht so viel arbeiten wie wir damals?« Die Eltern sind überrascht, denn der Wandel geschah langsam und unmerklich. Ich kann nur sagen, dass wir, wenn wir uns dieser Tendenz bewusst sind, daran arbeiten können, sie zu verhindern und uns durchgehend um Ausgewogenheit zu bemühen.

ENTSCHEIDEN UND HANDELN

Meine persönlichen Schwächen im Bereich der Arbeit werden in diesem Kapitel und vor allem in diesem Abschnitt beschrieben. Ich bin kein Mensch, der mit angezogener Handbremse fährt; aber stattdessen drehen meine Räder manchmal durch, während ich auf der Stelle stehe. Ich bin aktiv, aber nicht produktiv. Das liegt an meiner Neigung, Vorhaben aufzuschieben, und an meiner Unentschlossenheit. Daher weiß ich, wie wichtig es ist, dieses Problem bei uns selbst und bei unseren Kindern anzugehen. (Impulsivität ist das andere Extrem, und auch das kann ein Problem sein.) Wie finden wir also das rechte Gleichgewicht? Das Gebet um die Führung Gottes ist unser erster Schritt. Er lädt uns ein, Ihn um Hilfe für jeden kleinsten Bereich unseres Lebens zu bitten. *»… erkenne Ihn auf allen deinen Wegen, so wird Er deine Pfade ebnen« (Spr. 3,6).* Was auch immer wir zu tun haben, wir besprechen die anstehenden Aufgaben mit unseren Kindern, entscheiden uns für eine Vorgehensweise und führen den Plan aus, wobei wir darauf achten, dass wir die Arbeit bis zum Abschluss im Auge behalten.

Das klingt so einfach. Warum ist es das aber nicht? Weil wir zögern. Und warum zögern wir? Wir alle haben unterschiedliche Gründe. Sowohl wir als auch unsere Kinder müssen prüfen, was unsere persönlichen Hindernisse sind, und diese müssen wir in Angriff nehmen.

- Verlieren wir uns in den Einzelheiten?
- Fühlen wir uns überfordert?

- Sind wir faul?
- Denken wir: »Ich kann das nicht«, auch wenn wir es können und tun müssen?
- Sind wir zu zaghaft?

Wir müssen herausfinden, was unseren Kindern hilft, ihre Aufgaben zu erledigen. Janelle schätzt es, eine Aufgabe mit ihrer Mutter zu besprechen und sich über die beste Vorgehensweise auszutauschen. Chris braucht eine klare und deutliche Erklärung seiner Aufgabe sowie entsprechende Konsequenzen, wenn er die Arbeit gut oder schlecht macht. Anderson arbeitet am besten, wenn er weiß, was von ihm verlangt wird, und wenn er selbstständig arbeiten kann. Geschichten von Glaubensvorbildern inspirieren unsere Kinder zur Arbeit.

Liebe Mütter und Väter, ihr kennt eure Kinder besser als jeder andere (außer Gott natürlich). Gemeinsam mit Ihm könnt ihr die individuellen Charakterzüge eurer Kinder herausfinden und sie auf ihrem Weg zu guten Arbeitern fördern.

BRING ZU ENDE, WAS DU BEGONNEN HAST

Der Vater einer meiner Freundinnen verlangte klugerweise von seinen Kindern, dass sie jedes angefangene Projekt zu Ende bringen, bevor sie mit dem nächsten weitermachen. Das ist eine großartige Lektion. Ich wünschte, ich hätte mehr davon in die Tat umgesetzt. Es ist wunderbar, wenn unsere Kinder große Träume haben, wenn sie ein Baumhaus bauen oder ein Haustier halten oder ein Bild malen wollen. Es ist großartig, wenn sie ihre Kreativität ausleben und sich mit ihren Interessen beschäftigen. Das wollen wir natürlich fördern. Aber Kinder können sehr impulsiv sein. Es liegt in ihrer Natur, dass sie am Anfang aufgeregt sind, ihnen dann aber die Luft ausgeht, wenn sie sich langweilen, weil es länger dauert, als sie erwartet haben.

Wir tun ihnen einen Gefallen, wenn wir mit ihnen im Voraus die Kosten überschlagen. »Wenn wir uns einen Hund anschaffen, wirst du ihn dann jeden Tag füttern, ihn bei Bedarf rauslassen und mit ihm spazieren gehen, auch im Winter?« – »Wenn du dein Geld für Kunstzubehör ausgibst, bleibst du dann so lange dabei, bis du es fertig hast?« Wenn sie Ja sagen, haben sie ihr Wort gegeben. Wenn sie sich beschweren oder nachlässig werden, ermahnen wir sie zum Durchhalten. Wenn sie mit einem neuen Projekt beginnen wollen, müssen sie zuerst das vorherige fertigstellen. Die Vorstellung des fertigen Werkes ist ein guter Anreiz, um durchzuhalten.

Emily wollte einen Sommerjob in einer nahe gelegenen Gärtnerei annehmen und dort die Pflanzen gießen. Es war nicht so aufregend, wie sie erwartet hatte; also wollte sie kündigen. Aber ihre Mutter ermutigte sie dazu, den ganzen Sommer durchzuhalten. So lernte Emily, zu ihren Verpflichtungen zu stehen. Wenn unsere Kinder diese Lektion im jungen Alter anhand von kleineren Verpflichtungen lernen, werden sie auch im Erwachsenenalter zu ihrem eigenen Wort stehen. *»Euer Ja soll ein Ja sein, und euer Nein ein Nein« (Jak. 5,12).*

Zusammenfassend können wir sagen: Wir dürfen darauf vertrauen, dass unsere Kinder mit Hilfe von Gebet, Gottes Weisheit und unserem guten Vorbild, verbunden mit Ermutigung und Geduld, zu motivierten Arbeitern heranwachsen, die sich für die anstehenden Aufgaben begeistern und auch bei unangenehmen Aufgaben durchhalten, die ihre Stärken herausfinden und ihre Schwächen verbessern, die Verantwortung übernehmen, um gute Arbeit zu leisten, und dabei gewissenhaft sind. Es kann Jahre, ja sogar Jahrzehnte dauern, bis wir an diesem Punkt angelangt sind, aber deine Kinder werden dir für deine Beharrlichkeit und deine Gebete danken, wenn sie erleben, dass sich harte Arbeit auszahlt.

Fragen zum Studium

1. Welchen Effekt hat der Impuls (der Bewegungszustand einer Masse) bei der Arbeit? Schildere einige Erfahrungen, die du persönlich oder mit deinen Kindern gemacht hast.

2. Definiere das Trägheitsgesetz mit Bezug auf unterschiedliche Bewegungszustände einer Masse. Wie hängt dies mit der Arbeit unserer Kinder zusammen?

3. Welche Hindernisse beeinträchtigen die »Trägheit« der Arbeit? Wie können wir diese Hindernisse überwinden? Welche bildlichen Veranschaulichungen könnten dein Kind motivieren?

4. Durch Vorwärtsbewegung wird die Arbeit fortgesetzt. Wie können wir unsere Kinder zum Weiterarbeiten anhalten, wenn sie langsamer werden oder aufhören wollen?

5. Welche Maßnahmen können wir ergreifen, wenn wir oder unsere Kinder zu Unentschlossenheit oder zum Aufschieben neigen?

6. Welche Vorteile hat dein Kind in seinem zukünftigen Beruf, wenn es gelernt hat, jede angefangene Aufgabe zu Ende zu bringen?

TEIL 2: Praktische Prinzipien

Kapitel 14
MIT DEINER GANZEN KRAFT

Neulich ging ich zum Mittagessen in eine Pizzeria, in der die Pizza vor deinen Augen ganz nach deinen Wünschen zubereitet wird. Alle Angestellten arbeiteten in Zeitlupe, während sie über die Party von gestern Abend plauderten; es schien, als hätten sie Beruhigungsmittel genommen. Ich wollte sie wachrütteln und aufmuntern, indem ich sagte: »Leute, ihr könnt das besser!« In der Nähe dieser Pizzeria gibt es ein Hähnchenrestaurant. Während der Pandemie war nur der Autoschalter geöffnet. Die Warteschlangen waren lang, aber die Bedienung erfolgte schnell. Die Mitarbeiter waren eifrig bei der Sache. Das Management hatte sich etwas einfallen lassen, um die Bestellungen zügig zu bearbeiten. Das eine Restaurant ist also ein Ort des Fleißes, das andere nicht.

»Alles, was deine Hand zu tun vorfindet, das tue mit deiner ganzen Kraft« (Pred. 9,10). Diese Worte finden sich in Salomos Zusammenfassung der Pflichten und Privilegien des Lebens: Arbeite hart, genieße die Früchte deiner Arbeit, gehorche Gott und erfreue dich an deiner Familie. Arbeit ist ein Geschenk Gottes an uns. Er befiehlt uns, in unserem Beruf fleißig zu arbeiten. Wir profitieren davon, indem wir einen Gehaltsscheck und andere Segnungen wie Nahrung, Unterkunft und andere Güter erhalten. Unsere Kinder müssen die Bedeutung des Fleißes begreifen. Sie müssen

den Zusammenhang zwischen ihrer Anstrengung und der Belohnung erkennen.

Wir leben in einer Kultur, die das leibliche Wohl in den Vordergrund stellt, zu dem sich unsere menschliche Natur hingezogen fühlt. Darüber hinaus erheben sich die Stimmen des Anspruchsdenkens wie im Fieberwahn. Sie propagieren laut: »Du verdienst kostenloses Essen, Bildung und Gesundheitsversorgung«, ohne zu erwähnen, dass wir für diese Leistungen auch arbeiten müssen. Das ist widersinnig und zerstörerisch. Wir werden dazu verleitet, mehr zu verlangen – auch wenn uns viele gute Dinge *zustehen* –, aber jemand anderes wird dafür bezahlen müssen. Man sagt uns sogar, dass diese »egoistischen Reichen« großzügiger sein müssten. Wenn wir Sprüche 13,4 lehren: *»Die Seele des Faulen gelüstet nach vielem und hat doch nichts, die Seele der Fleißigen aber wird reichlich gesättigt«*, dann schwimmen wir gegen den Strom. Wir werden als grausam angesehen, wenn wir Sprüche 6,6 zitieren: *»Geh hin zur Ameise, du Fauler, sieh ihre Wege an und werde weise.«* Aber wir *müssen* dieser Kultur etwas entgegensetzen! Die Zukunft unserer Kinder hängt davon ab.

Wie lehren wir Fleiß? Indem wir mit gutem Beispiel vorangehen und mit unseren Kindern zusammen arbeiten. Sogar unsere Bewegungen und Verhaltensweisen zeigen Fleiß. Ich erinnere mich daran, wie meine Mutter so schnell durch die Gänge des Lebensmittelladens lief, dass meine Geschwister und ich rennen mussten, um mit ihr Schritt zu halten. Sie bewegte sich den ganzen Tag lang zielstrebig. Wir können Fleiß vorleben, indem wir unseren Kindern Aufgaben wie das Schrubben der Badewanne oder das Abstauben der Möbel beibringen. Wenn sie es begriffen haben, erhöhen wir das Tempo. Bringe ihnen bei, den Bewegungsablauf zu beherrschen und dann einfach schneller zu werden. Begeistere dich an der Steigerung der Produktivität! Fordern wir uns selbst heraus, mehr zu schaffen.

Lehre deine Kinder, sich auf eine Aufgabe zu konzentrieren. Wenn sie weglaufen, halte sie auf, bis die Aufgabe erledigt ist. Erkläre ihnen, dass Scheuklappen bei einem Pferd dafür sorgen, dass es sein Ziel im Auge behält. Sage ihnen: »Sei einfach wie dieses Pferd.« Fördere den Fleiß, besonders wenn du ihn bei einem nicht so fleißigen Kind siehst. Unterstütze die Kinder, wenn sie die Initiative ergreifen und erfolgreich sind. Erzähle ihnen von Erin, die wegen ihres kräftigen Händedrucks und ihres fleißigen Auftretens für einen handwerklichen Job eingestellt wurde, obwohl der Mann, der sich ebenfalls beworben hatte, viel kräftiger war.

Erkläre ihnen, dass die Zeit schneller vergeht, wenn man arbeitet, als wenn man nur darüber nachdenkt, dass man nicht arbeiten will. Verlange dann von ihnen, dass sie hart arbeiten, um das zu beweisen. Das Parkinsonsche Gesetz besagt: »Arbeit dehnt sich in dem Maß aus, wie Zeit für ihre Erledigung zur Verfügung steht.«[1]

Zeige ihnen, dass sie entweder fünf Minuten oder fünf Stunden damit verbringen können, den Geschirrspüler auszuräumen. Den Unterschied macht der Fleiß – sie entscheiden darüber. Weise die Kinder darauf hin, wie langweilig Faulheit eigentlich ist. Wenn sie nicht auf die Vernunft hören wollen, greife zu Maßnahmen und Konsequenzen, wie zum Beispiel dem Entzug von Privilegien.

Zeige ihnen, dass ihre Einstellung zu einer Aufgabe den Unterschied ausmacht. Der Verstand ist wichtiger als die

---

1 Ein von C. Northcote Parkinson geprägtes Sprichwort.

Materie. Wenn sie zuversichtlich sind, dass sie die Aufgabe bewältigen können, und die Absicht haben durchzuhalten, auch wenn sie auf Hindernisse stoßen, werden sie wahrscheinlich erfolgreich sein. Vor einiger Zeit beschlossen mein Mann und die Mitarbeiter von »Reformation Heritage Books« (ein Verlag in den USA), die Werke von William Perkins neu aufzulegen. Das war noch nie zuvor gemacht worden, weil das Projekt so umfangreich war. Aber nach jahrelanger Arbeit wurde es schließlich abgeschlossen. Ermutige deine Kinder: »Ihr könnt diese Arbeit bewältigen. Geht sie mit voller Energie an. Gebt euer Bestes.«

Es kann Jahre dauern, bis wir unseren Kindern beigebracht haben, durchweg fleißig zu sein; aber wenn sie es einmal gelernt haben, haben sie etwas in ihrer Hand, das sie in jeder Lebenssituation anwenden können – in ihrem Vollzeitberuf wie auch in ihrem häuslichen oder gemeinschaftlichen Leben.

Fleiß bringt nicht nur Vorteile für unser eigenes Leben und das unserer Kinder mit sich, sondern auch für andere. Und Fleiß verherrlicht Gott. Schauen wir uns mal die folgenden drei Aspekte an, die zum Arbeiten mit ganzer Kraft gehören.

ZU UNSEREM EIGENEN VORTEIL

Lass deine Kinder schon in jungen Jahren für ihre eigenen Sachen arbeiten. Erkläre ihnen das Konzept: Gott verlangt von uns, dass wir arbeiten, und das ist eine gute Sache. Arbeit bringt Lohn ein. Harte Arbeit führt zu noch mehr Lohn und zu anderen Vorteilen. Entziehe deinen Kindern nicht den Segen, der ihnen zuteil wird, wenn sie ihre Fähigkeiten einsetzen, um später ihren Lebensunterhalt zu verdienen. Ich glaube, dass sehr junge Kinder eine natürliche Begeisterung für Lohnarbeit haben. Sie kommen sich dadurch erwachsen vor und haben ein Erfolgsgefühl, das wir unbedingt fördern sollten. Sie bauen Fähigkeiten und Selbstvertrauen auf, die sie für die Zukunft zurüsten. Wir ersticken diese Begeisterung, wenn wir sie mit unverdientem Besitz und unverdienten Vorteilen überschütten.

Wenn wir mit ganzer Kraft arbeiten, entwickeln wir wertvolle Eigenschaften wie Beharrlichkeit und Ausdauer. Der Leiter unserer Buchhandlung von »Reformation Heritage Books« sagte mir: »Eltern müssen ihre Kinder so erziehen, dass sie – wenn sie mit 16 Jahren oder sogar früher in die Arbeitswelt eintreten – eine Acht-Stunden-Schicht durchhalten können.«

Harte Arbeit ehrt unsere Kinder. Diese Ehre hat nichts mit Stolz zu tun; aber wenn wir mit Fleiß und Integrität dienen, fließt sie uns automatisch zu. Ein guter Ruf ist wertvoll. Ist es nicht erstaunlich, dass Gott uns erlaubt, geehrt zu werden, wenn wir einfach die Gaben nutzen, die Er uns von Anfang an geschenkt hat? *»Siehst du jemand tüchtig in seinem Geschäft – bei Königen wird er im Dienst stehen; er wird nicht bei unbedeutenden Leuten dienen« (Spr. 22,29).*

In Jesu Gleichnis von den Talenten wurden die Knechte, die den Geldbetrag verdoppelt hatten, den ihr Herr ihnen anvertraut hatte, mit folgenden Worten geehrt: *»Recht so, du guter und treuer Knecht! Du bist über wenigem treu gewesen, Ich will dich über vieles setzen; geh ein zur Freude deines Herrn!« (Mt. 25,21).* Aber über den Knecht, der sein Talent in der Erde vergraben hatte, war der Herr zornig. Er nahm es ihm weg, gab es dem treuen Knecht, der die zehn Talente hatte, und warf den unnützen Knecht in die äußerste Finsternis. Wir tragen die Verantwortung gegenüber Gott und anderen, die Talente, die Er uns geschenkt hat, gewissenhaft zu nutzen.

In der Arbeitswelt werden unsere Kinder feststellen, dass diejenigen, die mit ganzer Kraft arbeiten, Vorteile haben. Sie erhalten mehr Verantwortung und werden befördert. *»Die Hand der Fleißigen wird herrschen, eine lässige aber muss Zwangsarbeit verrichten« (Spr. 12,24).* Joseph setzte seine Fähigkeiten auch unter schwierigen Umständen treu und fleißig ein. Seine Vorgesetzten erkannten seine Fähigkeiten und Charaktereigenschaften, und er wurde in leitende und ehrenvolle Positionen befördert. Zeige deinen Kindern, wie sie sich Joseph zum Vorbild nehmen können.

ZUM VORTEIL ANDERER

Joseph diente auch anderen in jeder Situation, in die Gott ihn stellte. Er hatte ihr Wohlergehen im Blick. Im Haus von Potiphar kümmerte er sich um das Eigentum und die Unversehrtheit seines Herrn. Im Gefängnis sorgte er für seine Mitgefangenen. Und als stellvertretender Herrscher über Ägypten trug er dazu bei, dass Tausende von Menschen, einschließlich seiner eigenen Familie, nicht verhungerten.

In Rylies Familie wurde gerade das dritte Kind willkommen geheißen. Rylie sagte: »Jetzt bin ich schon zweimal große Schwester. Da werde ich bestimmt viel zu tun haben!« Mit ihren vier Jahren hat sie es verstanden! Sie freut sich schon sehr darauf, ihren Eltern bei der Betreuung ihrer Schwester und ihres Bruders zu helfen. Sie ist engagiert und fühlt sich verantwortlich, zu helfen. Sie ist bereit, die Last der Familienpflichten mitzutragen. Sie kann es zwar nicht mit diesen Worten ausdrücken, aber sie lebt es aus. Und sie ist Millionen von anderen Kindern und Jugendlichen weit voraus, die sich selbst zur Last fallen, weil sie nicht bereit sind, im Haushalt zu helfen. Rylie erlebt die unermessliche Freude, die damit einhergeht, wenn man hart arbeitet und seiner Familie dient.

ZUR EHRE GOTTES

In Kolosser 3,23 lesen wir: »*Und alles, was ihr tut, das tut von Herzen, als für den Herrn und nicht für Menschen!*« Diese Worte heben den Fleiß auf eine höhere Ebene. Das ist der wichtigste Grund, warum wir von Herzen arbeiten sollen: *als für den Herrn*. Es geht um die Ehre Gottes. Wir ehren Gott, indem wir alles für Ihn einsetzen und Seinen Geboten gehorchen. Dankbarkeit ist der Grund dafür. Wenn wir Gott kennen, wirklich Buße getan haben und Jesus Christus vertrauen, dann wissen wir, dass Er am Kreuz Sein Leben für uns hingegeben hat. Und wir wissen, dass Er uns alles, was wir haben, zum Dienen im Reich Gottes und zum Arbeiten gegeben hat: unsere Gesundheit, unsere Kraft, unsere Intelligenz und unsere Fähigkeiten. Deshalb wollen wir von Herzen dafür leben, Ihn zu verherrlichen. Lebe deinen Kindern ein solches Leben vor und erkläre ihnen deine Herzenshaltung.

Mein Schwiegervater hat meinem Mann und seinen Geschwistern, als sie noch klein waren, mehrmals »Die Pilgerreise« vorgelesen. Er las einen Abschnitt vor, legte das Buch hin und erklärte die Bedeutung der einzelnen Personen und ihrer Erfahrungen in Bezug auf das alltägliche und geistliche Leben. In dem Buch bemerkte der Mann, der ständig nach unten schaute und »den Schmutz, dünne Halme und sogar den Staub des Bodens« zusammenharkte, nicht, dass ihm die Gestalt neben ihm die himmlische Krone anbot.[2] Bringe deinen Kindern bei, nach oben zu schauen und nicht zu denen zu gehören, die in dem wertlosen Dreck der

2 John Bunyan, »*Die Pilgerreise*«, SCM R.Brockhaus.

irdisch Gesinnten herumwühlen. Zeige ihnen, dass Arbeit und Dienst in der Gemeinde keine Last, sondern ein Privileg ist. Setze ihnen hohe Ziele, damit sie sehen, dass wir uns über wunderbare und sinnvolle Leistungen freuen können, wenn wir zur Verherrlichung Gottes arbeiten!

In ihrem Buch »Joyful Surrender« (Freudige Hingabe) beschreibt Elisabeth Elliot den Werdegang von Stephanus. Sein Wirken begann damit, dass er sich um die Witwen der Hellenisten kümmerte (Apg. 6,1-7), was nicht gerade für Ruhm sorgte; aber es führte dazu, dass er Wunder vollbrachte. Dann bot sich ihm die Gelegenheit, Christus zu verkündigen, was er auf eine ergreifende Weise tat. Die Juden waren wütend. Es dauerte nicht lange, bis sie ihn zu Tode steinigten – ein vielversprechendes Leben, das viel zu schnell zu Ende ging. Stephanus begann als ein demütiger Diener und wurde dann in die ehrenvolle Position eines wundertätigen Predigers erhoben. Und am Ende war dieser ehrenvolle Märtyrer demütig genug, sein Leben für Christus hinzugeben, wodurch er noch heute zu uns spricht.[3]

DAS VORBILD VON JESUS

Jesus hat uns durch Sein Leben ein umfassendes Vorbild für den Fleiß gegeben. Seine Aufgabe war es, die Frohe Botschaft zu verkündigen, Kranke zu heilen und Sünder zu retten (Lk. 4,18-19; 1.Tim. 1,15). Sein Leben des Fleißes war untrennbar mit Seinem Leben des Dienstes verbunden. Er wies nie jemanden ab, der gläubig zu Ihm kam. Er lehrte und heilte den ganzen Tag und manchmal bis in die Nacht

3 Elisabeth Elliot, *»Joyful Surrender: 7 Disciplines for the Believer's Life«*, Revell.

hinein (Mk. 1,35-39; Joh. 21,25). Unmittelbar bevor Er den Blinden in Johannes 9 heilte, sagte Er zu Seinen Jüngern: *»Ich muss die Werke Dessen wirken, der Mich gesandt hat, solange es Tag ist; es kommt die Nacht, da niemand wirken kann« (Joh. 9,4)*. Jesus wollte das Augenlicht des Mannes wiederherstellen, denn *»an ihm* (dem Blinden) *sollten die Werke Gottes offenbar werden!« (Joh. 9,3)*. Er wollte Gott verherrlichen. Auch wir müssen arbeiten, solange es Tag ist; denn es kommt die Nacht, in der wir nicht mehr arbeiten können.

Was hat Jesus uns damit gelehrt, dass Er den Jüngern die Füße wusch?

> *»Versteht ihr, was Ich euch getan habe? Ihr nennt Mich Meister und Herr und sagt es mit Recht; denn Ich bin es auch. Wenn nun Ich, der Herr und Meister, euch die Füße gewaschen habe, so sollt auch ihr einander die Füße waschen; denn ein Vorbild habe Ich euch gegeben, damit auch ihr so handelt, wie Ich an euch gehandelt habe. Wahrlich, wahrlich, Ich sage euch: Der Knecht ist nicht größer als sein Herr, noch der Gesandte größer als der ihn gesandt hat. Wenn ihr dies wisst, glückselig seid ihr, wenn ihr es tut!« (Joh. 13,12-17).*

Abschließend können wir feststellen, dass Vorteile in überreichem Maß vorhanden sind! Wir sind glückselig, wenn wir dienen. Wir werden geehrt, wenn wir dienen. *»Der Größte unter euch soll sein wie der Jüngste, und der Führende wie der Dienende« (Lk. 22,26)*. Andere profitieren davon, wenn wir ihnen »die Füße waschen« – das heißt, wenn wir ihnen dienen. Und Gott wird verherrlicht, wenn wir Seinem Vorbild folgen und Seinen Geboten gehorchen.

Bringen wir unseren Kindern bei, mit ganzer Kraft zu arbeiten, zu ihrem eigenen Vorteil und dem der anderen und zur Ehre Gottes. Keine Arbeit ist zu niedrig. Wenn *Jesus* schmutzige Füße waschen konnte, dann gibt es keine Arbeit, die unter *unserer* Würde wäre. Das bedeutet, dass wir jederzeit hart arbeiten sollen, ganz gleich, ob uns jemand sieht oder nicht, denn Gott sieht uns immer. Es bedeutet, dass wir ehrliche, hochwertige Arbeit leisten, ob es sich nun um eine gewöhnliche oder eine bedeutsame Arbeit handelt. Der Vorsehung zufolge soll dies unsere Arbeit sein. Wir arbeiten von Herzen, als für den Herrn. Lasst uns dafür beten, dass unsere Kinder die tiefe Erfüllung erfahren, die Fleiß und Dienstbereitschaft mit sich bringen, damit sich dies in ihren Gedanken und Motiven verankert. Denn dann sind sie auf dem Weg zu einem segensreichen Leben, besonders wenn sie sich für das Reich Gottes einsetzen.

Fragen zum Studium

1. Vergleiche und stelle die biblische Perspektive auf die Arbeit und den Lohn dem Anspruchsdenken und der sozialistischen Perspektive gegenüber. Wie können wir unsere Kinder nach biblischen Maßstäben unterweisen?

2. Wie profitieren wir selbst davon, wenn wir mit aller Kraft arbeiten? Wie können wir unseren Kindern Fleiß beibringen? Was ist der Unterschied zwischen der Denkweise von Kindern, die etwas Wertvolles geschenkt bekommen, und Kindern, die dafür arbeiten und es sich verdienen müssen?

3. Manchmal gibt es Überschneidungen. Wie kann fleißige Arbeit mit all ihren Belohnungen gleichzeitig uns und anderen zugutekommen?

4. Welchen Nutzen haben unsere Kinder, wenn sie für andere arbeiten? Berichte von einer Erfahrung, die du oder ein Familienmitglied im Dienst an anderen gemacht hast/hat.

5. Was ist der eigentliche Grund dafür, warum wir und unsere Kinder von Herzen arbeiten sollen? Wie können wir unsere Kinder dazu anspornen, zur Verherrlichung Gottes zu arbeiten?

TEIL 2: Praktische Prinzipien

Kapitel 15
ARBEITE KLUG

Gut begonnen ist halb gewonnen« – so lautet ein Sprichwort von Horaz, das uns lehrt, dass es klug ist, zu planen, bevor wir mit der Arbeit beginnen. *Denke* klug, um klug zu *arbeiten*. Wenn wir morgens »mit dem richtigen Fuß aus dem Bett steigen«, ist die Wahrscheinlichkeit größer, dass wir ein erfolgreiches Ergebnis erzielen. Um Probleme auszuschließen, stellen wir uns die Arbeit zuerst in unseren Gedanken vor, bevor wir den Plan in die Tat umsetzen. Die ganze Familie will zum Beispiel an einem freien Tag den Garten bepflanzen. Die Kinder sind in die Planung miteinbezogen worden; jedes von ihnen hat einen eigenen Bereich zugeteilt bekommen. Gemeinsam habt ihr recherchiert, welche Pflanzen gut nebeneinander wachsen. Ihr habt das Saatgut und einen Anzuchtkasten mit kleinen Tomaten-, Gurken- und Paprikapflanzen gekauft. Ihr habt den Garten gepflügt und den Kompost eingemischt. Wenn der Tag noch kühl ist, seid ihr alle draußen und pflanzt gemäß dem Plan.

Jesus fordert uns in Lukas 14,27-30 auf, die Kosten zu überschlagen. Wenn ihr einen Turm bauen wolltet, würdet ihr euch dann nicht zuerst hinsetzen und die Kosten berechnen, um sicherzugehen, dass ihr genug Geld habt, um ihn fertigzustellen? Wenn ihr das nicht tut, würdet ihr mit dem Bau anfangen, dann aber aufgeben müssen, und andere würden sich über euch lustig machen. Die geistliche Anwendung bedeutet, dass wir die Kosten für die Nachfolge des Herrn überschlagen müssen. Wir müssen bereit sein, Sein Kreuz zu tragen und Ihm bis zum Ende zu folgen, damit wir nicht in Schande enden. Aber dieses Gleichnis bietet auch praktische Lektionen, die wir unseren Kindern vermitteln können.

Wenn dein Sohn davon begeistert ist, eine Hundezucht zu gründen, gib ihm nicht sofort Geld, um ein Paar reinrassige schwarze Labradore zu kaufen. Lass ihn einen Geschäftsplan vorlegen, im Haus mitarbeiten, um Geld zu verdienen, eine Hundehütte bauen und Geduld lernen. Nutze die Gelegenheit, ihm beizubringen, wie man Schulden vermeidet und Geldanlagen steigert. Erwarte dann von ihm, dass er das Projekt durchzieht, wobei du ihn ermutigst und ihm, wenn nötig, Ratschläge gibst. Und mache die gleiche geistliche Anwendung, die Jesus Seinen Jüngern gab.

HALTE ES EINFACH

Es gibt noch mehr Möglichkeiten, klug zu arbeiten. Die Lehrer an unserer örtlichen christlichen Schule lehren eine Organisationsmethode namens »Chunking« (auf Deutsch in etwa: in Stücke aufteilen). Dies kann ein Hilfsmittel zum Auswendiglernen sein. Anstatt die Schüler eine große Menge an Zahlen oder Wörtern auswendig lernen zu lassen, unterteilen die Lehrer den Lernstoff in kleine Portionen. Die Drittklässler lernen vielleicht Psalm 23, aber sie lernen einen Vers nach dem anderen. Das ist nicht so überfordernd, und die Wiederholung hilft, die vorherigen Verse zu festigen. Wir unterteilen Telefonnummern in kleine Zahlenblöcke, um sie uns zu merken.

Das Unterteilen kann auch bei der Bewältigung von Aufgaben eingesetzt werden. Du hast Alex gebeten, die Einfahrt freizuschaufeln. Es gehört zu seinen regelmäßigen Aufgaben, den Hund zu füttern und die Mülltonne an die

Straße zu stellen. Außerdem muss er seine Hausaufgaben erledigen und möchte gern an seinem Modellauto arbeiten. Also hilfst du ihm beim Aufteilen der Arbeit. Du sagst: »Erledige die Aufgaben im Freien jetzt, die Hausaufgaben nach dem Abendessen, und belohne dich dann mit der Arbeit an dem Modellauto.«

Die effizientesten Arbeitnehmer, die ich kenne, halten sich an einen Tages- und Wochenplan für sich und ihre Kinder. Obwohl das Leben mancher Familien für Routinen besser geeignet ist als das anderer, sorgt eine Routine dafür, dass die Hausarbeit überschaubar bleibt. Man muss keine Entscheidung treffen, keine Zeit damit verschwenden, darüber nachzudenken, und sich nicht damit quälen, dass man es nicht tun möchte. Man erledigt einfach die anstehende Arbeit. Dienstags und freitags ist Wäschetag, deshalb legen die Kinder ihre schmutzige Wäsche in den Wäschekorb; samstags ist Putztag, das heißt, alle helfen mit; jeden Morgen machen sie ihr Bett, und jeden Abend räumen sie gemeinsam das Haus und eigenständig ihren persönlichen Bereich auf.

Jede Familie muss einen Plan ausarbeiten, der zu ihrem Lebensstil passt. Familien, die Homeschooling praktizieren, verbinden die theoretischen Schulaufgaben mit der Hausarbeit. Gut etablierte Gewohnheiten sorgen dafür, dass unsere Häuser sauber, gemütlich und komfortabel sind und dass jedes Kind in der Lage ist, sich um sein eigenes Zimmer zu kümmern.

Wenn wir eine klare Vorstellung von der anstehenden Aufgabe haben, können wir sie mit Zuversicht angehen. Einem Kind mit ADS oder ADHS gehen vielleicht ein Dutzend Gedanken durch den Kopf, wenn du es bittest, einfach nur das Eis aus dem Gefrierschrank zu holen. Ein leicht ablenkbares Kind kann auf dem Weg zum Anziehen seiner

Schuhe innehalten, um sich eine Spinne an der Wand, ein interessantes Buch oder ein Bonbon genauer anzusehen. Und wenn es dann in der Garderobe angekommen ist, hat es vielleicht vergessen, warum es dort ist. Das kann sehr ärgerlich sein; aber wir müssen unseren Kindern beharrlich beibringen, sich zu konzentrieren und zu gehorchen. Wenn sie mit einer Aufgabe überfordert sind, kann sie das völlig durcheinanderbringen. Sprich darüber, damit sie eine Vorstellung davon haben, wie sie an die Aufgabe herangehen sollen und was die Zielsetzung ist. Denke logisch darüber nach. Halte es einfach und gestalte die Anforderungen so, dass dein Kind sie verstehen kann. Verwende natürliche Konsequenzen, um sie zu erziehen (siehe Kapitel 20-22). Nörgele nicht, sondern zeige viel Liebe. Gib nicht auf.

NAHTLOSER ARBEITSSTIL

Der Inhaber von »Quick Start Batteries« in Grand Rapids ist ein Musterbeispiel für einen nahtlosen Arbeitsstil. Noch bevor ich ihm erklärt habe, warum unser Auto nicht anspringt, hat er sich seinen Spannungsprüfer geschnappt und macht sich auf den Weg zur Tür. Am besten ist es, wenn ich die Motorhaube schon geöffnet habe, damit er nicht warten muss. In weniger als einer Minute wird er mir sagen, ob es die Lichtmaschine oder die Batterie ist, und was es kostet. Wenn es an der Batterie liegt und ich sage: »Nur zu«, schnappt er sich sein Werkzeug und die neue Batterie, ich bezahle, und in weniger als zehn Minuten bin ich wieder draußen. Er kennt seine Arbeit, er geht zügig, aber zielgerichtet vor, und er bringt das Geschäft zu einem Abschluss. Die Kunden vertrauen ihm und empfehlen ihn weiter. Er hat viel zu tun und kann viele Kunden selbst bedienen.

Wenn unsere Kinder Aufgaben viele Male wiederholen, entwickeln sie mit der Zeit eine gewisse Fertigkeit. Es ist unser Ziel, dass sie den Tisch abräumen und den Abwasch automatisch und schnell erledigen. Sie rationalisieren den Prozess. Wenn ihnen der Abwasch keinen Spaß macht, warum sollten sie das Erledigen dann überhaupt hinauszögern wollen? Wenn sie die alltäglichen Aufgaben des Lebens beherrschen, können sie mehr Zeit für die Arbeit aufwenden, die ihnen mehr Spaß macht. Bringe ihnen bei, den Ablauf zu beherrschen, und erhöhe dann das Tempo.

Weise deine Kinder an, schon auf dem Weg zu ihrer angestrebten Tätigkeit zu arbeiten und Dinge automatisch zu erledigen, damit sie nicht wieder zurückgehen müssen, um sie zu tun. Bringe ihnen bei, ihre Mäntel aufzuhängen, wenn sie hereinkommen, und etwas, das nach oben muss, sofort auf die Treppe zu legen, damit sie es mitnehmen können, sobald sie nach oben gehen. Bringe ihnen bei, dass sie, wenn sie sich ausziehen, ihre Kleidung entweder wegräumen oder in den Wäschekorb stecken. Bringe ihnen das einfache Konzept bei: »Räumt beim Gehen auf, damit ihr es nicht später machen müsst.« Es sind nur Kleinigkeiten, aber sie sparen eine Menge Zeit ein.

VORAUSSCHAUEND HANDELN

Genauso wie wir versuchen, in der Erziehung vorausschauend zu handeln, um den vor uns liegenden Weg zu ebnen, so können wir auch unseren Kindern beibringen, aus demselben Grund vorausschauend zu handeln. Nimm dir eine Minute Zeit, die Sachen aufzuräumen, damit du sie findest, wenn du sie wieder brauchst. Räume schon während des Kochens die Küche auf, damit du am Ende nicht »erschlagen« wirst. Erstelle einen Zeitplan für die Hausaufgaben, damit du dir das Tempo einteilen kannst und am Ende des Semesters nicht in Panik gerätst. Verbinde unangenehme Aufgaben mit angenehmen, damit du mehr Spaß an der Arbeit hast. Erledige die unangenehmste Arbeit zuerst – ein Ratschlag, den ich von denen gehört habe, die ich als »Superarbeiter« bezeichne. Du bekommst Energie und Motivation, wenn du die schlimmste Aufgabe zuerst erledigst, dann die zweitschlimmste. Von da an wird es immer einfacher.

In Sprüche 27 beschreiben die Verse 23 und 27 den vorausschauenden Landwirt: »*Habe acht auf das Aussehen deiner Schafe, und nimm dich der Herden an! … Du hast genug Ziegenmilch zu deiner Nahrung, zur Ernährung deines Hauses und zum Lebensunterhalt für deine Mägde.*« Er weiß, wie es seinen Tieren geht, und er kümmert sich um alles, bevor es große Probleme gibt. Er ist fleißig. Er ist der Arbeit immer einen Schritt voraus. Er kümmert sich gut um seinen Besitz und seine Tiere. Er hat seine Zeit und Energie investiert. Und er wird mit Nahrung und Vorräten belohnt.

Dies sind nur ein paar sinnvolle Möglichkeiten, in kluger Weise zu arbeiten. Ich bin sicher, du kennst noch viele mehr. Wir können voneinander lernen. Fordern wir uns selbst und unsere Kinder heraus, um uns ständig zu verbessern und die Früchte unserer Arbeit zu genießen.

Fragen zum Studium

1. Welche Vorteile bringt dir eine gute Planung, bevor du mit der Arbeit beginnst? Nenne ein Beispiel, wie du dies mit deinen Kindern machst.

2. Welche Vorteile hat es, eine Routine zu entwickeln und einen Zeitplan einzuhalten? Welcher Art von Routine folgt ihr mitsamt euren Familienmitgliedern? Wie gehen die unterschiedlichen Persönlichkeiten mit einer Routine um?

3. Wie sollten Eltern mit einem schnell abgelenkten oder hyperaktiven Kind vorgehen? Kannst du Vorschläge machen, wie man einem solchen Kind helfen kann, eine Aufgabe zu bewältigen?

4. Wie können wir die Fertigkeiten und Kenntnisse unserer Kinder fördern? Gib ein paar Tipps.

5. Warum ist es gut, unseren Kindern beizubringen, dass sie Eigeninitiative zeigen? Teile deine Ideen mit, wie man dies erreichen kann.

6. Erzähle, wie du und deine Familie auf besondere Weise klug arbeitet. Wie bringst du deinen Kindern bei, klug zu arbeiten?

TEIL 2: Praktische Prinzipien

Kapitel 16
ÜBERWINDE HINDERNISSE

Seien wir realistisch. Im Leben unserer Kinder werden sich viele Hindernisse auftun, wenn sie lernen zu arbeiten. Hindernisse sind nicht erfreulich. Aber lasst uns von Anfang an die positive Seite dessen sehen. Gott kann herausfordernde Zeiten zu ihrem Besten nutzen. Wenn wir gläubig sind, wird dies sogar garantiert der Fall sein. Erinnere dich an die folgende Wahrheit: *»Wir wissen aber, dass denen, die Gott lieben, alle Dinge zum Besten dienen, denen, die nach dem Vorsatz berufen sind« (Röm. 8,28).*

Schwierigkeiten können wie Perlen sein: »Eine natürliche Perle bildet sich, wenn ein Reizelement in bestimmte Muschelarten eindringt. Als Abwehrmechanismus sondert die Muschel eine Flüssigkeit ab, die das Reizelement umhüllt. Schicht für Schicht lagert sich dieser Überzug auf dem Reizelement ab, bis sich eine glänzende Perle gebildet hat.«[1] Was als Problem beginnt, kann in Schönheit enden.

Das Leben Josephs ist ein Bild für die Entstehung einer echten Perle. Er genoss die Liebe und Gunst seines Vaters, aber das kostete ihn einiges. Seine Brüder waren eifersüchtig und verkauften ihn als Sklaven. Potiphar kaufte ihn und bemerkte mit der Zeit seine Fähigkeiten und seinen guten

1 »How Pearls are Formed«, J. Thomas Jewelers.

Charakter. So stieg Joseph auf und leitete von da an Potiphars Haushalt. Potiphars Frau fühlte sich zu Joseph hingezogen und flirtete mit ihm. Als er sie zurückwies, drehte sie den Spieß um und beschuldigte ihn der sexuellen Belästigung.

Noch am selben Tag landete er im Gefängnis. Aber auch hier fasste der Gefängniswärter Vertrauen zu Joseph, und er übertrug ihm Verantwortung. Die Mitgefangenen respektierten ihn und baten ihn um Rat, wenn sie beunruhigende Träume hatten. Durch Gottes Vorsehung erhielt er die Gelegenheit, die Träume des Pharaos zu deuten. Und so abrupt, wie er von einer ehrenhaften Position ins Gefängnis geworfen worden war, wurde er zu einer noch ehrenvolleren Stellung entlassen – als Vizekönig von Ägypten. Als Leiter des Landwirtschaftsministeriums setzte er weiterhin treu seinen von Gott gegebenen ehrenhaften Charakter sowie seine Führungs- und Organisationsfähigkeiten ein. Das Ergebnis ist bekannt. Seine Brüder kamen schließlich zu ihm, um Nahrungsmittel zu kaufen, und sie verneigten sich sogar vor ihm, wie er es als Junge geträumt hatte. Als er sich ihnen zu erkennen gab, erschraken sie wegen ihrer Schuldgefühle. Aber er antwortete: *»Ihr gedachtet mir zwar Böses zu tun; aber Gott gedachte es gut zu machen, um es so hinauszuführen, wie es jetzt zutage liegt, um ein zahlreiches Volk am Leben zu erhalten« (1.Mo. 50,20).*

Inmitten all der rätselhaften Ereignisse vertraute Joseph weiterhin auf Gott. Selbst in einer heidnischen Kultur, in der keine gottesfürchtige Person auf ihn achtete, gehorchte er Gott weiterhin. Seine Integrität und sein Fleiß brachten ihm Respekt und Beförderungen ein, sei es als Sklave oder als Gefangener. Joseph muss entmutigt und verängstigt gewesen sein, aber er ließ sich nicht beirren. Er ist ein inspirierendes Vorbild für uns und unsere Kinder.

Als die Israeliten unter der Leitung von Nehemia die Mauern Jerusalems wieder aufbauten, wurden sie von Sanballat und Tobija bedrängt. Nehemia übte keine Vergeltung an ihnen, sondern betete, dass Gott für sie kämpfen möge. Dann konzentrierten er und sein Team sich auf die anstehende Aufgabe. *»Und das Volk gewann Mut zur Arbeit« (Neh. 3,38)*. Lasst uns beten, dass wir und unsere Kinder Hindernisse überwinden und »Mut zur Arbeit« sowie Freude am Dienst im Reich Gottes haben.

WEGBLOCKADEN ODER LEITERN?

Bei einer Wanderung über Schafweiden in Schottland näherten wir uns einem Zaun. Wir mussten nicht lange überlegen, wie wir ihn überwinden könnten. Es gab einen Zaunübertritt – auf der einen Seite führte eine Trittleiter nach oben bis zu einem kleinen Trittbrett, und auf der anderen Seite führte sie wieder hinunter. Wir tun gut daran, Hindernisse mit dieser Einstellung anzugehen. Erkenne das Hindernis, aber lass es nicht deinen Weg blockieren. Überlege stattdessen, wie du damit umgehen kannst. Finde einen Zaunübertritt, der dir hilft, das Hindernis zu überwinden, und setze deinen Weg fort.

Unsere Kinder müssen am unteren Ende der Trittleiter anfangen und lernen, einfachere Arbeiten zu verrichten, anderen zu dienen und Fähigkeiten zu erwerben. Wir dürfen nicht zulassen, dass sie denken, dies sei Zeitverschwendung oder unter ihrer Würde. Sie müssen durchhalten und ihre Fertigkeiten weiterentwickeln. Wer weiß, wohin das führen wird? Jackson mischte Zement und trug Ziegelsteine für seinen Vater. Später wurde er Maurer und dann Bauleiter. Seine früheren Erfahrungen waren nützlich, um den Bauprozess zu verstehen. Sei treu in den kleinen Dingen, und du wirst größere Verantwortung und Privilegien erhalten.

Die Schulzeit kann für Schüler, die in Sprachen oder Naturwissenschaften nicht begabt sind, schwierig sein. Sie fühlen sich oft wie Versager. Unsere Kultur scheint akademische Intelligenz höher zu schätzen als praxisbezogene Intelligenz. Ich denke, dass die meisten unserer Schulen auch nach diesem Schema aufgebaut sind, was sich darin widerspiegelt, dass viele Hauswirtschafts- und Kunsthandwerkskurse abgeschafft werden. Das bedeutet, dass Kinder und Jugendliche, die jede Maschine reparieren oder einen Haushalt führen könnten, erst dann eine positive Rückmeldung zu ihren Fähigkeiten erhalten, wenn sie fast erwachsen sind. Wenn das auf unser Kind zutrifft, müssen wir noch einen Schritt weitergehen, um ihm vielfältige Erfahrungen zu ermöglichen, sodass es Vertrauen in seine Fähigkeiten aufbauen kann. Es ist gut, dass es in einigen Städten Technikzentren gibt, in denen die Schüler genau diese Erfahrungen machen können.

Eltern, die ihre Kinder zu Hause unterrichten, haben den Vorteil, dass sie die nötigen schulischen Grundlagen vermitteln können, aber auch die Möglichkeit haben, eine schon früher beginnende berufliche Laufbahn einzuschlagen, wenn dies dem Kind liegt. Wir müssen diese Kinder wirklich ermutigen und sie bei der Suche nach Bereichen, die ihren Fähigkeiten entsprechen, begleiten. Schüler, die wissen, wie man arbeitet und Probleme löst, und die ehrlich sind, sind für jeden Arbeitgeber Gold wert.

Manchmal trifft uns das Leben hart. Isabella hatte mit 4 Jahren Leukämie. Sie war so angetan von den Menschen, die sich um sie kümmerten, dass sie später Krankenschwester wurde. Ryan, ein junger Ehemann und Vater, verlor bei der Wirtschaftskrise seinen Job. Wie üblich begleitete der Geschäftsführer ihn, als er seine Sachen zusammensuchte, und führte ihn bis zur Tür in der Erwartung, dass er wütend werden oder Vergeltung üben würde. Aber Ryan bedankte sich einfach nur herzlich für das Privileg, dass er in den letzten Jahren dort hatte arbeiten dürfen, und wünschte ihm alles Gute. Einige Monate später erholte sich das Unternehmen wieder ein wenig und benötigte mehr Arbeitskräfte. Wen haben sie wieder eingestellt? Ryan natürlich, weil er sich selbst dann dankbar zeigte, als er seinen Job verlor.

Rob Kenneys Vater verließ seine Familie, als Rob zwölf Jahre alt war. Rob heiratete später und bekam Kinder. Als diese älter waren, stellte er fest, dass viele Kinder die gleiche Erfahrung machten wie er: Sie hatten keinen Vater, der ihnen Fertigkeiten für den Alltag beibrachte. Also gründete er einen YouTube-Kanal mit dem Titel »Dad, how do I?« (Papa, wie mache ich das?). Er gibt »Vatertipps«, wie man mit Werkzeugen umgeht, Verstopfungen im Waschbecken beseitigt, Pattys grillt, und sogar, wie man seine Kinder ermutigt. Er hat seine schwierige Kindheit genutzt, um anderen zu helfen. Außerdem fordert er die Menschen auf, ihre Lasten dem Herrn anzuvertrauen.[2]

DIE HERAUSFORDERUNG ANNEHMEN

Nick Vujicic wurde ohne Arme und Beine geboren. Er litt unter Depressionen und Diskriminierung und fragte sich, ob sein Leben überhaupt einen Sinn habe. Doch alles änderte

---

2 Maura Hohman, »›Dad, How Do I‹ creator shares heartfelt advice on life challenges, big and small«, *TODAY.*

sich, als er Christ wurde. Er schreibt es Gott zu, dass Er ihm Lebenskraft und -freude geschenkt hat. Er gründete das Projekt »Life without Limbs« (Leben ohne Gliedmaßen), mit dem er Ermutigung und das Evangelium in die ganze Welt bringt. Nick hat auch das Programm »Attitude Is Altitude« entwickelt, das »Schüler befähigt, ihre Ziele zu erreichen und ihr Leben zu bereichern, während sie die Welt um sie herum positiv verändern«.[3]

Unsere Einstellung bestimmt unseren Erfolg. Wir sind oben oder unten. Wir haben die Wahl. Wenn Enttäuschungen kommen, können wir oder unsere Kinder in den Sessel sinken und sagen: »Es ist alles vorbei«, oder wir können uns etwas Zeit nehmen, um über eine verpasste Gelegenheit, eine Enttäuschung, ja sogar über einen Verlust zu trauern, und wir können beten und Gott bitten, uns da durchzuhelfen. Dann fragen wir Ihn, was Er als Nächstes für uns geplant hat. Wir können uns auf eine neue Möglichkeit freuen und eine Herausforderung annehmen. Unsere Enttäuschungen können dazu genutzt werden, uns aufzurichten. Oder noch besser: Unsere Schwierigkeiten können dazu genutzt werden, anderen zu helfen und sie zu ermutigen.

In meinem eigenen Leben brachten einige der schmerzhaftesten Erfahrungen die größte Erfüllung. Während einer dunklen Zeit in meinem Leben konnte ich nirgendwo sonst Trost finden als bei Gott. Das war ein entscheidender Wendepunkt auf meinem Lebensweg, der dazu führte, dass ich Jesus Christus als meinen Retter fand. Die schwierigen Umstände ebneten später den Weg zu großer Freude. Gott wirkt

---

3 »Meet Nick«, Life Without Limbs; Nick Vujicic, »Attitude is Altitude«, www.aiacurriculum.org.

in unserem Leben und im Leben unserer Kinder auf große und kleine Weise. Lasst uns gute Dinge von Ihm erwarten.

Chloe nahm Flötenunterricht und träumte davon, die erste Flöte in der Musikkapelle zu spielen. Da sie ein Naturtalent war, nahm sie an, dass sie den Platz bekommen würde. Aber Janice, die viel mehr Stunden geübt hatte, bekam den Platz. Die Tränen flossen, und nach einigen weisen Ratschlägen von Mama und Papa erkannte Chloe, dass sie sich viel mehr anstrengen musste, um ihren Traum zu verwirklichen. Ohne Fleiß kein Preis. Übrigens können Wettbewerbe ein nützlicher Motivator sein; aber es kann eine Herausforderung sein, im Wettbewerb Demut zu bewahren. Unser Bestes zur Verherrlichung *Gottes* zu geben, ist unser Ziel.

Im Alter von 15 Jahren kaufte Michael einen alten Pick-up. Das war alles, was er sich leisten konnte. Er wollte ihn straßentauglich machen, bis er seinen Führerschein hatte. Jeden Abend arbeitete er in der Scheune an dem Auto. Er sah sich Videos zu Bremsen, Karosseriearbeiten und Vergasern auf YouTube an. Jedes Mal, wenn er ein Problem behoben hatte, schien ein anderes aufzutauchen. Er fragte häufig seinen Onkel um Rat, der Mechaniker war. Schließlich sprang des Auto an und blieb am Laufen. Es war eine große Erfüllung für ihn, diese Aufgabe bewältigt zu haben und nun von seinem eigenen Fahrzeug profitieren zu können.

Auf seiner Suche nach einem haltbaren Glühfaden für die elektrische Glühbirne testete Thomas Edison mindestens 6000 Materialien. Er sagte: »Ich habe mich nie entmutigen lassen und nie an meinem Erfolg gezweifelt. Das kann ich nicht von allen meinen Kollegen behaupten. Genie ist zu einem Prozent Inspiration und zu 99 Prozent Transpiration (Schweiß).«[4]

AUS DEN FEHLERN NUTZEN ZIEHEN

An einem späten Freitagabend fuhren Carter und Dylan durch die Gegend. Sie sahen sich eine Baustelle an. Dort lagen einige gute Werkzeuge herum, und aus einem Impuls heraus nahmen sie eine Bohrmaschine und einen Luftkompressor mit. Die Jungen bemerkten nicht, dass Überwachungskameras alles aufzeichneten, und am nächsten Tag stand die Polizei vor ihrer Tür. Sie wurden wegen Diebstahls verurteilt und waren nun vorbestraft. Sie bedauerten die Tat zutiefst, aber der Gerechtigkeit musste Genüge getan werden. Sie gaben die Werkzeuge zurück, leisteten gemeinnützige Arbeit, und nach einigen Jahren wurde ihre Straftat endlich aus ihrem Strafregister getilgt. Diese demütigende Erfahrung motivierte sie dazu, integer zu sein, fleißig zu arbeiten und sich in ihrer Umgebung nützlich zu machen.

Alle Kinder müssen sich mit ihren Fehlern auseinandersetzen und aus ihnen lernen. Wie können wir dafür sorgen, dass dies geschieht? Als Erstes – und das ist ganz wichtig – müssen sie ihr Fehlverhalten zugeben, und das sollte nicht nur ein Lippenbekenntnis sein, um der Strafe zu entgehen. Wir sprechen hier von Reue und Buße. Das ist Gottes Plan, um Vergebung zu erlangen, und wir müssen uns bei der Erziehung ebenso danach richten.

Sie müssen in einem Maße bestraft werden, das ihrem Vergehen angemessen ist. Gott züchtigt Seine Kinder, damit sie ihre Lektionen lernen; wir sollten dasselbe tun.

---

4 »Edison's Lightbulb«, The Franklin Institute.

Wir dürfen unsere Kinder weder misshandeln noch durch übermäßig harte Strafen zum Zorn reizen, aber sie müssen lernen, die Konsequenzen zu tragen.

Kevin Leman nennt als Beispiel, dass man einem Teenager das Handy wegnehmen sollte, und zwar nicht nur für einen Tag, sondern für eine ganze Woche, um ihm eine dauerhafte Lektion zu erteilen. Er kann nicht einfach sagen: »Es tut mir leid«, und Mama und Papa liefern ihm alles, wie trainierte Robben, wie der Zimmerservice in einem Hotel. Leman sagt: »Es ist nichts falsch daran, wenn ein Kind eine Zeit lang unglücklich ist, weil es etwas falsch gemacht hat. Es ist eine gute Lektion fürs Leben. Eltern, die in ihrer Erziehungspraxis inkonsequent sind, berauben ihre Kinder der Möglichkeit, auf eigenen Füßen zu stehen und Verantwortung und Rechenschaftspflicht zu lernen – zwei Eigenschaften, die für die Entwicklung eines ausgeglichenen Erwachsenenlebens von entscheidender Bedeutung sind.«[5]

Wenn ihr miteinander darüber gesprochen habt, was falsch gelaufen ist, und das Kind seine Strafe erhalten hat, ist es Zeit für eine Wiederherstellung. Wie kann es seine Situation verbessern? Wie kann es verhindern, dass sich so etwas wiederholt? Wie kann es aus seinen Fehlern und Sünden aus der Vergangenheit für die Zukunft Nutzen ziehen? Aus welchen externen Quellen kann es Weisheit bekommen? Welche Lebensweisheit hat es aus dieser Erfahrung gewonnen?

Sei immer hoffnungsvoll. Entmutigung ist nützlich, um zu erkennen, was falsch gelaufen ist. Aber dann muss das Kind sich wieder aufraffen und voller Hoffnung weitermachen. Es geht um Erlösung. Gott erbarmt sich über Sünder; sündige Eltern erbarmen sich ihrer sündigen Kinder. Mit

---

5 Kevin Leman, »*Making Children Mind Without Losing Yours*«, Revell.

dem Segen Gottes hofft und betet ihr gemeinsam, dass ihr noch Jahre später auf diese Erfahrungen als Wendepunkte zurückblicken werdet, als Lektionen fürs Leben, die zum Besten eures Kindes und zur Verherrlichung Gottes beigetragen haben.

SCHLUSSFOLGERUNG

Jesus Christus hat das größte Hindernis überwunden. Er hat keine Fehler gemacht. Er hat keine Sünde begangen. Aber alle haben gegen Ihn gesündigt. Und dennoch hat Er am Kreuz den Preis für die Sünden Seines Volkes bezahlt, damit wir als Gläubige von unseren Sünden erlöst würden. Und das ist unsere größte Hoffnung und unser größter Trost. Habt ihr und eure Kinder über eure Sünden Buße getan, und seid durch die Kraft des Heiligen Geistes zum Glauben an Christus gekommen?

Fragen zum Studium

1. Was bewunderst du an Joseph, der trotz der schwierigen Umstände durchhielt? Welche Lektionen können wir und unsere Kinder von ihm lernen? Wie können wir dadurch sogar ermutigt werden?

2. Welche Erfahrungen hast du schon damit gemacht, wie aus einer Sperre eine Leiter wurde? Mit anderen Worten: Wie haben frühere, schwierige Lebenserfahrungen zu einem positiven Ausgang geführt?

3. Welchen Rat würdest du einem Teenager geben, der nicht akademisch begabt ist und die Schule als Herausforderung empfindet, aber über berufliche Kompetenzen verfügt? Welche Möglichkeiten würdest du ihm oder ihr empfehlen?

4. Wie verändert unsere Einstellung die Art und Weise, wie wir mit Schwierigkeiten umgehen? Wie können wir unsere Kinder ermutigen, harte Zeiten zu nutzen, unabhängig davon, ob sie diese selbst verschuldet haben oder nicht? Welche Rolle spielt dabei das Gebet?

5. Wenn unsere Kinder etwas falsch gemacht haben, müssen sie aus ihren Fehlern lernen. Wie gehen wir dann mit ihnen um? Welche Grundsätze befolgen wir?

6. Der größte Segen, den die Überwindung harter Zeiten bringen kann, ist, anderen zu dienen und Jesus Christus mehr zu erkennen. Hast du diese Erfahrung gemacht, oder kennst du jemanden, der sie gemacht hat? Erzähle davon.

TEIL 2: Praktische Prinzipien

Kapitel 17
DIE ZEIT IST EIN SCHATZ

Im Winter 2002 reiste mein Mann nach Riga, Lettland, um dort ein Seminar zu leiten. Nachdem er eines Abends fertig war, verließ er das Seminargebäude, überquerte eine Gasse, gab den Code ein, um den gesicherten Hausflur zu betreten, und schloss dann seine Wohnung auf. Als er sich umdrehte, um die Tür zu schließen, schlug ihm jemand mit der Faust ins Gesicht. Innerhalb weniger Augenblicke hatten seine Angreifer das Laken von seinem Bett in Streifen gerissen, seine Hände hinter dem Rücken gefesselt und ihm die Augen mit dem Gesicht nach unten verbunden. Sie bedrohten ihn, indem sie ihm ins Gesicht schlugen und mit einem Messer auf den Rücken einstachen (aber ihn glücklicherweise nicht erstachen). Sie schrien ihn auf Russisch oder Lettisch an. Das einzige Wort, das er verstand, war »Mafia«.

Das geschah gerade einmal drei Jahre, nachdem Lettland von der UdSSR unabhängig geworden war. Joel hatte in den Tagen zuvor gehört: »Wenn du jemals in die Hände der russischen Mafia fällst, bist du ein toter Mann!« Er betete nicht einmal darum, zu überleben. Er vertraute nur mich und unsere drei kleinen Kinder der Fürsorge Gottes an. Er war sehr traurig darüber, dass er sie nicht mehr aufwachsen sehen würde. Er bat Gott, sich um unsere Gemeinde, das Predigerseminar, den Verlag »Reformation Heritage

Books« und unsere Schulen zu kümmern. Dann richtete er seinen Blick auf Jesus. In diesen Augenblicken fühlte er sich ruhig und nahe bei Christus. Sobald er ängstlich wurde, wurden seine Hände und Arme taub. Wenn ihm dann eine kostbare Verheißung Gottes nach der anderen durch den Sinn ging, wich die Taubheit, und die Ruhe kehrte zurück.

Die Angreifer nahmen alles Wertvolle mit, sogar Erdnussbutter und Brot, aber seinen Reisepass ließen sie ihm gütigerweise. Sie knebelten ihn und nahmen seine Schlüssel, liefen hinüber und nahmen die Computer aus dem Seminargebäude mit. Dann gingen sie. Doch er war immer noch am Leben![1]

Nachdem er erfahren hatte, was es heißt, dem Tod ins Auge zu blicken, zog Joel ernsthaft Bilanz über sein Leben, seinen Segnungen, seine Berufung und die Zeit, die ihm hier auf Erden noch bleibt. Ich bin Zeuge davon, wie fleißig er vor diesem Tag schon war, und ich kann euch sagen, dass er seitdem noch härter arbeitet. Und seine Sichtweise auf die Zeit hat sich geändert. Schon früher schätzte er sie, aber jetzt ist ihm jede Stunde ein Schatz. Er will seine ganze Zeit nutzen, um für das Reich Gottes zu arbeiten und das Evangelium Jesu Christi auf jede erdenkliche Weise zu verbreiten. Eigentlich arbeitet er zu hart, aber er tut es, weil die Zeit nur noch kurz ist (1.Kor. 7,29). Wenn ich an Menschen denke, die ihre Zeit weise und im vollen Umfang nutzen, steht mein Mann ganz oben auf der Liste. Ich versuche, seinem Beispiel zu folgen, aber ich habe diesbezüglich noch einen langen Weg vor mir. Wir haben jedoch beide ver-

---

1 Für einen vollständigen Bericht über diese Erfahrung siehe den Brief meines Mannes: »Dr. Joel Beeke's experience in Riga Latvia«, www.banneroftruth.org.

sucht, unseren Kindern den Grundsatz zu vermitteln, dass die Zeit ein Schatz ist.

GOTTES SICHTWEISE DER ZEIT

Was denkt Gott über die Zeit? Zunächst einmal hat Er sie erschaffen. Er versteht die Zeit aus unserer Perspektive, weil Er auch uns erschaffen hat. Aber Er steht über der Zeit. Er ist nicht durch die Zeit begrenzt. *»... ein Tag bei dem Herrn ist wie tausend Jahre, und tausend Jahre wie ein Tag!« (2.Pt. 3,8).* Er ist der Herr der Zeit. Seine Gedanken sind höher als unsere Gedanken. Aber Gott hat uns klare Richtlinien gegeben, wie wir unsere Zeit nutzen sollen.

Bringe deinen Kindern bei, dass Zeit ein Geschenk Gottes an uns ist. Sie ist mehr wert als Gold. Jeder lebende Mensch erhält jeden Tag 1440 Minuten. Wir wissen nicht, wie viele Tage Gott uns noch geben wird, aber Er weiß es. Es liegt an uns, wie wir unsere Tage nutzen. *»Seht nun darauf, wie ihr mit Sorgfalt wandelt, nicht als Unweise, sondern als Weise; und kauft die Zeit aus, denn die Tage sind böse« (Eph. 5,15-16).* Die Zeit auszukaufen bedeutet, dass wir das Beste aus jedem Augenblick und jeder Gelegenheit machen sollen. Wir sollen die Zeit umsichtig und weise nutzen, nicht töricht. Wie können wir zwischen Weisheit und Torheit unterscheiden? Indem wir die Heilige Schrift studieren, und indem wir beten. Unser Vorbild und die Familienandacht sind die wichtigsten Mittel, um unseren Kindern göttliche Wahrheit und Weisheit zu lehren.

Das dringendste Problem, mit dem wir uns befassen müssen, ist unsere eigene Errettung und die unserer Kinder. Wir müssen *»umso eifriger bestrebt [sein], [unsere] Berufung und Auserwählung fest zu machen« (2.Pt. 1,10).* Da unsere Zeit auf der Erde begrenzt ist, müssen wir Gott eifrig suchen. *»Heute, wenn ihr Seine Stimme hört, so verstockt eure Herzen nicht!« (Hebr. 4,7).* Wenn Gott in unseren Herzen am Wirken ist, werden wir uns bemühen, all unsere Zeit zu Seiner Verherrlichung zu nutzen.

Wir sind aufgerufen, fleißig zu sein, sechs Tage die Woche zu arbeiten und unsere Kinder arbeiten zu lehren. Aber bei allem, was wir tun, müssen wir die Ewigkeit im Blickfeld haben, wie der Puritaner Richard Baxter sagte. Lasst uns also nicht materialistisch gesonnen sein. Wir benötigen Ausgewogenheit: Wir planen weise für die Zukunft unserer Familie, wir unterstützen Projekte, die das Evangelium fördern, aber wir lieben unser leibliches Wohlergehen nicht so sehr, dass uns der Dienst in der Gemeinde und die Verherrlichung Gottes weniger wichtig wird. Schließlich können wir unsere Besitztümer nicht mit in den Himmel nehmen. Aber unsere Kinder können mit uns in das Reich Gottes kommen, wenn sie alle durch die Gnade Gottes wiedergeboren sind. Investiere darum deine Zeit und Energie zuallererst in das geistliche Wohlergehen deiner Kinder.

»Müßiggang ist aller Laster Anfang«, lautet ein Sprichwort. Wenn unsere Zeit ungenutzt bleibt, dann wird, weil wir von Natur aus Sünder sind, die Sünde diese Leere füllen. Müßiggang ist ein ernstzunehmendes Problem. Wenn die Zeit erst einmal vorbei ist, können wir sie nicht mehr zurückholen. Zeit ist eine wertvolle Ressource. Sie ist ein Geschenk Gottes, das wir nutzen sollen, um Gutes zu tun, für uns selbst zu sorgen und Ihn zu verherrlichen. Sie zu verschwenden, ist eine Sünde. *»Schon wer nachlässig ist in seiner Arbeit, der ist ein Bruder des Zerstörers« (Spr. 18,9).* Wir werden einst Gott Rechenschaft darüber ablegen müssen, wie wir unsere Zeit genutzt haben (Röm. 14,12).

Bedeutet das, dass wir die ganze Zeit arbeiten müssen? Ganz bestimmt nicht. Kinder müssen auch spielen. Auf spielerische Weise lernen sie die Welt kennen, die sie umgibt. Sie entwickeln Kraft und bauen Fähigkeiten auf. Und dann müssen sie sich entspannen und ausruhen. Das trifft auch auf uns Eltern zu. Der Müßiggang, vor dem die Heilige Schrift warnt, ist Faulheit. Es bedeutet, dann nichts zu tun, wenn wir arbeiten sollten.

Wir alle sind in diesem Bereich schuldig, wir Erwachsene mehr als unsere Kinder, weil wir schon länger gelebt haben. Aber fasse Mut: Gott kann unsere Sünden der Zeitverschwendung wiedergutmachen. Gott kann uns freisprechen, auch wenn wir die Zeit nicht ausgekauft haben. *»Denn der Lohn der Sünde ist der Tod; aber die Gnadengabe Gottes ist das ewige Leben in Christus Jesus, unserem Herrn« (Röm. 6,23).*

PRAKTISCHE IDEEN, DEINE ZEIT WERTZUSCHÄTZEN

Es wird erzählt, dass ein neuer junger Zimmermann, der am ersten Tag mit meinem Großvater zusammenarbeitete, sagte: »Dieser Herr Kamp ist wirklich ein langsamer Arbeiter!« Aber nachdem er ein paar Wochen mit ihm gearbeitet hatte, sagte er: »Dieser Herr Kamp schafft wirklich eine Menge!« Ich bin aufgrund meiner Beobachtung von Arbeitern davon überzeugt, dass die Zeit, die man *zwischen* den einzelnen Aufgaben verbringt, genauso wichtig ist wie die Zeit, die man *mit* den Aufgaben verbringt. Der ineffiziente Arbeiter macht zwischen den Aufgaben eine Pause, um nachzudenken, zu trödeln oder auf sein Smartphone zu sehen, während der effiziente Arbeiter nahtlos von einer Aufgabe zur nächsten übergeht. Kinder können diesen nahtlosen Arbeitsstil durch unser Vorbild, durch das Prinzip »Übung macht den Meister« und durch unsere Erwartungen und Anweisungen lernen.

Mein Mann verwaltet seine Zeit auf eine einfache Weise. Joels Methode ist auch für Kinder geeignet. Jeden Tag teilt er seine Aufgaben in drei Kategorien ein:

1. muss erledigt werden
2. sollte erledigt werden
3. möchte ich erledigen.

Dann beginnt er einfach, sie der Reihe nach abzuarbeiten. Oft kann er Nummer eins nicht zu Ende bringen, weil andere Dinge dazwischenkommen. Aber jeden Tag bewertet er seine Aufgaben neu. Er bestätigt, dass es uns eine tiefe Befriedigung verschafft, unsere Pflichten zu erfüllen – selbst die Pflichten, die wir erledigen müssen oder sollten, die aber nicht unsere Lieblingsaufgaben sind. Durch unser Vorbild und unsere Erziehung vermitteln wir unseren Kindern eine positive Einstellung zur Arbeit, Zufriedenheit und Freude an der Erfüllung der Aufgaben. Dies alles sind Früchte des Versuchs, Gott durch unsere Arbeit zu verherrlichen.

Am Westminster Seminary hatte Joel einen Professor, Daniel Clair Davis, der einmal an die Tafel schrieb: »TGIM«. Er sagte der Klasse: »Lebt nicht in einer TGIF-Mentalität (Thank God it's Friday – Gott sei Dank, es ist Freitag), in der ihr euch auf das Wochenende freut und stöhnt, wenn ihr am Montag wieder zur Arbeit müsst. Nein, Gott hat uns das Geschenk der Arbeit und der Zeit gemacht. TGIM! Thank God it's Monday! (Gott sei Dank, es ist Montag!) Lasst uns jeden Tag mit Freude in Angriff nehmen und unseren Kindern beibringen, das Gleiche zu tun.«

Als Jesus am Sabbat in der Synagoge den Blinden sah, heilte Er ihn. Seinen Jüngern erklärte Er dazu: *»Ich muss die Werke Dessen wirken, der Mich gesandt hat, solange es Tag ist;*

es kommt die Nacht, da niemand wirken kann« (Joh. 9,4). Jesus wusste, dass Seine Zeit begrenzt war und Er das Werk des Vaters in vollem Umfang zu vollbringen hatte. Er hatte die Gelegenheit, jemandem zu helfen; darum stellte Er das Augenlicht des Mannes sofort wieder her. Benjamin Franklin drückte es so aus: »Was du heute kannst besorgen, das verschiebe nicht auf morgen!«

Unsere Kinder müssen diese Lektion lernen. Gib ihnen Aufgaben – mit oder ohne Zeitvorgaben. Bringe ihnen bei, nicht zu lange zu zögern oder darüber nachzudenken, sondern die Aufgabe einfach zu erledigen. Außerdem sind so viele unserer täglichen Pflichten Fünf-Minuten-Aufgaben; darum müssen wir unseren Kindern genügend Erfahrungen mit kleinen Fünf-Minuten-Aufgaben vermitteln, damit sie das Ende schon am Anfang absehen können. Anstatt zu stöhnen, wenn sie den Tisch abräumen oder ihre Spielsachen wegräumen sollen, werden sie dann erkennen: »Oh, das ist doch nur eine Fünf-Minuten-Aufgabe. Ich werde sie einfach erledigen.«

Wenn wir unseren Kindern beibringen, die Zeit wertzuschätzen, bringen wir ihnen bei, kleine Teile der Zeit für das Gute zu nutzen. Die Welt sagt: »Ich bin in der Warteschleife. Ich muss eben etwas Zeit totschlagen.« Wie wäre es, stattdessen die Zeit zu *nutzen*? Ich habe einmal einer Erzieherin geholfen, die in jeder freien Minute, selbst beim Warten auf den Bus, mit ihrer Kindergartengruppe ein Alphabetlied oder etwas anderes Lehrreiches sang. Schlage deinen Kindern vor, einen Vers auswendig zu lernen oder die Reihenfolge der biblischen Bücher zu wiederholen, während sie auf den Beginn des Gottesdienstes warten. Wenn du mit den Kindern auf der Autobahn fährst, weise sie auf die Herrlichkeit Gottes in der Natur hin. Die Zeit ist ein Schatz. Schätze jeden Augenblick als wertvoll ein und nutze ihn dazu, Gott nahe zu sein.

Wir können aus dem fünften Vorsatz von Jonathan Edwards lernen: »Ich bin entschlossen, keinen Augenblick der Zeit zu vergeuden, sondern sie so gewinnbringend wie möglich zu gestalten.«[2]

Lasst uns und unsere Kinder mit den Worten des Liedes von Frances Ridley Havergal betend singen:

1. Nimm mein Leben, Jesus, Dir
übergeb ich's für und für.
Nimm Besitz von meiner Zeit;
jede Stund sei Dir geweiht.

2. Nimm Du meine Hände an,
zeig mir, wie ich dienen kann.
Nimm die Füße, mach sie flink,
Dir zu folgen auf den Wink!

3. Nimm die Stimme, lehre mich
reden, singen nur für Dich;
nimm, o Herr, die Lippen mein,
lege Deine Worte drein!

4. Nimm mein Gold und Silber hin,
lehr mich tun nach Deinem Sinn;
nimm die Kräfte, den Verstand
ganz in Deine Meisterhand!

---

2 Stephen J. Nichols, ed., »*Jonathan Edwards' Resolutions*«, P&R Publishing

5. Nimm, Herr, meinen Willen Du,
dass er still in Deinem ruh.
Nimm mein Herz, mach hier es schon
Dir zum Tempel und zum Thron!

6. Nimm Du meiner Liebe Füll,
Jesus, all mein Sehnen still!
Nimm mich selbst und lass mich sein
ewig, einzig, völlig Dein!

Deutsch: Dora Rappard

Fragen zum Studium

1. Was ist deine Perspektive in Bezug auf die Zeit? Weißt du jede Minute zu schätzen?

2. Was ist Gottes Perspektive in Bezug auf die Zeit? Welche Prinzipien sollten wir unseren Kindern über den Wert der Zeit vermitteln? Was bedeutet es, die Zeit auszukaufen?

3. Was ist unser dringendstes, zeitgebundenes Bedürfnis? Welche Teile einer Woche widmen wir zusammen mit unserer Familie dem Trachten nach Gott und Seinem Reich? Schreibe kurz einen Zeitplan für eine typische Woche auf.

4. Was ist der Unterschied zwischen Müßiggang und Entspannung (oder Ruhe)? Stelle dich der Herausforderung, deine eigene Zeit und die deiner Familie besser zu nutzen.

5. Welche der Beispiele aus dem Abschnitt »Praktische Ideen, deine Zeit wertzuschätzen« sprechen dich an? Was hilft dir und deiner Familie, die Zeit sinnvoll zu nutzen? Füge eine Geschichte oder einen Vorschlag von dir selbst hinzu.

6. Wie können wir unsere Kinder lehren, zu arbeiten, solange es Tag ist (Joh. 9,4)? Wie können wir unsere Zeit und unser Leben Gott weihen?

TEIL 2: Praktische Prinzipien

Kapitel 18

KÜMMERE DICH UM DEINE SACHEN

Ein Teil des zweiten Hauptsatzes der Thermodynamik besagt, dass »die Entropie (Unordnung) in einem geschlossenen System die natürliche Tendenz hat, in einen noch ungeordneteren Zustand zu verfallen«.[1] Der Beweis dafür ist überall in unseren Häusern zu finden. Die Lebensmittel im Kühlschrank werden schlecht. Sammys Zimmer kommt nie von selbst in Ordnung. Wenn wir uns nicht um unser Hab und Gut kümmern, wird es mit Sicherheit im Chaos versinken!

Was ist so schlimm an der Unordnung? Manche Menschen fühlen sich im Durcheinander wohl. Aber hast du schon einmal erlebt, wie deine Tochter am Sonntagmorgen in Panik ihr ohnehin schon unordentliches Zimmer auf der Suche nach ihrem Buch für die Sonntagsschule durchwühlt hat? Unordnung macht unser Leben komplizierter. Wir verschwenden wertvolle Zeit mit der Suche nach irgendwelchen Dingen. Wir können uns nicht an unseren Sachen erfreuen, wenn wir nicht wissen, wo sie liegen, oder wenn wir vergessen haben, dass wir sie überhaupt besitzen. Unordnung verwirrt unseren Verstand. Aber wenn wir die Unordnung beseitigen, wird auch unser Geist frei. Wir atmen

---

1 Jim Lucas, »What Is the Second Law of Thermodynamics?«, www.livescience.com.

leichter. Wenn unsere Besitztümer geordnet sind, können wir sie finden, wenn wir sie brauchen. Wir können sie benutzen und uns an ihnen erfreuen.

GOTTES PERSPEKTIVE AUF PERSÖNLICHE BESITZTÜMER

Bevor wir unsere Kinder zur Ordnung anleiten, müssen wir uns darüber im Klaren sein, was Gott von unseren Besitztümern hält. Sie kommen ursprünglich von Ihm; gehören sie nun Ihm oder uns? Sie sind Sein Geschenk; daher gehören sie jetzt auch uns. Doch Er möchte, dass wir sie nach Seinen Richtlinien und zu Seiner Ehre nutzen.

Gott ist ein Gott der Ordnung. Nachdem Er Sein Schöpfungswerk vollendet hatte, *»sah [Er] alles, was Er gemacht hatte; und siehe, es war sehr gut« (1.Mo. 1,31)*. Das Gegenteil ist anschaulich auf dem Acker des faulen Mannes dargestellt: *»... und siehe, er ging ganz in Unkraut auf, und Nesseln überwucherten ihn, und seine Steinmauer war eingestürzt. Das sah ich und nahm es mir zu Herzen; ich betrachtete es und zog eine Lehre daraus: ›Ein wenig schlafen, ein wenig schlummern, die Hände ein wenig in den Schoß legen, um zu ruhen‹ – so kommt deine Armut wie ein Wegelagerer und dein Mangel wie ein bewaffneter Mann!« (Spr. 24,31-34).*

Erinnern wir uns daran, dass Gott uns befohlen hat, über die Erde zu herrschen und sie uns untertan zu machen. Er befiehlt uns, sechs Tage von den insgesamt sieben Tagen zu arbeiten und nicht zu stehlen. Es ist ehrenvoll, fleißig zu sein und erfolgreich zu werden. Der Sohn, der im Sommer sammelt, ist klug (Spr. 10,4-5). Es ist gut und recht, dass wir die Früchte unserer Arbeit genießen; sie sind eine Gabe Gottes an uns (Pred. 5,17-19). Erinnere dich immer an die Quelle derselben: *»Und was besitzt du, das du nicht empfangen* *hast? Wenn du es aber empfangen hast, was rühmst du dich, als ob du es nicht empfangen hättest?« (1.Kor. 4,7).*

Wir können alles durcheinanderbringen: Wir sehen unsere Besitztümer als unsere eigenen an und vergessen, dass Gott sie uns gegeben hat. Wir nehmen die Anerkennung und den Ruhm dafür in Anspruch, als hätten wir sie verdient. Wir lieben die Gaben oft mehr als den Geber. Wir können leicht vergessen, unsere Segnungen zu zählen und zu schätzen. Wir können klagen und Ansprüche stellen. Wir können unsere Segnungen als langweilig empfinden. Wir können undankbar für Gottes große Gaben sein.

Jesus kennt unsere Herzen und warnt uns: *»Ihr sollt euch nicht Schätze sammeln auf Erden, wo die Motten und der Rost sie fressen und wo die Diebe nachgraben und stehlen« (Mt. 6,19).* Jesus forderte den reichen jungen Mann auf, seine Güter zu verkaufen und das Geld den Armen zu geben (Mk. 10,17-27). Wir sollen investieren in *»einen Schatz, der nicht vergeht, im Himmel« (Lk. 12,33); »denn die Geldgier ist eine Wurzel alles Bösen« (1.Tim. 6,10).* Wir sind von einer materialistisch geprägten Kultur umgeben, die unsere sündigen Herzen ansteckt. Wir werden mit Werbung bombardiert, die uns und unseren Kindern auf subtile Weise einredet, dass wir glücklicher seien, wenn wir dieses oder jenes Spielzeug, Essen oder Gerät kaufen würden. Aber Jesus kennt uns und sagt uns, dass wir unser Herz vor der Habsucht hüten sollen, *»denn niemandes Leben hängt von dem Überfluss ab, den er an Gütern hat« (Lk. 12,15).*

Liebe Eltern, lasst uns unter Gebet in der Erziehung unserer Kinder ein Gleichgewicht finden. Lasst uns Vorbilder für den maßvollen Umgang mit unseren materiellen Gütern sein. Lasst uns hart arbeiten, aber keine Workaholics bzw. Arbeitssüchtigen sein. Lasst uns unseren Besitz genießen und immer anerkennen, dass Gott ihn uns gegeben hat. Lasst uns unseren Kindern immer wieder zurufen: »Wir sind so gesegnet! Ist Gott nicht gut?« Lasst uns zufrieden sein mit dem, was wir haben, und dem rastlosen Verlangen nach mehr widerstehen.

»Es ist allerdings die Gottesfurcht eine große Bereicherung, wenn sie mit Genügsamkeit verbunden wird. Denn wir haben nichts in die Welt hineingebracht, und es ist klar, dass wir auch nichts hinausbringen können. Wenn wir aber Nahrung und Kleidung haben, soll uns das genügen!« (1.Tim. 6,6-8).

Keine Sorge, Er sorgt für den Sperling; wie viel mehr wird Er sich um uns kümmern (Mt. 6,25-34)? Wir müssen weise Verwalter dessen sein, was wir haben. Lasst uns Gott viel mehr lieben als unsere irdischen Güter, indem wir Gott und den Menschen gegenüber Dankbarkeit zeigen und unsere Segnungen demütig und fröhlich mit anderen teilen.

SEI VERNÜNFTIG IM UMGANG MIT DEINEN SACHEN

Wie bringen wir unseren Kindern bei, vernünftig mit ihren Sachen umzugehen? *Meins!* – das ist ein Wort, das sich früh in ihrem Wortschatz festsetzt. Wir müssen unseren Kindern nicht beibringen, egoistisch zu sein. Aber wir können ihre Wünsche steuern. Das Wichtigste ist, dass wir ihre Wünsche nicht *»füttern«*. Je mehr wir ihnen geben, desto mehr wollen sie, und desto unglücklicher werden sie sein. Die einzige Möglichkeit, das »Ich will …« zufriedenzustellen, besteht darin, ihnen *nicht* alles zu geben, was sie wollen, sondern ihnen beizubringen, das wertzuschätzen, was sie haben. Das kann zwar zu Tränen und Wutausbrüchen führen, aber so lernen sie, zufrieden zu sein.

Jedes Kind ist einzigartig. Manche Kinder sind vernünftig, wenn es darum geht, wie viele Sachen sie haben sollten. Sie mögen es, wenn ihr Umfeld aufgeräumt ist. Andere sind Sammler. Sie haben vielleicht ein spezielles Interesse, wie zum Beispiel Traktoren oder Musikinstrumente. Oder sie sind an allem interessiert. Sie sehen etwas, es gefällt ihnen, und sie wollen es haben. Es kann ein Spielzeug oder ein Schmuckstück sein, das sie kaufen wollen, oder es kann ein Blatt oder ein Stein sein – es ist schön, und sie wollen es aufbewahren. Ich bin der Meinung, dass wir unseren Kindern erlauben sollten, ihre Persönlichkeit zum Ausdruck zu bringen – in angemessenem Rahmen.

Wir haben unseren eigenen Kindern die Freiheit gelassen, ihren Platz in ihrem Kinderzimmer zu gestalten und zu dekorieren. Sie haben gelernt, Entscheidungen zu treffen. Das war ein guter Ansatz, auch wenn ich im Nachhinein betrachtet mehr Ordnung hätte verlangen sollen. Wir haben den Kindern eine mittelgroße Kunststoffkiste zur Verfügung gestellt, in dem sie alle Erinnerungsstücke ihrer Wahl aufbewahren konnten. Wir bewahrten Kunstwerke auf, indem wir diese fotografierten. Der zweite Hauptsatz der Thermodynamik über Unordnung scheint auch für Persönlichkeiten zu gelten. Den meisten Kindern muss beigebracht werden, Ordnung zu halten. Du solltest dir aber darüber im Klaren sein, dass dies seine Zeit braucht, und wir sollten uns über die Unterschiede in ihrer Persönlichkeit freuen. Wenn du verärgert bist, dann versuche, dich ein wenig zu entspannen oder die Situation mit Humor zu nehmen.

In unserem Zuhause haben wir Familienbereiche und persönliche Bereiche. Jedes Kind sollte sich an der Ordnung beider Bereiche beteiligen. Es ist nicht fair, dass die Mutter alle gemeinsam benutzten Räume, der Vater die Garage und die

Kinder nur ihre eigenen Zimmer in Ordnung halten müssen. Nein, wir alle nutzen die gemeinschaftlichen Bereiche, also tragen wir alle etwas dazu bei.

Für die Familien, mit denen ich gesprochen habe, schien es hilfreich zu sein, dass sie sich einen bestimmten Zeitpunkt in der Woche festgelegt haben (für viele war es der Samstagmorgen), an dem sich die ganze Familie am Hausputz und der Gartenarbeit beteiligt. Für manche Familien mag es besser sein, die Arbeit über die Woche verteilt zu erledigen. Eine gewisse Routine sorgt dafür, dass die Arbeit effizienter erledigt wird. Listen helfen dabei, den Überblick über die zu erledigenden und die bereits erledigten Hausarbeiten zu behalten. Während des Lernprozesses sollten die Eltern darauf achten, ob das Kind nachlässig ist und schlechte Arbeit leistet. Es sollte dieselbe Arbeit so lange wiederholen, bis es sie richtig macht, und vielleicht sollte es sogar noch mehr Arbeit übernehmen. Wenn du bemerkst, dass ein Kind absichtlich langsamer arbeitet als die anderen, was dazu führt, dass es weniger Arbeit leistet, dann erhält es eben das Privileg, noch länger zu arbeiten. Denke daran, dass Jammern und Widerstand mit mehr Arbeit beantwortet werden sollten, bis sich das Verhalten ändert.

Bringe ihnen schon früh bei, ihre eigenen Sachen zu verwalten. Räume ihr Zimmer mit ihnen gemeinsam auf, damit sie es lernen. Um zu verhindern, dass sich Unordnung ansammelt, solltest du den Überblick behalten. Spende die nicht mehr benötigten Dinge an einen Secondhandladen, wo andere sie dann gebrauchen können. Minimalismus ist derzeit sehr beliebt. Obwohl er für jeden etwas anderes bedeutet und vielleicht nicht für jeden geeignet ist, beruht er auf praktischen Prinzipien. Uns wird dabei geraten, Dinge zu behalten, wenn sie einen Zweck erfüllen oder uns glücklich machen. Und es gilt das alte Sprichwort: »Alles hat seinen Platz und alles ist an seinem Platz.« Das bedeutet gute Haushalterschaft. Je weniger wir besitzen, desto weniger Zeit müssen wir damit verbringen, uns darum zu kümmern. Was spricht also gegen ein einfaches, vernünftiges Leben?

Meistens hilft ein geistiges Bild, um ein bestimmtes Ergebnis zu erzielen. Zeige den Kindern Bilder von Messies und fragt sie: »Wollt ihr auch so werden?«

»Nein!«

»Dann lasst uns eure Zimmer aufräumen.«

Schaut euch Bilder von aufgeräumten Zimmern an und lasst euch davon inspirieren. Noch besser ist es, wenn du dafür sorgst, dass die Kinder lernen, einmal pro Woche ihr eigenes Zimmer aufzuräumen und zu säubern. Dann haben sie ein Ziel vor Augen, das sie anstreben können. Ordentliche Menschen haben oft die Angewohnheit, vor dem Schlafengehen aufzuräumen, damit sie morgens in einem frisch aufgeräumten Haus aufwachen. Wenn dieser Anblick zur Realität wird, kann die ganze Familie die Ruhe und Schönheit eines aufgeräumten Zuhauses genießen. Wir streben Ausgewogenheit an. Sauberkeit ist wichtig, aber sei dabei nicht pingelig. Das ist den ständigen Stress nicht wert.

Wenn deine Kinder wissen, dass sie ihr Zimmer einmal in der Woche aufräumen müssen, merken sie vielleicht, dass es einfacher ist, alles sofort aufzuräumen, als zu warten, bis sich ein ganzer Haufen Unordnung angesammelt hat. Sie werden sich angewöhnen, alles sofort an den richtigen Platz zu räumen.

ZUM SCHLUSS NOCH EIN PAAR TIPPS

Lieber ein paar wenige gute, hochwertige Spielsachen als ein Haufen von billigen Dingen, die bald auseinanderfallen. Die Duplos, Legos und Little Tikes-Spielzeuge, die wir für unsere eigenen Kleinkinder gekauft hatten, werden jetzt von unseren Enkeln genutzt. Und ich habe immer noch Lincoln Logs und Tinker Toys von meinen Großeltern. Manche Familien machen einen »Spielzeugwechsel«. Sie lagern Spielzeuggruppen für ein paar Monate ein, sodass sie wie neu sind, wenn sie sie wieder hervorholen. Und es gibt weniger Spielzeug, das jeden Tag aufgeräumt werden muss.

Fördere die Kreativität deiner Kinder. Anstatt Geld für Bastelarbeiten, Puppenhäuser, Bauklötze und Ähnliches auszugeben, gib ihnen das Rohmaterial, um sich selbst etwas zu bauen. Oder schaue einfach, wohin ihre Fantasie sie führt. Ein Laken über den Tisch gespannt wird zu einem Zelt. Holzreste werden zu einem Vogelfutterhaus. Matsch wird zu Töpferware. Auf diese Weise werden die Kinder mehr Spaß haben als mit haufenweise gekauftem Spielzeug!

Durch die natürlichen Konsequenzen, die in den Kapiteln 20-22 besprochen werden, können unsere Kinder lernen, auf ihre Sachen aufzupassen. Wenn sie ihr Spielzeug liegen lassen, obwohl sie es wegräumen sollten, verschwindet es eben für eine Weile – lange genug, bis sie es wirklich zurückhaben wollen. Wenn sie unvorsichtig sind und etwas zerstören, müssen sie arbeiten, um es zu bezahlen. Wenn es irgendetwas gibt, das dein Kind unbedingt haben möchte, aber sein Geburtstag noch weit entfernt liegt, gib ihm zusätzliche Aufgaben, um es sich zu verdienen. Unser Kind wird es mehr zu schätzen wissen, wenn es dafür gearbeitet hat.

Bringen wir unseren Kindern bei, dass Gott uns alles geschenkt hat, was wir haben. Lassen wir sie die Erfahrung sammeln, dass wir für unsere Besitztümer arbeiten müssen. Dann lasst uns gute Verwalter der Güter sein, die Gott uns gegeben hat, und lasst uns nichts verschwenden. *»Der Nachlässige erjagt kein Wild, aber kostbarer Reichtum ist es, wenn ein Mensch fleißig ist« (Spr. 12,27).*

Fragen zum Studium

1. Welche Vorteile hat Ordnungsliebe? Welche Nachteile bringt Unordnung mit sich?

2. Was ist Gottes Sichtweise auf persönliche Besitztümer? Wähle einen der aufgelisteten Verse aus und erkläre ihn in kindgerechter Sprache.

3. Inwiefern missbrauchen wir manchmal in unseren Herzen und Gedanken die Gaben, die Gott uns schenkt? Welchen Einfluss hat unsere Kultur auf uns und unsere Kinder? Welche Verse aus der Heiligen Schrift können wir verwenden, um zu einer ausgewogenen Sichtweise zu gelangen? Schreibe ein Gebet auf.

4. Wie können wir unseren Kindern beibringen, nicht egoistisch zu sein? Beschreibe eine für ein Kind vernünftige Einstellung zu seinen Sachen.

5. Wie können wir unseren Kindern beibringen, sich von klein auf um ihre Sachen zu kümmern? Wie sieht ein guter Aufräumplan aus? Gib spezielle Tipps weiter, die sich für dich bewährt haben.

6. Wie können wir das Gleichgewicht dafür finden, dass wir uns gut um die Gaben Gottes kümmern, ohne unser Herz daran zu hängen und sie zu sehr zu lieben?

TEIL 2: Praktische Prinzipien

Kapitel 19

ACHTE AUF DEINE TALENTE

Kindererziehung ist ein Abenteuer. Gestern wurde unser sechstes Enkelkind geboren, ein Sohn unseres Sohnes. Wir haben ihn gerade kennengelernt. Wir kennen ihn zwar kaum, aber wir lieben ihn schon jetzt. Wir haben keine Ahnung, welche Persönlichkeitsmerkmale und Talente in seinem fast vier Kilogramm schweren Körper verborgen sind. Seine Eltern beten inständig, dass er ein Kind Gottes wird, dass er gesund und unversehrt aufwächst, dass er hart arbeitet und gut zu seiner Familie ist. Sein Vater hofft, dass er zu einem starken Jäger heranwächst, damit sie gemeinsam durch die Wälder streifen können. Gott kennt unseren Enkel ganz genau, denn Er hat ihn erschaffen.

»Ich danke Dir dafür, dass ich erstaunlich und wunderbar gemacht bin; wunderbar sind Deine Werke, und meine Seele erkennt das wohl!« (Ps. 139,14). David beschreibt hiermit jeden einzelnen von uns. Wir sind auf komplexe Weise gestaltet worden. So wie jede Schneeflocke ein Eiskristall und doch einzigartig ist, haben auch wir Menschen die gleiche Grundstruktur, aber jeder von uns ist ein Unikat. Wir sind sowohl von außen als auch von innen einzigartig.

TALENTE

Während jedes kleine Neugeborene heranwächst und wir ihm unter Gebet Gottesfurcht, Weisheit und Lebenskompetenz beibringen, beobachten wir, welche Talente sich bei ihm entfalten. Wir warten sehnsüchtig darauf, dass sich sein Potenzial in die Realität umsetzt. Normalerweise interessieren sich die Kinder besonders für das, was sie gut können. Sie werden ein starkes Interesse an dem Wissensbereich haben, zu dem sie eine Vorliebe haben. Deshalb werden sie darin noch mehr Kenntnisse aufnehmen, weil sie dies verstehen und Freude daran haben. Eine der großen Segnungen Gottes ist es, dass wir normalerweise Freude an dem haben, was wir gut können.

Nach nur wenigen Monaten Aufenthalt im Klassenzimmer bezeichnete Thomas Edisons Lehrer ihn als »lernunfähig« und sagte, er könne nicht in der Schule unterrichtet werden. Thomas' Mutter wusste jedoch, dass ihr Sohn talentiert war, und unterrichtete ihn von da an zu Hause. Er sagte einmal über sie: »Meine Mutter hat mich zu dem gemacht, was ich bin. Sie war so treu, so überzeugt von mir, und ich spürte, dass ich für jemanden leben musste, den ich nicht enttäuschen durfte.«[1] Er wuchs zu Amerikas größtem Erfinder heran, und wir alle profitieren heute von seinen zahlreichen Erfindungen. Wie Edisons Mutter können auch wir das Gleiche für unsere Kinder tun, indem wir ihre Talente wertschätzen und fördern.

Wenn wir auf die Jahre zurückblicken, in denen unsere Kinder klein waren, erinnern wir uns daran, dass sie sich schon damals für den Bereich interessierten, in dem sie später als Erwachsene tätig wurden. Unser Sohn Calvin war immer am Kaufen und Verkaufen. Als kleiner Junge versah er mein gesamtes medizinisches Material mit einem Preis und richtete einen Spielwarenladen ein. Später kaufte er

---

1 National Park Service, »Samuel and Nancy Elliot Edison«.

Fische, züchtete sie und verkaufte sie. Er fertigte und verkaufte Schneidebretter aus Holzresten der Holzwerkstatt unserer Schule. Heute verkauft er Häuser und besitzt Wohnungen. Esther liebte es, Dinge zu organisieren; sie hatte immer alles im Griff. Sie hat einen Abschluss in Betriebswirtschaft gemacht, arbeitet jetzt in Teilzeit als Verwalterin unserer Gemeinde und ist Mutter. Sie hilft mir und anderen beim Entrümpeln und Organisieren. Als Lydia etwa sieben Jahre alt war, ging sie eines Tages nach unten, um zu spielen, und kam nur ein paar Minuten später mit einem selbst genähten Puppenkostüm wieder hoch. Als Teenager verbrachte sie Stunden damit, sich festliche Kleider anzuschauen. Heute ist sie nicht nur Mutter, sondern entwirft und ändert auch Hochzeits- und Festkleider.

Fördere die Interessen deiner Kinder. Stelle ihnen beim Abendessen Fragen zu ihrem »Fachgebiet«. Lerne von ihnen. Fördere ihre Wissbegierde. Begeistere dich gemeinsam mit ihnen. Leihe Bücher aus der Bibliothek aus. Lenke die Träume deiner Kinder in eine positive, produktive Richtung. Mache ein Brainstorming (Ideenrunde) über zukünftige Möglichkeiten. Ich kann gar nicht zählen, wie oft wir Beeke-Dinner-Gespräche über Geschäftsideen geführt haben. Manchmal müssen wir ihren Ideen einen Schuss Realismus hinzufügen, aber wir sollten ihnen dabei keine Steine in den Weg legen, die ihre Hoffnungen zunichte machen. Zwei unserer Kinder hatten oft eine aufregende neue Idee und mussten *dringend* in den Laden gehen, um Material zu besorgen, damit sie sie *sofort* umsetzen konnten. Ich fürchte, ich habe mich zu oft mitreißen lassen, obwohl ich die Gelegenheit hätte nutzen sollen, um Planung und Geduld zu lehren. Aber wir lernten gemeinsam und erlebten lustige Abenteuer, von denen einige zu den Berufen führten, die sie heute ausüben.

An dieser Stelle ist ein Wort der Vorsicht angebracht. Lass das Interesse deines Kindes durch mehrere Siebe fallen. Hat es das Potenzial, produktiv zu sein? Ist es möglich? Ist es gut? Ist dein Kind zum Beispiel zu 100 Prozent auf Sport fixiert? Deine Tochter mag talentiert sein, aber wohin führt das? Etwa zum Trainieren und Spielen am Tag des Herrn? Zu möglichen Verletzungen? Vielleicht wäre es besser, Sport nur als Hobby zu fördern und sie beruflich in eine andere Richtung zu lenken. Oder vielleicht verbringt dein Sohn viel Zeit mit Videospielen, und du musst ihn immer wieder einschränken. Er hofft, sie eines Tages selbst entwerfen zu können; doch viele Videospiele stellen Gewalt oder Unmoral dar. Könntest du ihn in den Bereich der Informatik lenken, damit er seine Fähigkeiten auf produktivere Weise einsetzen kann?

Betrachte es langfristig. Bereite die Kinder auf das Erwachsenenleben vor. Ermögliche ihnen viele Erfahrungen – nur im Alltagsleben entdecken wir unsere Fähigkeiten. Nimm deine Kinder mit auf Exkursionen oder Missionsreisen. Biete ihnen im Urlaub Erlebnisse, die lehrreich sind und nicht einfach nur unterhaltsam. Besucht ein Museum oder macht eine Wanderung in einem Nationalpark, anstatt Geld auszugeben, um euch durch die Menschenmassen in Disneyland zu kämpfen. Das ist viel lohnenswerter. Leihe dir in der Bibliothek eine Vielzahl von Lehrbüchern aus. Schenke deinen Kindern zum Geburtstag etwas, bei dem sie ihre Hände und ihren Verstand gebrauchen müssen, anstatt nur passiv zuzuschauen. Einige Ideen sind Legosteine, Automodelle, ein Werkzeugset, ein Teleskop, Kunstzubehör, Anleitungsbücher, Bücher über Wissenschaft oder Geschichte, Hühner, eine Ukulele oder ein Tagebuch. Du musst nicht viel Geld ausgeben, um ihnen Erfahrungen zu ermöglichen. Bitte einen Schreiner um Holzreste, kaufe auf einem Flohmarkt einen Hammer, Nägel und eine Säge, und schau mal, was dein Kind damit bauen kann. Besorge in einem Secondhandladen einen Schreibtisch, und lass dein Kind ihn passend zu seinem Zimmer streichen. Wenn Spielzeug zerbricht, versucht gemeinsam, es zu reparieren.

Etwas von dem allen könnte das Interesse deiner Kinder für ein ganzes Leben wecken. Du kennst deine eigenen Kinder am besten – leite sie zur Entfaltung ihrer Talente an. Verbessere ihre Fertigkeiten. Sieh über ihre Eigenheiten hinweg; sie werden sich noch entwickeln. Erkenne ihr Potenzial, auch wenn es tief in ihrer Persönlichkeit verborgen ist. Der kleine Schlingel, der sich zu Steckdosen hingezogen fühlt und versucht, deinen Haartrockner zu zerlegen, wird vielleicht einmal Elektriker. Dein Kleinkind, das so gern die Wände anmalt, könnte ein Innenarchitekt werden. Lass die Arbeit zu einem Teil ihrer Identität werden. Säe früh die Samenkörner und halte dann Ausschau nach den Früchten. Finde die Dinge heraus, für die sie sich begeistern; lass sie ruhig träumen. Und das Wichtigste ist, dass du *mit* ihnen *zusammen* und auch persönlich um Gottes Führung für ihren beruflichen Werdegang betest.

BEEINFLUSSER UND INSPIRATOREN

Unsere Kinder werden auf ihrem Weg auf Menschen treffen, die sie inspirieren werden. Hoffentlich gehören wir als Eltern mit zu denen, die sie beeinflussen; aber Gott sei Dank, dass es auch noch andere gibt. Im Moment verbringt unser zehnjähriger Neffe seine Zeit mit zwei Nachbarsjungen, die zu Hause unterrichtet werden und ständig mit dem Anbau von Obst, Gemüse und Blumen experimentieren. Mindestens einer der beiden Jungen möchte einmal im

Gartenbau arbeiten. Emily hatte einen Lehrer, der sie auf fesselnde Weise in Geschichte unterrichtete. Ihr Vater förderte ihr Interesse, indem er mit ihr über die Bücher sprach, die sie lasen, und jetzt hofft sie, einmal selbst Geschichte zu unterrichten. Welches kleine Kind träumt nicht davon, Feuerwehrmann, Krankenschwester, Polizist, LKW-Fahrer, Schreiner, Missionar, Prediger oder gar Präsident zu werden, nachdem es Bücher gelesen, Videos gesehen oder diese Vorbilder im wirklichen Leben getroffen hat? Lasst uns unsere Kinder an diese positiven Vorbilder heranführen und sehen, was geschieht.

»... wo aber viele Ratgeber sind, da geht es [dem Volk] gut« (Spr. 11,14). Wenn Teenager auf das Erwachsenenalter zugehen und überlegen, welchen Beruf sie ergreifen wollen, solltest du sie ermutigen, erfahrene Experten auf diesem Gebiet um Rat zu fragen. Sie sollten ihnen Fragen stellen wie: »Wie sieht ein normaler Arbeitstag in diesem Beruf aus? Was erfüllt dich am meisten? Was ist am schwierigsten? Welche Fähigkeiten sind nützlich? Welche Ausbildung ist erforderlich? Kannst du mir einen Rat geben?«

DER WEG DER VORSEHUNG

Ich sehe Gottes Vorsehung auf meinem Weg, die Berufung meines Lebens zu finden. Ich wollte direkt nach der Highschool (weiterführenden Schule) heiraten, aber es bot sich einfach keine Gelegenheit dazu. Stattdessen habe ich gearbeitet und bin gereist. Ich war der Schule überdrüssig und hatte keine Lust auf ein Studium. Aber eines wusste ich: Ich wollte einfach nur Menschen helfen. Also bewarb ich mich für eine Ausbildung zur Krankenschwester. Ich dachte, ich hätte 18 Monate Zeit, darüber nachzudenken;

aber nach nur sechs Monaten rief man mich eines Tages im August an und sagte: »Wir haben noch einen Ausbildungsplatz frei. Ihr Name ist der nächste. Sagen Sie uns bis morgen Bescheid, wenn Sie den Platz haben wollen.« Ich sah es als die Vorsehung Gottes an und sagte zu.

Als ich dann in der Ausbildung war, gefiel sie mir zwar nicht so gut, aber ich wollte nicht aufgeben. Ich musste einen Kurs in Kinderpsychologie belegen, was ich spannend fand. Aber ich setzte die Ausbildung fort, machte meinen Abschluss und arbeitete nachts in einem Krankenhaus auf der chirurgischen Station. Ich war unglücklich. Die Verantwortung bereitete mir Angst. Ich habe auch einige schwierige persönliche Erfahrungen gemacht. All das trieb mich zu Gott, und Er trug mich durch.

Zu dieser Zeit unterwies ich in der Missionsarbeit unserer Gemeinde fünfjährige Kinder in biblischen Geschichten. Das machte mir sehr viel Freude. Ich merkte, dass Gott mich zum Unterrichten bestimmt hatte. Ich ging zurück aufs College, um Grundschulpädagogik zu studieren, und ich fühlte mich endlich in meinem Element. Obwohl ich an den Wochenenden und im Sommer in einer psychiatrischen Klinik als Krankenschwester arbeitete und die psychiatrische Pflege liebte, war das Unterrichten das Richtige für mich.

Rückblickend betrachte ich alles als Vorsehung. Mein Traum vom Heiraten erfüllte sich erst mit 29 Jahren, aber mein lieber Mann war die Wartezeit wert – ja tausendmal mehr! In meiner Rolle als Pastorenfrau und Mutter war mir meine Erfahrung als Krankenschwester sehr hilfreich. Meine Ausbildung war also nicht umsonst.

Wenn deine Teenager herauszufinden versuchen, welchen Beruf sie ergreifen möchten, schlage ihnen vor, einen Beruf als Ehrenamtliche oder Praktikanten auszuprobieren. Sie sollten jemanden bei der Arbeit begleiten und ihn bei seinem normalen Tagesablauf beobachten. Wenn sie Mechaniker werden wollen, könnten sie in einer Werkstatt arbeiten oder zu Hause Motoren reparieren. Wenn sie sich in den medizinischen Bereich berufen fühlen, ermutige sie, einen Job in einem ähnlichen Berufsfeld anzunehmen. Sie werden herausfinden, ob es ihnen dort gefällt, und es wird eine gute Erfahrung sein. Wenn es ihnen nicht gefällt, können sie sich aus der unglücklichen Lage befreien und haben immer noch Zeit, etwas zu tun, das ihren Begabungen besser entspricht. Sie haben es nicht einfach nur ausprobiert und sind dabei gescheitert; dieser Abstecher war nicht nutzlos, sondern nur ein Sprungbrett zu ihrer eigentlichen Berufung.

Gottes Vorsehung mag uns überraschen, aber Er lenkt alles. Ermutige diejenigen, die heiraten wollen, die aber erleben, dass es momentan nicht der Plan Gottes ist, Ihm ihre Zukunft anzuvertrauen, Ihm zu dienen, während sie warten, und eine gottesfürchtige Person zu sein, wie sie ihr zukünftiger Ehepartner zu heiraten wünscht. Eltern, betet von ganzem Herzen für eure Kinder und mit euren Kindern bei jedem Schritt auf dem Weg! Gott wird sie leiten und für sie sorgen. Ihr könnt Ihm vertrauen. Er hat ihnen ihre Talente geschenkt, und Er wird ihnen helfen, sie zu nutzen.

Fragen zum Studium

1. Beschreibe kurz die Einzigartigkeit eines jeden deiner Kinder. Welche Talente erkennst du bei jedem einzelnen von ihnen?

2. Wie kannst du die Interessen deiner Kinder fördern? Wie kann man ihnen helfen, ein Gleichgewicht zwischen Träumereien und Realismus zu finden?

3. Welche Gespräche könntet ihr beim Abendessen führen, die sich auf die Interessen und Wünsche eurer Kinder konzentrieren und zu einer zukünftigen beruflichen Laufbahn führen könnten?

4. Erkläre deinem Kind, wie wichtig es ist, einen niedrigeren Job in dem Bereich zu finden, in dem es später arbeiten möchte.

5. Erzähle eine Geschichte, wie jemand dich oder einen geliebten Menschen inspiriert oder beeinflusst hat, einen bestimmten Beruf zu ergreifen. Wenn möglich, lass deine Teenager dich, deinen Ehepartner oder jemand anderen bei der Arbeit beobachten. Wen könnte dein Teenager fragen, um mehr über einen potenziellen Beruf herauszufinden?

6. Die Vorsehung Gottes bestimmt unseren Lebensweg. Gott kennt das Ende von Anfang an. Ist das für dich tröstlich oder beängstigend? Schreibe ein kurzes Gebet für deine Kinder auf, dass sie ihre Talente herausfinden und sie bezüglich ihrer Berufswahl beachten mögen.

TEIL 2: Praktische Prinzipien

Kapitel 20

NATÜRLICHE KONSEQUENZEN

Das dritte Newtonsche Gesetz lautet: »Für jede Aktion gibt es eine gleichwertige entgegengesetzte Reaktion.« In gewisser Weise lässt sich dieses Gesetz auch auf die Arbeit anwenden. Wenn wir arbeiten, hat das positive Konsequenzen. Wenn wir schlecht oder gar nicht arbeiten, hat das negative Konsequenzen. So ist die reale Welt nun einmal aufgebaut. Wir haben etwa 18 Jahre in einer behüteten Umgebung Zeit, um unsere Kinder auf diese Realität vorzubereiten.

In der physischen Welt lernen Kinder schon in jungen Jahren das dritte Newtonsche Gesetz kennen. Sie sind faktisch kleine Wissenschaftler, die den größten Teil ihrer wachen Zeit mit Experimentieren verbringen. Schon bald, nachdem sie Gegenstände greifen können, beobachten sie diese, stecken sie in den Mund, um zu sehen, ob sie essbar sind, und um die Beschaffenheit und Dichte zu prüfen, und sie bewegen Gegenstände, um die Reaktion auf ihre Handlungen zu beobachten. Wenn ein Kleinkind eine Pfütze sieht, läuft es natürlich hinein, um zu sehen, wie sich die Kraft seiner Schritte auf die Verdrängung des Wassers auswirkt. Kinder lernen auch, wenn sie beginnen, einen Schrank mit zerbrechlichem Geschirr zu erkunden, dass ihre Aktion eine Reaktion eines Elternteils nach sich zieht – »Nein!«, und dass starke Arme sie zurückziehen.

Kinder verstehen Aktion-Reaktion und Ursache-Wirkung, lange bevor sie verbal ausdrücken können, was vor sich geht. Wir sollten dieses Verständnis nutzen, um ihnen beizubringen, wie man arbeitet. Ob wir ihnen nun bewusst beibringen zu arbeiten oder nicht, wir bringen ihnen auf jeden Fall *etwas* bei. Würdest du sie lieber lehren, zu arbeiten, oder würdest du sie lieber lehren, *nicht* zu arbeiten?

Kürzlich hörte ich die Geschichte einer Mutter, die berufstätig ist, den Haushalt der Familie führt und zusammen mit ihrem Mann ihre Kinder im Teenageralter erzieht. Wenn sie mit dem großen Lebensmitteleinkauf nach Hause kommt und die Kinder sich ausruhen, bittet sie diese nicht, ihr beim Ausladen zu helfen. Sie bieten auch nicht ihre Hilfe an und helfen später nicht beim Kochen. Irgendetwas stimmt an diesem Bild nicht. Die Teenager tragen buchstäblich nicht ihre Last. Sie genießen das Essen, aber sie beteiligen sich nicht an dem Prozess, es auf den Tisch zu bringen. Noch beunruhigender ist, dass es ihnen egal zu sein scheint, dass ihre Mutter alles tut, um sie zu bedienen. Das müsste aber doch nicht so sein.

Wir können, wir sollten und wir *müssen* unsere Kinder lehren zu arbeiten. Paulus weist uns darauf hin: *»Wenn jemand nicht arbeiten will, so soll er auch nicht essen!«* Einige der Gläubigen in Thessalonich waren entweder untätig oder trieben unnütze Dinge, kümmerten sich nicht um ihre eigenen Angelegenheiten und aßen das Brot von anderen (2.Thess. 3,8-12; 1.Thess. 4,11-12). Natürlich weist er uns in anderen Briefen an, denen zu helfen, die nicht arbeiten *können*. Es gibt also Ausnahmen. Aber für diejenigen unter uns, die arbeiten können, gilt Folgendes: Wir müssen arbeiten. Das ist unser Ziel – auch für unsere Kinder. Wie erreichen wir das?

Wir haben bereits darüber gesprochen, dass wir ihnen ein positives Beispiel für Fleiß geben, ihnen die Erwartung vermitteln, dass sie arbeiten, ihnen klare Anweisungen geben, so lange mit ihnen zusammen arbeiten, bis sie erste Erfahrungen gesammelt haben, und dass wir ihnen vernünftige und altersgemäße Anforderungen stellen sollen. Wie aber sollen wir dann auf ihr Verhalten *reagieren*?

Ich denke gern in Begriffen wie *natürliche Konsequenzen*. Damit meine ich passende Reaktionen, die mit der Arbeit zusammenhängen, die sie tun oder nicht tun. Unsere Reaktion hängt damit zusammen, was sie als Erwachsene erleben werden. Wir können ihr Verhalten beeinflussen, indem wir auf eine angemessene Art und Weise reagieren, die ihrem Gehorsam oder ihrem Mangel an Gehorsam entspricht.

Ich möchte dieses Buch mit einer positiven Anmerkung abschließen. Deshalb geht es in den nächsten beiden Kapiteln um die Belohnungen, die wir unseren Kindern geben, wenn sie arbeiten, und um die Segnungen, die ihnen auf natürliche Weise zufließen. In diesem Kapitel befassen wir uns jedoch mit den negativen natürlichen Konsequenzen, die wir ihnen auferlegen, wenn sie sich entscheiden, nicht zu arbeiten.

Ich wünschte, ich müsste dieses Kapitel nicht schreiben. Es wäre wirklich schön, wenn wir unseren Kindern beibringen könnten, einfach mit unserer positiven Bestärkung zu arbeiten. Leider ist das aber nicht der Fall. Wir *werden* auf den Ungehorsam unserer Kinder negativ reagieren müssen, und das wird ihnen *nicht* gefallen. Wir werden sie bestrafen müssen. Und warum? Weil sie Sünder sind. Ich unterhielt mich einmal mit einer Nachbarin, die gerade Mutter geworden war. Sie sagte: »Ich will zu meinem Kind gar nicht so oft Nein sagen.« Ich bin mir nicht sicher, wie das bei ihr funktioniert hat. Ich bin der Meinung, dass wir uns bemühen sollten, eher positiv als negativ zu sein, aber das Negative ist Teil der Realität der Elternschaft. Wie gehen wir also mit unseren Kindern um, wenn sie sich weigern, zu arbeiten?

Zunächst einmal müssen wir zugeben, dass es frustrierend ist – und das ist noch nett ausgedrückt. Es kann regelrecht zum Verzweifeln sein! Wir müssen uns unsere Emotionen eingestehen und sie in die richtigen Bahnen lenken; deshalb sollten wir uns zunächst mit den emotionalen Verhaltensregeln beschäftigen. Bevor wir also Disziplin üben, sollten wir eine Checkliste durchgehen, um herauszufinden, was angemessen ist. Abschließend werden wir uns mit der Umsetzung negativer natürlicher Konsequenzen befassen.

EMOTIONALE VERHALTENSREGELN

Unsere Gefühle sind real. Aber wenn wir die Fassung verlieren, werden wir die von uns zu erledigende Aufgabe nicht erfüllen – wir werden unseren Kindern nicht beibringen zu arbeiten. Wir werden nur unkontrollierte Emotionen demonstrieren, und sie werden wahrscheinlich unserem Beispiel folgen. Wir müssen uns also mit unseren eigenen Gefühlen auseinandersetzen und sie dann zum Wohl der Kinder steuern. Wenn wir wütend sind, müssen wir uns beruhigen und die Situation mit Bedacht und Gelassenheit angehen. Es ist nicht in Ordnung, im Zorn zu strafen. Es ist in Ordnung, dem Kind zu erklären: »Ich war sehr verärgert, als du mit den Nachbarskindern spielen gegangen bist, obwohl ich dir gesagt hatte, dass du den Rasen mähen sollst«, und dann in aller Ruhe über Konsequenzen zu sprechen.

Wir sind keine Stoiker. Unsere Kinder können sehen, dass wir nicht glücklich sind; aber unser eigentliches Ziel muss sein, dass sie sich bessern, und nicht, dass wir unserer Frustration Luft machen oder sie fertigmachen. Sie müssen immer unsere Liebe spüren. Und wir müssen immer dafür sorgen, dass wir ihre Menschenwürde wahren. Wir sollten niemals Abscheu zeigen, denn das würde bedeuten, dass wir sie wegen ihres Verhaltens nicht mehr ausstehen könnten. Abscheu bedeutet, dass wir uns mehr um unsere eigenen Unannehmlichkeiten kümmern als um ihre Besserung. Enttäuschung hingegen drückt Traurigkeit darüber aus, dass sie uns im Stich gelassen haben; aber wir hoffen immer noch auf Besserung. Als die Mutter eines Freundes von uns starb, erinnerte er sich daran, dass er in der Highschool sein Potenzial nicht voll ausgeschöpft hatte. Er kam mit schlechten Noten nach Hause, und seine Mutter sagte jedes Mal: »Ich weiß, dass du es besser kannst.« Er verspürte ihre Enttäuschung, aber er wusste immer, dass sie ihm vertraute und davon überzeugt war, dass er mehr Potenzial hatte. Sie setzte hohe Erwartungen in ihn, die er später auch erfüllte.

Gereiztheit ist eine weitere dieser Emotionen, die sich in unserem Tonfall zeigen kann. Sie besagt: »Du störst mich.« Die Kinder denken dann: »Ich bin eine Plage.« Ja, Gereiztheit gibt es bei der Erziehung wirklich; aber wir müssen unsere Denkweise und unsere Worte so umgestalten, dass wir das Beste für unsere Kinder im Sinn haben. Anstatt verärgert zu sagen: »Ich kann es nicht glauben, dass du das Katzenklo noch nicht sauber gemacht hast!«, und dabei mit den Augen zu rollen, könnten wir ganz sachlich sagen: »Du musst das Katzenklo noch sauber machen, bevor du einen Snack isst.« Und dann steh zu deinem Wort.

Was ist mit den Schuldgefühlen? Sie haben einen schlechten Ruf. In unserer Kultur wird es als negativ angesehen, wenn man jemandem das Gefühl vermittelt, schuldig zu sein. Aber was ist, wenn sie wirklich schuldig *sind*? Wenn wir unseren Kindern beibringen wollen, wie man arbeitet, sollten wir sie nicht manipulieren, ihnen etwas unterstellen oder sie indirekt angreifen, sodass sie sich schuldig fühlen. Wir sollten unserem Kind nicht beim Frühstück einen bösen Blick zuwerfen, während wir entrüstet seufzen und zynisch sagen: »Ich wollte mich gestern Abend *entspannen* und ein Buch lesen, aber dann habe ich ins Spielzimmer geschaut und ein *riesiges* Durcheinander gesehen!« Besser ist es, direkt unter vier Augen zu sagen: »Mia, ich habe dir gestern Abend gesagt, du sollst die Spielsachen wegräumen, aber du hast dich nicht daran gehalten. Mami war müde und traurig. Ich werde einige dieser Spielsachen für eine Weile weglegen müssen.« Direkt und ehrlich zu sein und das Kind unter vier Augen anzusprechen, wahrt seine Würde und zieht es dennoch zur Verantwortung. Schuldgefühle sind gut, um Veränderungen zu bewirken.

Worte, die unser Kind als Person demütigen und erniedrigen, sind genauso tabu wie Beschimpfungen. Unsere Worte werden ihnen ihr ganzes Leben lang im Gedächtnis bleiben. Eltern sollten ihr Kind nicht herabsetzen; lasst uns darüberstehen. Wir sehen vielleicht Verhaltensmuster wie Faulheit, aber wenn wir sie als faul bezeichnen, werden sie sich selbst auch so sehen. Ja, Kinder können faul sein, aber sie *können sich ändern*. Anstatt sie mit einem Etikett zu versehen, ist es viel besser, sich auf das Verhalten zu konzentrieren, das wir zu ändern versuchen, und angemessene Konsequenzen zu verhängen, bis sie sich bessern.

Die letzte schlechte Angewohnheit ist das Nörgeln. Das ist kontraproduktiv. Wir versuchen, geduldig zu sein und ihnen eine weitere Chance zu geben. Sie wissen, dass unsere Drohungen leer sind, weil wir sie bisher nicht umgesetzt haben. Sie hören die Nörgelei und erkennen, dass wir nur hoffen, dass sie gehorchen, damit wir die Regeln nicht durchsetzen müssen. Sie sind bereit, das Dröhnen unserer Stimme zu ertragen, solange sie nicht wirklich gehorchen müssen. Sie sind genervt von uns, aber nicht genug, um ihre Arbeit zu machen. Schließlich reißt uns der Geduldsfaden und wir explodieren vor lauter Frustration. Sie sind überrascht, weil sie dachten, wir würden einfach weiter nörgeln. Viel besser ist es dagegen, mit natürlichen Konsequenzen zu reagieren, die ich im Folgenden erkläre.

CHECKLISTE

Wir wollen fair sein, wenn wir Disziplin üben, und wir wollen maßvoll disziplinieren, damit es effektiv ist. Deshalb müssen wir uns zunächst einige Fragen stellen:

- Habe ich klare Anweisungen gegeben, und versteht mein Kind sie? Wenn du die Arbeit beispielhaft vorführst und mit deinem Kind zusammen arbeitest, kannst du es sehr gut anleiten und sein Verständnis überprüfen. Fordere dein Kind auf, dir die jeweilige Arbeit zu erklären und sie dir zu zeigen.
- Arbeiten sie ihren Fähigkeiten entsprechend?
- Sind meine Erwartungen angemessen für ihr Alter, oder bin ich ein Perfektionist?
- Geben sie sich Mühe?
- Werden sie allmählich besser?
- Wenn sie ungehorsam sind, wie ist ihre Einstellung?

Das macht einen großen Unterschied, wenn es um unsere Reaktion geht. Haben sie es wirklich vergessen? Wenn ja, dann gib ihnen eine weitere Chance. Wenn das Vergessen zu einer Gewohnheit geworden ist, müssen wir entsprechend darauf reagieren, damit sie lernen, es sich zu merken. Wenn sie es absichtlich vergessen oder hinterhältig sind, müssen sie strenger bestraft werden, weil sie unehrlich sind. Wenn sie ungehorsam sind und sich deswegen schlecht fühlen und es bekennen, brauchen sie vielleicht immer noch Disziplinierung, aber sie sollte milder ausfallen.

Wir müssen die Barmherzigkeit des Evangeliums zeigen. Vorsätzlicher Ungehorsam ist etwas Ernstes und kann nicht toleriert werden. Wir fanden Tedd Tripps »Eltern – Hirten der Herzen« eine gute Hilfe, um ernsthaft mit dem ungehorsamen Kind zu reden, mit ihm zu beten und Maßregelung auszuüben. Berücksichtige die Beweggründe des Kindes, damit wir sowohl sein Herz als auch sein Verhalten schulen können. Denke daran, dass Ungehorsam etwas sehr Ernstes ist. Erkenne ihn frühzeitig und gehe hart dagegen vor, damit er nicht außer Kontrolle gerät.

NEGATIVE NATÜRLICHE KONSEQUENZEN

So wie die Arbeit angemessen bezahlt werden muss, erfordert die Verweigerung der Arbeit auch eine angemessene Bestrafung. Doch was ist angemessen? Das wollen wir uns zuerst ansehen. Dann werden wir über zunehmende Disziplin und Ziele sprechen. Als Nächstes werden wir sehen, dass Taten lauter sind als Geschrei. Und schlussendlich erfahren wir, warum es wichtig ist, dass die Kinder ihre eigenen Konsequenzen tragen müssen.

ES MUSS ANGEMESSEN SEIN

Wir alle haben einen Sinn für Fairness. Ja, er mag durch Egoismus verzerrt sein. Aber tief im Inneren wollen wir fair sein, und Kinder spüren Fairness schon im Kleinkindalter. Wenn wir nachsichtig sind, wenn unsere Kinder sich gegen die Arbeit wehren, werden sie sich aus Faulheit auch weiterhin wehren. Wenn wir zu streng sind, werden sie es uns vielleicht übel nehmen und sich wütend wehren, oder sie werden sich fügen, aber verletzt, ängstlich oder wütend werden. Es erfordert Weisheit und Gebet, um fair zu sein und das rechte Gleichgewicht zu finden – in jeder Situation, und um alle unsere Kinder im Verhältnis zueinander fair zu behandeln.

Eine angemessene Disziplinierung muss mit dem Vergehen in Zusammenhang stehen. Wenn Sawyer vergisst, sein Meerschweinchen zu füttern, darf er sein eigenes Abendessen nicht essen, bevor er das Meerschweinchen gefüttert hat. Wenn Jackson zugestimmt hat, den Garagenboden zu schrubben, damit er das Auto am Freitagabend benutzen darf, es aber »vergessen« hat, bekommt er das Auto erst, wenn die Arbeit erledigt ist, egal, wie sehr er versucht, darüber zu verhandeln, dass er die Arbeit am Samstag nachholen würde (weil das schon einmal passiert ist).

Unsere Bestrafung muss der Schwere des Fehlverhaltens entsprechen. Wenn Johnny das Geschirr nicht richtig abwäscht, gibst du ihm das schmutzige Geschirr ruhig zurück und sagst: »Du hast da etwas übersehen.« Wenn er aber einen Wutanfall bekommt und das Wasser über die ganze Ablage verschüttet, weil er das Geschirr nicht noch einmal abwaschen will, muss er zur Seite genommen und zur Verantwortung gezogen werden. Wenn Mary das Aufräumen ihres Zimmers aufschiebt, muss sie eben länger warten, um mit ihren Freundinnen zu spielen. Aber wenn Mama entdeckt, dass Mary den Staubsauger eingeschaltet und eine Weile in einem Buch gelesen hat, damit es so aussah, als würde sie arbeiten, obwohl das nicht der Fall war, braucht sie eine härtere Konsequenz wegen Unehrlichkeit.

Abwechslung in der Disziplinierung ist gut. Wenn wir für jedes Vergehen die gleiche Strafe anwenden würden, würde sie ihre Wirksamkeit verlieren. Nehmen wir an, wir wollen das Laub zusammenharken und verlangen von allen Kindern, dass sie mithelfen. Wir belohnen sie dafür, weil es zusätzliche Arbeit ist. Aber Hans schleppt sich dahin und arbeitet mit halber Geschwindigkeit; er wird also weniger belohnt als die anderen. Oder er bekommt die gleiche Belohnung, muss aber länger arbeiten. Wenn Sarah anfängt zu quengeln, wenn es Zeit ist, den Tisch zu decken, könnte zusätzliche Arbeit eine Option sein, bis sie lernt, sofort, vollständig und freundlich zu gehorchen. Wenn sie sich an einem anderen Tag wieder so verhält, muss sie vielleicht einige Zeit in ihrem Zimmer verbringen, damit sich ihre Einstellung ändert, und dann herauskommen und die Arbeit bereitwillig erledigen.

Mit kleinen Schritten voran

Rom wurde nicht an einem Tag erbaut. Es dauert Jahre, bis wir unseren Kindern beigebracht haben, wie man arbeitet. Manche Kinder entwickeln sich in jungen Jahren langsam, und wir sind dann überrascht, wenn die Dinge im Teenageralter plötzlich funktionieren. Bei anderen geschieht dies erst im Erwachsenenalter. Solange sie weitermachen und sich anstrengen, sollten wir geduldig sein. Lasst uns nach Verbesserungsmöglichkeiten Ausschau halten. Es mag langsam vorangehen, aber wenn es überwiegend vorwärts geht, machen wir Fortschritte. Ich erinnere mich immer selbst daran, dass ich als Kind eine Aufgabe sicher nicht beim ersten Mal gemeistert habe. Wir sollten uns vernünftige Ziele setzen. Dann sollten wir versuchen, diese Ziele in kleinen Schritten zu erreichen. Wir wollen zum Beispiel, dass unsere Kinder in ihrer Körperpflege selbstständig werden. Selbstständigkeit ist ein großes Ziel. Aber es beginnt mit kleinen Schritten, wie Socken anziehen, das Hemd zuknöpfen und so weiter.

Nichts hemmt den Fortschritt so sehr wie eine »Ich kann nicht«-Einstellung. Noch bevor sie »Ich kann nicht« sagen können, geben manche Kleinkinder diesen hilflosen Laut von sich, der so ähnlich klingt wie »Ah«. Sie schauen dich mit traurigen Augen an und reichen dir den Müll, von dem du weißt, dass sie ihn in den Mülleimer werfen können. Sie verhalten sich so hilflos, damit du das tust, was sie nicht tun wollen. Wir müssen beharrlich an ihnen dranbleiben, damit sie von der »Ich kann nicht«-Haltung zu »Du kannst es lernen« und »Du wirst es lernen« übergehen.

So wie wir uns schrittweise Ziele setzen, so disziplinieren wir auch schrittweise. Wir stellen sicher, dass die Kinder wissen, was von ihnen verlangt wird, und wir müssen uns sicher sein, dass sie die Arbeit bewältigen können. Als Nächstes erteilen wir eine mündliche Verwarnung. Beim nächsten Verstoß verlangen wir, dass sie das, was sie falsch gemacht haben, wiedergutmachen. Bei mangelhafter Qualität der Arbeit machen wir kein Aufheben darum, sondern sorgen einfach dafür, dass sie zurückgehen und ihre Arbeit verbessern. Wenn es zu einer Gewohnheit geworden ist, dann ist es ihre Entscheidung, dass sie so viel Zeit damit verbringen, schlechte Arbeit zu machen, da sie wissen, dass sie den Prozess wiederholen müssen, bis sie es richtig machen.

Das Entscheidende ist, dass du nicht aufgibst, denn das ist es, was sie von dir erhoffen. Bleibe einfach beharrlich, bis sie lernen, es beim ersten Mal richtig zu machen. Es könnte sein, dass du ihnen bei ihren Plänen in die Quere kommen musst. Erkläre Christopher zum Beispiel: »Ich weiß, dass du jetzt zum dritten Mal dein Zimmer aufräumen musst, aber deine Freunde werden einfach an einem anderen Tag wiederkommen müssen.« Wenn sie dann immer noch nicht kooperieren, lass sie so lange neben dir arbeiten, bis sie sich entschließen, beim ersten Mal gute Arbeit zu leisten.

Taten sind lauter als Geschrei

Wenn Worte nicht wirken, können konsequente Maßnahmen für die Entwicklung notwendig sein. Wir versuchen, sie zum Gehorsam zu überreden. Wir drohen, um überzeugend zu wirken, in der Hoffnung, dass sie gehorchen, damit wir unsere Drohung nicht wahr machen müssen, denn das wollen wir ja gar nicht – warum können sie nicht einfach gehorchen? Aber wenn sie erfahren haben, dass wir die Drohung nicht wahr machen, gehorchen sie auch nicht. Wir können sie anschreien, dass sie sich beeilen und für die Schule fertig machen: »Der Bus kommt gleich! Zieh deine Stiefel an! Wo ist deine Schultasche?« Wir können aber auch ganz ruhig sagen: »Wenn du den Bus verpasst, musst du Mama den Sprit und die Zeit für die Fahrt zur Schule bezahlen, indem du zusätzliche Arbeit erledigst«, oder: »Morgen früh musst du zehn Minuten früher aufstehen.«

Vielleicht hast du die 16-jährige Haley am Montag und erneut am Mittwoch gewarnt, dass sie am Freitag nicht mit ihren Freundinnen weggehen kann, wenn ihr Zimmer nicht aufgeräumt und sauber ist. Sie ist ausreichend informiert worden. Wenn die Arbeit nicht erledigt ist und ihre Freundinnen auftauchen, brauchst du dich nicht aufzuregen, sondern musst nur zu deinen Worten stehen. Sie schreit dann vielleicht herum, aber du brauchst das nicht zu tun. Lass Taten sprechen. Wenn du das beherrschst, wird deine Erziehung viel effektiver sein. Eine frühzeitige Durchsetzung dieses Prinzips wird sehr wahrscheinlich verhindern, dass sich diese Situation wiederholt, falls du konsequent bist. Auf diese Weise bereitest du deine Kinder auf das Erwachsenenleben vor.

Kinder müssen die Konsequenzen selbst tragen

Warum sind manche Verhaltensweisen unserer Kinder so ärgerlich? Weil sie immer wieder geschehen. Nichts scheint eine Veränderung herbeizuführen – weder Belehrung, Überzeugungsarbeit, Frustration, das Erheben unserer Stimme, noch Disziplinierung. Warum also nicht einfach die Dinge auf sich beruhen lassen, so wie sie sind? Ziehe dich einfach zurück und lass sie ihre eigenen Konsequenzen tragen.

Lass diejenigen, die ihre Arbeit aufschieben, so früh wie möglich ihre eigene Verantwortung tragen. Nachdem sie angemessen gewarnt wurden, nachdem ihnen Hilfe angeboten wurde und sie diese abgelehnt haben, sollten sie, wenn sie weiterhin die Arbeit aufschieben, die natürlichen Konsequenzen ihres eigenen Verhaltens tragen. Nimm sie nicht in Schutz. Wenn du das tust, förderst du ihre Nachlässigkeit; sie werden sich darauf verlassen, dass du ihnen immer wieder aus der Patsche hilfst, und das wird niemals aufhören. Ich weiß das, ich habe es selbst erlebt. Lass sie einfach fallen, lass sie scheitern, und sorge dafür, dass sie sich so früh wie möglich selbst wieder aufraffen. Es ist in

Ordnung, sie zu unterstützen und zu beraten, wenn sie sich anstrengen, aber nur, wenn sie so viel wie möglich für sich selbst tun. Bitte den Herrn, dass Er ihre Herzen zum Gehorsam verwandelt.

Für die Wäsche empfehle ich den folgenden Plan: »Kinder, ich mache die Wäsche dienstags und freitags. Ich wasche die Wäsche, die im Wäschekorb liegt, nicht die auf dem Boden. Ihr helft so viel, wie es euer Zeitplan erlaubt.« (Mama entscheidet das.) Dann ermahne sie nicht noch einmal. Sammle nicht die Kleidung aus ihren Zimmern ein, von der du weißt, dass sie diese noch brauchen werden. Es kann der Tag kommen, an dem du einen lauten Schrei vom anderen Ende des Hauses hörst: »Wo ist mein Lieblingspulli? Ich brauche ihn heute unbedingt!« Lass dich auf diese Krise ein; so lernen sie, wenn sie nicht hören wollen. Von Hand seine Wäsche zu waschen, ist ohnehin eine nützliche Fähigkeit. Manche Eltern verlangen, dass jedes Kind seine eigene Wäsche selbst wäscht. Das halte ich für ineffizient – eine Wasserverschwendung und übermäßige Abnutzung der Maschine. Es ist sinnvoller, sich die Arbeit zu teilen.

Wenn deine Kinder alt genug sind, um einen Wecker zu bedienen, sind sie selbst dafür verantwortlich, pünktlich aufzustehen. Es ist nicht nötig, dass die Mutter mehrmals in mehrere Zimmer geht und sich mehr Sorgen macht als die Kinder, dass sie zu spät zur Schule oder zur Arbeit kommen könnten. Wenn man früh damit beginnt, werden sie es sich hoffentlich bis zu den Teenagerjahren zur Gewohnheit gemacht haben, in denen sie Wachstumsschübe durchlaufen, mehr Schlaf brauchen und Probleme mit dem Gehorsam die Sache erschweren könnten.

Hoffentlich können wir verhindern, dass unsere Kinder zu solchen Menschen werden, die sich in ihren Zwanziger- oder Dreißigerjahren noch wie Teenager verhalten. Wenn du ein erwachsenes Kind hast, das nicht arbeiten will, ist harte Liebe gefragt. Das Nest muss ihm so ungemütlich werden, dass es in die Arbeitswelt hinausgeht und für sich selbst Sorge trägt. Es ist in Ordnung, es dabei zu unterstützen; aber Kinder müssen arbeiten, wenn sie dazu in der Lage sind. Selbst wenn sie körperliche, geistige oder emotionale Einschränkungen haben, gibt es Organisationen, die ihnen dabei helfen.

Und schließlich: Wenn wir schon früh damit beginnen, das Verhalten unserer Kinder durch natürliche Konsequenzen – sowohl positive als auch negative – zu prägen, werden sie als Erwachsene unabhängig sein. Ich bete darum, dass alle unsere Kinder den Punkt erreichen, an dem sie große Erfüllung in ihrer Arbeit finden.

Fragen zum Studium

1. Wie hängt das dritte Newtonsche Gesetz damit zusammen, wie Kinder lernen zu arbeiten? Wie hast du dies in deinem Zuhause umgesetzt? Wie können Kinder dieses Gesetz verstehen, noch bevor sie sprechen oder laufen können?

2. Was sind natürliche Konsequenzen? Warum sind negative natürliche Konsequenzen notwendig?

3. Beschreibe die beste emotionale Einstellung, die wir brauchen, wenn wir unsere Kinder disziplinieren. Was muss unser oberstes Ziel für unsere Kinder sein?

4. Welche negativen Emotionen müssen wir in uns selbst bewältigen, bevor wir unsere Kinder disziplinieren? Beschreibe zwei Beispiele dafür, wie man Disziplinierung in einem direkten, aber nicht abwertenden Tonfall angeht.

5. Welche Fragen sollten wir uns in unserer geistigen Checkliste stellen, bevor wir entsprechende Maßnahmen ergreifen?

6. Welche Faktoren sollten wir berücksichtigen, wenn wir uns für eine angemessene Bestrafung entscheiden? Nenne zwei Beispiele für die Arbeitsverweigerung eines Kindes und eine passende Disziplinierung dafür.

7. Worauf achten wir, wenn wir von unseren Kindern erwarten, dass sie zunehmend arbeiten lernen? Wie können wir eine »Ich kann das nicht«-Haltung überwinden?

8. Warum ist es so wichtig, dass wir unsere Taten lauter sprechen lassen als unsere erregte Stimme? Nenne ein Beispiel dafür.

9. Beschreibe eine Situation, in der ein Kind, das du kennst, eine Lektion gelernt hat, indem es die entsprechenden Konsequenzen selbst tragen musste. Warum müssen wir die Kinder manchmal einfach scheitern lassen?

TEIL 2: Praktische Prinzipien

Kapitel 21

GENIESSE DIE FRÜCHTE DEINER ARBEIT

König Salomo gibt uns und unseren Kindern in Prediger 3 Worte der Weisheit mit auf den Weg. Es gibt für alles eine Stunde und eine Zeit. Für Geburt und Tod. Für das Pflanzen und für das Ausreißen dessen, was gepflanzt wurde. Für das Zerstören und für das Bauen. Für das Weinen und für das Lachen. Für das Klagen und für das Tanzen. Für das Schleudern und für das Einsammeln von Steinen. Für das Umarmen und für das Enthalten von der Umarmung. Für das Suchen und für das Verlieren. Für das Aufbewahren und für das Wegwerfen. Für das Zerreißen und für das Flicken. Für das Schweigen und für das Reden. Für das Lieben und für das Hassen. Für den Krieg und für den Frieden.

Salomos anschauliche Vergleiche umfassen die Tiefe, Breite und Höhe des Lebens. Dann stellt er die Frage, was wir von all unserer Arbeit und Mühe haben. Er beantwortet es in den Versen 10 bis 15. Gott lenkt alles. Er hat alle Ereignisse von Ewigkeit her bestimmt. Gott ändert sich nie, auch Sein Ratschluss nicht. Menschliche Angelegenheiten ändern sich ständig. Tief in unseren Herzen wissen wir, dass die Ewigkeit real ist. Gott hat dieses Bewusstsein in uns gelegt.

Gott hat einen verborgenen Willen und einen geoffenbarten Willen. Uns wird befohlen, Gottes geoffenbarten Willen zu befolgen. Wenn wir das nicht tun, wird unser Leben qualvoll sein und in der Hölle enden. Wenn wir aber Seinen Willen tun, dann nur deshalb, weil Gott es in uns wirkt. Auch wenn wir Schwierigkeiten erleben, werden wir friedlich in Seinem Willen ruhen. Das kann nur geschehen, wenn wir aus Gnade errettet sind, durch die Kraft des Heiligen Geistes, durch Buße und den Glauben an das Werk Jesu Christi. Dann ist es unser tiefster Wunsch, in Seinen Wegen zu wandeln. Wir ruhen in Seinen Händen. Wir können die Früchte unserer Arbeit wirklich genießen, wenn wir essen und trinken, weil wir wissen, dass sie eine Gabe Gottes sind.

Essen, Trinken und materielle Güter sind greifbare Segnungen; wir wollen sie uns in diesem Kapitel anschauen – wir genießen die Früchte unserer Arbeit. Frieden, Ruhe und Freude sind nicht greifbare Segnungen; im nächsten Kapitel werden wir uns mit der Freude an der Arbeit selbst befassen, wobei wir erkennen werden, dass es einige Überschneidungen zwischen beiden gibt.

DIE ÖKONOMIE GOTTES

Gottes Plan bezüglich unserer Ökonomie ist einfach. Wir arbeiten, damit wir essen können und ein Dach über dem Kopf haben. Seit dem Sündenfall gilt: *»Im Schweiße deines Angesichts sollst du [dein] Brot essen« (1.Mo. 3,19). »Der Arbeiter ist seines Lohnes wert« (1.Tim. 5,18).*

So ist unsere Welt nun einmal. In der Regel arbeitet der Vater, um den Lebensunterhalt für die Versorgung seiner Familie zu verdienen. Dieser einfache Plan gilt auch für die Familie zu Hause. Eine Familie ist eine Gemeinschaft. Um sie zu erhalten, muss gearbeitet werden. Jeder, der die Vorteile der Gemeinschaft genießt und körperlich dazu in der Lage ist, muss seinen Beitrag leisten.

Von den Familien, mit denen ich gesprochen habe, haben diejenigen mit der besten Arbeitsethik dies auch ihren Kindern vermittelt. Sie erkannten Gott als den Geber von allem an, was sie besaßen. Sie betonten die Verantwortung jedes Einzelnen, seine Last zu tragen und sich gegenseitig zu helfen. Die Eltern vertrauten ihren Kindern genug, um sie in die täglichen Pflichten der Haushaltsführung einzubinden. Sie wussten, dass ihre Kinder Lebenskompetenzen erwerben und ein Erfolgsgefühl erfahren würden. Schon ein Kleinkind kann Waschlappen falten und schmutzige Wäsche in den Wäschekorb legen. Wenn ein Vorschulkind groß genug ist, um die Arbeitsplatte zu erreichen, kann es beim Abräumen des Geschirrs helfen. Ein Kind im Schulalter ist in der Lage, sich selbst ein Pausenbrot zu schmieren, auch wenn es danach die Unordnung wieder aufräumen muss. Listen mit altersgerechten Hausarbeiten sind sehr hilfreich.[1]

Ein Unternehmen wird von Statistiken und kalten, harten Fakten geleitet. Aber eine Familie wird von der Liebe geleitet. In einem Unternehmen geht es um Gewinn, aber in unserer Familie geht es darum, Gott über alles zu lieben und unseren Nächsten wie uns selbst. Und wir beginnen mit denen, die uns am nächsten sind: den Menschen in unserem eigenen Zuhause.

Kinder sind damit gesegnet, dass sie zu einer Familie gehören. Wir nehmen sie in den Arm und schenken ihnen unsere Liebe, während wir sie darauf vorbereiten,

---

1 Im Anhang findest du eine Liste mit altersgerechten Hausarbeiten für Kinder.

selbstständig zu werden. Sie werden gebraucht, und zwar nicht nur aus praktischen Gründen; sie werden gebraucht, weil wir sie lieben. Liebe macht die Arbeit leichter. Bree sagte: »Meine Belohnung für die Arbeit war es, meine Mutter lächeln zu sehen und ihre Wertschätzung zu hören.« Marguerite erinnerte sich: »Ich habe meine Mutter so sehr geliebt, dass ich ihr die Last der Arbeit erleichtern wollte.« »Liebe macht die Pflicht zum Vergnügen«, sagte der Puritaner Thomas Watson.[2]

Eltern leisten eine Menge Arbeit für ihre Kinder; aber sie sollten auf keinen Fall alles tun. Kevin Leman schlägt diese allgemeine Regel vor: »Tue nicht für Kinder, was sie für sich selbst tun können.« Er gibt zu, dass er als Fünfjähriger ein Talent darin hatte, sich hilflos zu verhalten und sogar seinem älteren Bruder Schwierigkeiten zu bereiten, weil er ihm nicht half. Er ist der Überzeugung, dass hilflos zu spielen eine geschickte, manipulative Technik sei, die kleine Kinder (besonders das Jüngste der Familie) sehr gut beherrschen.[3] Unsere Kinder werden sich unzählige Male vor langweiligen Hausarbeiten drücken. Wenn wir es aber zulassen, dass ihre Unzufriedenheit uns als Eltern dazu verleitet, die alltäglichen Aufgaben zu übernehmen, weil das manchmal einfacher ist, als sich das Gejammer anzuhören, dann berauben wir unsere Kinder der Freude am Dienen und der Frucht eines demütigen Herzens. Denke daran, dass Jammern mehr Arbeit zur Folge haben muss, damit unsere Kinder erkennen, dass es sich nicht lohnt.

Zeige Wertschätzung und Freude für gut gemachte Arbeit. Ja, Arbeit ist eine Pflicht; aber wir sind keine Roboter.

---

2 Thomas Watson, *»Alles dient zum Besten«*, Sola Gratia Medien.

3 Kevin Leman, *»Die Rebellen bändigen«*, Francke-Buch.

Warum sollten wir nicht Freude in unseren Alltag einfließen lassen? Das Negative schleicht sich allzu leicht ein. Lasst uns versuchen, den Alltagstrott zu durchbrechen und die Arbeit angenehm zu gestalten, damit unsere Kinder Arbeit mit Positivem assoziieren. Für uns Erwachsene ist es ermutigend, wenn unser Chef unsere gute Arbeit anerkennt; für Kinder ist es das noch mehr. Manche Kinder freuen sich, wenn sie eine Liste abhaken können, und andere freuen sich, wenn sie Wertschätzung erfahren. Gib ihnen beides.

Apropos Listen – sie sind großartig, aber man muss sie im Auge behalten. Die Familie Jones kann gut mit Listen umgehen. Die Aufgaben werden detailliert aufgeteilt und den Familienmitgliedern nach Tag, Woche und Monat zugewiesen. Sie werden zusammen mit dem Kalender und dem Speiseplan dort ausgehängt, wo alle sie sehen können. Eltern und Kinder werden gleichermaßen einbezogen. Von jedem Kind wird erwartet, dass es seine Arbeit gründlich erledigt und diese Aufgabe auf der Liste abhakt. Die Mutter kontrolliert stichprobenartig die Qualität der Arbeit. Wenn sie nicht in Ordnung ist, müssen sie diese noch einmal richtig machen. Da sie zu Hause unterrichtet werden, geht die Hausarbeit nahtlos in die Schularbeit über. Wenn sie mit ihren Freunden rausgehen wollen, fragen Vater oder Mutter: »Ist deine Arbeit fertig?« Das Wichtigste ist, dass man konsequent ist und die Erwartungen mit Konsequenzen untermauert.

Manchmal funktionieren Gruppenbelohnungen. Miriams Schwester hing jeden Samstagmorgen faul herum, während die ganze Familie putzte. Die Kinder durften erst spielen, wenn die ganze Arbeit erledigt war. Die Nachbarsfamilien taten dasselbe. Sie riefen aus der Haustür: »Wir sind fertig mit dem Staubwischen! Wie weit seid ihr?« Miriam erledigte eine Menge Arbeit für ihre Schwester, nur damit sie fertig wurden und spielen gehen konnten. Die Schwester setzte dieses Verhalten bis ins Erwachsenenalter fort, und jetzt springt ihr Mann für sie ein. Die Lektion: Wenn ein Kind faulenzt, muss es weiterarbeiten, während die anderen schon spielen gehen, damit es seinen Teil dazu beiträgt und lernt, Verantwortung zu übernehmen.

DER UMGANG MIT GELD

Sollten wir unseren Kindern Taschengeld geben? Wenn ja, wie viel? Bezahlen wir sie für ihre Arbeit? Auf diese Fragen habe ich eine Vielzahl von Antworten erhalten. Einige Eltern konnten es sich nicht leisten, ihren Kindern Taschengeld zu geben; aber sie waren darauf angewiesen, dass ihre Kinder im Haus und auf dem Hof hart arbeiteten, um die Familie zu unterstützen. Einige gaben kein Taschengeld, weil sie der Meinung waren, dass die Familie sich sowohl die Arbeit als auch die Vorteile von Nahrung, Unterkunft und Kleidung teilt.

Einige Eltern zahlten ihren Kindern bestimmte Beträge für bestimmte Arbeiten. Einige gaben Taschengeld für Extras wie Urlaubsgeld, damit die Kinder lernten, Entscheidungen für ihre Ausgaben zu treffen. Manche Eltern gaben ihren Teenagern eine großzügige Summe Taschengeld und lehrten sie dann, mit dem Geld umzugehen, indem sie von ihnen verlangten, für all ihre Ausgaben selbst aufzukommen (Fahrten, Kleidung, Freizeit usw.). Einige gaben Taschengeld für allgemeine Pflichten im Haushalt und eine zusätzliche Vergütung für größere Aufgaben oder zusätzliche freiwillige Arbeit.

Aus der Lebensweisheit von Freunden und aus unserer eigenen Erfahrung würde ich dir raten, deinen Kindern klar zu vermitteln, dass man als Familie zusammenarbeitet und die Vorteile gemeinsam genießt. Das erfordert vielleicht eine strenge Lektion aus 2. Thessalonicher 3,10: »Es gibt kein Abendessen für dich, bis du dein Spielzeug aufgesammelt hast.« Dann fangt einfach an zu essen, ohne den Junior.

Irgendwann im Leben unserer Kinder müssen wir sie mit ihrem eigenen Geld vertraut machen. Wir müssen ihnen schon früh bewusst beibringen, mit Geld umzugehen, damit sie nicht gleich alles ausgeben, wenn sie ihr Gehalt bekommen. Wertvolle Lektionen fürs Leben müssen unter unserem Dach gelernt werden. Fange früh an. Beginne auch schrittweise. Wenn wir unsere Kinder schon früh mit Geld und Spielzeug überhäufen, erwarten sie einen kontinuierlichen und ständig wachsenden Geldfluss. Wir wollen unsere Kinder nicht verwöhnen.

Ich denke, eine gewisse Summe an Taschengeld ist gut. Wir Erwachsenen werden mit Geld bezahlt; das ist eine Erfahrung aus dem wirklichen Leben. Wir haben unseren eigenen Kindern einen bestimmten Betrag pro Woche gegeben. Der Betrag wurde mit jedem Lebensjahr erhöht, weil ältere Kinder mehr Ausgaben haben. Ich bin der Meinung, dass das Geld an die Arbeit gebunden sein sollte, auch wenn sie nicht für jede kleine Aufgabe Geld bekommen sollten. Hausarbeit gehört einfach zum Familienleben dazu, und ein Teil der Bezahlung besteht aus einer warmen Mahlzeit und einem warmen Bett.

Ein Vorteil des Taschengeldes ist, dass wir einen zusätzlichen Einfluss auf unsere Kinder haben. Wenn Dylan den Müll rausgebracht hat, es aber trotzig getan hat, dann hat er nicht das volle Taschengeld verdient. Die Einstellung ist wichtig. Es ist viel besser, sie zu Hause zu lernen, als bei einem Job gefeuert zu werden. Melinda muss ihre Hälfte des Schlafzimmers in Ordnung halten, aber Durcheinander stört sie nicht. Doch ihre Schwester Natalie ist von Natur aus ordentlicher; sie hat genug von der Unordnung und putzt deshalb das ganze Zimmer. Melinda stellt fest, dass sie etwas von ihrem Taschengeld verloren hat, weil sie Natalie für ihre Arbeit bezahlen musste. Die Qualität der Arbeit zählt. So ist das Leben.

Es ist eine ausgezeichnete Idee, immer eine Liste mit zusätzlichen Arbeiten für zusätzlichen Lohn zu haben. Wenn Ethan unbedingt ein neues Fahrrad haben möchte, obwohl er schon ein gutes hat und er nicht Geburtstag hat, zeige ihm einfach die Liste und lass ihn arbeiten, um es sich zu verdienen. Das verhindert Begehrlichkeit und fördert die Produktivität. Wenn wir unseren Kindern alles geben, was sie sich wünschen, werden sie dies auch erwarten und denken, sie hätten es verdient. Sie werden es nicht annähernd so sehr zu schätzen wissen, als wenn sie dafür arbeiten mussten. Ethan wird besser auf das Fahrrad aufpassen, das er sich selbst verdient hat, als auf das, welches ihm geschenkt wurde. In manchen Familien gibt es für große Aufgaben, die die Familie gemeinsam erledigt, wie zum Beispiel den gründlichen Hausputz im Sommer, zusätzlichen Lohn für die zusätzliche Arbeit.

Wenn deine Kinder eine eigene unternehmerische Idee haben, solltest du dies besprechen, planen und umsetzen, wenn sie sinnvoll ist. Lass dich von ihnen begeistern! Die Smiths wohnen direkt neben einem Golfplatz. Einmal pro Woche gehen sie mit ihren Söhnen im Alter von vier und acht Jahren hin, um herumliegende Golfbälle einzusammeln. Sie waschen und verpacken sie, und ihr Cousin, der an einer viel befahrenen Straße wohnt, verkauft sie an einem Stand. Der Gewinn wird unter allen geteilt. Im letzten Sommer erhielt jeder der Jungen 300 Dollar, wovon die Hälfte sofort auf der Bank eingezahlt wurde.

Im Alter von 9 bis 15 Jahren trugen unsere Kinder eine Wochenzeitung aus. Dann fanden sie andere Jobs. Mein Bruder arbeitete mit 14 Jahren auf einem Bauernhof und lernte Fleiß und Ausdauer bei monotonen Aufgaben. Arbeitet man für jemand anderen, kann man die zu Hause gelernten Prinzipien auch »außerhalb« für einen anderen Chef anwenden. Einen »richtigen Job« zu haben, gibt einem Kind ein Gefühl von Wert und auch Motivation. Vielleicht machst du dir Sorgen über die Motivation deiner Kinder zu Hause, in ihrem Job aber sie sind fleißig. Vielleicht gehörst du sogar zu den vielen Eltern, deren Kind seinen ersten Job antritt und die nach ein paar Wochen oder Monaten bei der Begegnung mit dem Chef ihres Kindes überrascht sind, wenn dieser sagt: »Ihr Sohn ist der beste unter meinen Mitarbeitern.« Ich bin mir nicht sicher, welche psychologischen Prozesse hierbei ablaufen, aber ich denke, es könnte etwas damit zu tun haben, dass das Kind sich dem Chef beweisen will und stolz auf die Qualität seiner Arbeit ist.

EIN HAUSHALTSPLAN

Wir folgten einem Haushaltsplanungssystem, das wir von Freunden übernommen hatten. Ich ging mit unseren Teenagern zur Bank, um ihren Lohn, den sie sich bei ihrem Job erarbeitet hatten, abzuheben. Zu Hause teilten wir ihr Taschengeld und ihren Verdienst in Kategorien auf und trugen sie für jedes Kind in ein kleines Notizbuch ein. Die ersten 10 Prozent waren immer für den Zehnten in der Gemeinde bestimmt – das ist nicht verhandelbar, und zwar das ganze Leben lang. Mit 90 Prozent unseres Geldes können wir mit dem Segen Gottes mehr erreichen als mit 100 Prozent ohne ihn.

Eine junge Frau bat einmal meinen Mann um Rat. Sie hatte ein schlechtes Gewissen, weil sie den Zehnten nicht zahlte. Also beschloss sie, dies zu ändern. Am darauffolgenden Sonntag wurde die Kollekte eingesammelt, und sie geriet in Panik. Sie hatte nur einen Ein-Dollar-Schein und einen Zwanzig-Dollar-Schein – ihr einziges Bargeld, bis sie das nächste Mal ihr Gehalt bekommen sollte. »Welchen soll ich geben?«, fragte sie sich. In letzter Sekunde warf sie die 20 Dollar ein. Am nächsten Tag rief ihr Chef sie ins Büro. Ihr Herz raste. Sie dachte: »Ich habe nur noch einen Dollar, und ich werde meinen Job verlieren!« Aber ihr Chef sagte: »Sie haben so gute Arbeit geleistet, dass ich Ihnen eine Lohnerhöhung geben werde.« Im Laufe des Jahres summierte sich die Lohnerhöhung auf 10 000 Dollar! Sie erfuhr ganz deutlich den Segen Gottes für das, was sie gespendet hatte. Sowohl mein Mann und ich als auch viele andere, die wir kennen, haben ähnliche Erfahrungen gemacht.

Es ist kein Geheimnis, dass Gott verheißen hat, unseren Zehnten zu segnen. In der Tat fordert Er uns dazu auf: *»Bringt den Zehnten ganz in das Vorratshaus, damit Speise in Meinem Haus sei, und prüft Mich doch dadurch, spricht der Herr der Heerscharen, ob Ich euch nicht die Fenster des Himmels öffnen und euch Segen in überreicher Fülle herabschütten werde!« (Mal. 3,10)*. Diesen Segen willst du dir mit deinen Kindern sicher nicht entgehen lassen!

In unserem System gingen 35 Prozent in die Ersparnisse, die auf der Bank angelegt waren – aus den Augen, aus dem Sinn. Dieses Geld wurde entweder für das College oder für die Ehe verwendet. Vielleicht solltet ihr euch gemeinsam mit euren Kindern nach Anlagemöglichkeiten erkundigen, denn Sparkonten für Jugendliche werfen nur ein paar klägliche Cents an Zinsen ab. Für jedes unserer Kinder haben wir außerdem einen bestimmten Geldbetrag auf einem Bildungssparkonto zurückgelegt. Damit konnten wir etwa ein Jahr des Studiums finanzieren. Für den Rest der Studiengebühren haben wir sie dazu angehalten, ihre Noten und außerschulischen Aktivitäten zu verbessern und sich für Stipendien zu bewerben.

Da es in unserer Stadt eine Reihe von Hochschulen und Universitäten gibt, bestanden wir darauf, dass die Kinder während dieser Jahre zu Hause wohnen, um Geld zu sparen und mit der Gemeindefamilie verbunden zu bleiben, vor allem aber, um weiterhin Gespräche über das führen zu können, was sie lernen. Wir haben zu viele Geschichten über liberale Professoren gehört, die christliche Studenten absichtlich herausfordern, um ihren Glauben zu testen, oder schlimmer noch, um sie in die Irre zu führen.

Ich kann nicht oft genug betonen, wie wichtig es ist, dass unsere Kinder lernen, Geld zu sparen. Manche Kinder geben gern Geld aus, andere sind von Natur aus sparsam; aber die, die gern Geld ausgeben, *müssen* lernen zu sparen. Ihr Leben und vielleicht sogar ihre zukünftige Ehe werden darunter leiden, wenn sie es nicht tun. Kinder beobachten uns als ihr Vorbild genau. Sprecht beim Abendessen darüber, wie viel Zeit es kostet, Geld zu verdienen, und wie schnell und einfach es ist, es wieder auszugeben. Sobald es aufgebraucht ist, ist es weg. Puff! Verschwunden – vor allem, wenn etwas Essbares damit gekauft wurde. Erzähle ihnen, wie viele Stunden Papa arbeiten muss, um eine neue Couch zu kaufen, und sage ihnen dann: »Deshalb sparen wir für alles. Wir planen es, und wenn wir es kaufen, versuchen wir alle, es gut zu pflegen, damit es lange hält.«

Ein äußerst wichtiges Thema, das wir diskutieren müssen, ist die Verschuldung. Die große Mehrheit der Amerikaner ist verschuldet, manche ertrinken fast in ihren Schulden.

Wir sind von Werbung umgeben, die uns verleitet: »Keine Anzahlung! Warten Sie mit dem Bezahlen bis zum nächsten Jahr!« Berechne gemeinsam mit deinem Teenager, wie viel du für ein Auto auf Raten zahlen würdest im Vergleich dazu, wenn du das Geld sparst und sofort bezahlst. Würden die Kinder dieses Geld nicht lieber in der eigenen Tasche haben, anstatt es an einen Kreditgeber zu zahlen? Sie brauchen keinen schicken Erstwagen, sondern einfach nur ein zuverlässiges Transportmittel. Studiendarlehen sind für viele ein normaler Teil des Lebens; aber überlege gemeinsam mit deinem Kind, ob es andere Möglichkeiten gibt, das Studium zu bezahlen – arbeiten, sparen und zu Hause wohnen. Ein wohlhabender Geschäftsmann gab uns einmal den Rat: »Das Einzige, wofür man Schulden machen sollte, ist ein Haus.«

Wir haben unseren Kindern 35 Prozent für Ausgaben zur Verfügung gestellt. Sie konnten selbst entscheiden wofür, aber wir haben ihnen Ratschläge gegeben, vor allem, als sie jung waren. In der Regel trafen sie ihre Entscheidungen mit großer Sorgfalt. Sie kauften Legos, Scrapbooking-Zubehör, eine Harfe, Jagdausrüstung sowie Kunst- und Nähzubehör. Essen und Trinken macht Spaß, aber wir haben ihnen beizubringen versucht, dass sie das Maß kennen müssen.

Die restlichen 20 Prozent variierten im Laufe der Jahre. Da mein Mann ein Prediger und Theologe ist, der Bücher liebt, gingen 5 bis 10 Prozent an geistliche Bücher. Er ging mit den Kindern zum Verlag und half ihnen bei der Auswahl. Wir haben ihnen auch viele Bücher geschenkt. Als sie heirateten, waren sie mit Büchern ausgestattet, die ich wärmstens empfehlen kann und die, wie ich finde, jeder besitzen sollte. Für Kleidung haben wir 5 bis 10 Prozent angesetzt. Unsere Kinder waren davon nicht begeistert, aber wir wollten, dass sie sich verantwortlich fühlten. Wir haben diesen Betrag natürlich aufgestockt; aber einige unserer Freunde haben diese Kategorie ganz ihren Teenagern überlassen. Secondhandläden und Flohmärkte waren ihr Ziel. Als unsere Kinder das Autofahren erlernten, gingen 10 Prozent in den Treibstoff und ins Sparen für ein Auto. Sie gaben auch einen Großteil ihres Taschengeldes für Verkehrsmittel aus.

Ich empfehle dir, deine Kinder in deine eigene Haushaltsplanung und -führung mit einzubeziehen. Nimm sie mit, wenn du ein neues Gerät kaufst, damit sie den Entscheidungsprozess mitverfolgen können. Besprecht Zukunftspläne beim Abendessen: »Dieses Jahr wollen wir die Stützmauer reparieren; das können wir gemeinsam tun. Nächstes Jahr wollen wir einen Wintergarten bauen.« Zeige ihnen, wie ihr eure monatlichen Kosten überprüft, eure Nebenkosten bezahlt, eure Steuern vorbereitet und eure Dokumente organisiert. Leite sie an, wenn sie sich ihr eigenes System einrichten. So gebt ihr ihnen einen Vorsprung, wenn es darum geht, einen Haushalt vernünftig zu führen.

Die Meinungen darüber, ob wir unsere Kinder während ihrer Schul- und Studienjahre in die Arbeitswelt schicken sollen, gehen auseinander. Manche Eltern fürchten die negativen sündigen Einflüsse von Gleichaltrigen an einem weltlichen Arbeitsplatz und behalten ihre Kinder, vor allem Mädchen, deshalb lieber in der geschützten Umgebung des Elternhauses. Mein Mann und ich persönlich sind der Meinung, dass es am besten ist, sie betend und sorgsam auf die Arbeitswelt vorzubereiten und sie dann unter Anleitung hinauszuschicken, während wir mit ihnen im Gespräch bleiben und um den Schutz Gottes für sie beten. Und darüber hinaus beten wir für sie, dass sie in einer leidenden und gefallenen Welt ein Zeugnis für Jesus Christus sind.

Ist uns der Schutz garantiert? Nein, ich fürchte nicht. Aber nirgendwo ist man absolut sicher.

Einem Teilzeitjob während der Highschool-Zeit nachzugehen, bringt viele Vorteile mit sich. Unsere Kinder lernen, auch andere Autoritätspersonen außer uns Eltern, Pastoren und Lehrer zu respektieren. Sie entdecken, wie die Arbeitswelt funktioniert, und sie lernen weiterhin, zu arbeiten. Sie lernen, mit Geld umzugehen. Sie übernehmen neue Verantwortung. Die Arbeit von vierzig Stunden pro Woche während der Sommermonate bereitet sie auf das Erwachsensein vor. Und sie sammeln Erfahrungen darin, mit anderen zusammenzuarbeiten. Zu den möglichen Arbeitsplätzen gehören Bauernhöfe, Restaurants, Lebensmittelgeschäfte und der Einzelhandel. Andere mögliche Jobs für Jugendliche sind Rasenpflege und Schneeräumen, Landschaftsbau, Bauarbeiten, Reinigung, Babysitting, Mitarbeit in der Gastronomie oder als Pflegekraft in einem Altenheim sowie Malerarbeiten.

Wir haben gesehen, wie Gott uns sowohl die Gabe der Arbeit schenkt als auch die Belohnungen, die darauf folgen. Lasst uns darum beten, dass unsere Kinder diese greifbaren Segnungen erfahren und die Früchte ihrer Arbeit genießen können, denn auch das ist eine Gabe Gottes (Pred. 3,13).

Fragen zum Studium

1. Wer kann sich wirklich an den Früchten seiner Arbeit erfreuen? Und warum?

2. Was ist der Plan Gottes für die Ökonomie? Wie funktioniert er in der Gesellschaft und wie in der Familie? Welche Vorteile hat das Zusammenleben in unserer Familie?

3. Was hältst du davon, Kindern Taschengeld zu geben? Welche Faktoren müssen dabei berücksichtigt werden? Wenn du andere Ideen als die beschriebenen hast, teile sie mit.

4. Wie sollten wir uns gegenüber unseren Kindern verhalten, wenn sie gut arbeiten? Was hältst du von Listen? Nenne einige Vor- und Nachteile.

5. Welche Lektionen können Kinder für ihr ganzes Leben lernen, wenn sie den Umgang mit ihrem Geld lernen?

6. Wie kannst du dein eifriges Kind ermutigen, kreative Wege zu finden, um zusätzliche Arbeit zu leisten? Wie kannst du deinem Kind helfen, ein eigenes Gewerbe zu gründen?

7. Wie wichtig ist es, den Zehnten zu geben? Welche Segnungen verheißt Gott denjenigen, die den Zehnten geben? Fordere dich selbst und deine Kinder heraus, Gott auch in dieser Hinsicht zu gehorchen, falls du es noch nicht tust.

8. Wie können wir unseren Kindern das Sparen beibringen? Wie können wir unseren Kindern am besten beibringen, Schulden weitestgehend zu vermeiden? Wie kannst du ihnen beibringen, einen Haushaltsplan aufzustellen?

9. Wie können wir unsere Kinder dazu bringen, kluge Entscheidungen im Umgang mit ihrem Geld zu treffen? Was sind die Vor- und Nachteile, wenn unsere Kinder während ihrer Schulzeit einem Job nachgehen?

TEIL 2: Praktische Prinzipien

Kapitel 22

FREUE DICH AN DER ARBEIT

Um leben zu können, sind wir auf die materiellen Segnungen der Arbeit angewiesen – Geld, Nahrung und Unterkunft. Sie sind ein Geschenk Gottes an uns. Wenn diese Bedürfnisse befriedigt werden, kommen die *immateriellen* Segnungen stärker zum Tragen. Wir sollten uns bemühen, unseren Kindern einen Vorgeschmack darauf zu geben, wie erfüllend und befriedigend die Arbeit ist. Auch das ist ein Geschenk Gottes. Ein Kind, das von Natur aus fleißig ist, kommt schneller und leichter auf den Geschmack als ein widerspenstiges Kind; aber wir müssen uns durch den Nebel von Faulheit, Jammern, Egoismus, Langeweile und Ungehorsam hindurchkämpfen, um ihnen diese Segnungen geradezu aufzudrängen. Es gibt keinen einfachen Weg, sie zu erlangen; der einzige Weg führt über gute, harte Arbeit. Was gehört zu diesen unsichtbaren Segnungen?

ERFÜLLUNG UND FREUDE

Ich schreibe dieses Buch während der COVID-19-Pandemie im Jahr 2020, weil alle unsere Konferenzreisen storniert wurden. Deshalb habe ich mehr Zeit, und mein Mann hat mich ermutigt, meine Gedanken in ein Buch zu verwandeln. Derzeit sind Millionen von Menschen arbeitslos oder arbeiten von zu Hause aus; Kinder können nicht zur Schule gehen aus Sorge, dass sich dieses Virus ausbreitet. Aber es gibt noch andere Arten von »Viren«.

Die Schlagzeilen berichten von einem massiven Anstieg von Depressionen, Angstzuständen, Drogenmissbrauch, häuslicher Gewalt und Selbstmord. Unsere psychische Gesundheit leidet, wenn wir nicht in der Lage sind, unserem gottgegebenen Auftrag zur Arbeit nachzukommen. Familienmitglieder frustrieren einander. Wir haben zu viel Zeit und zu wenige Aufgaben, um sie auszufüllen. Wir verlieren das Gespür für unsere Bestimmung. Das ist nicht gut. Diese dramatisch negative Situation unterstreicht nur die positiven Auswirkungen, die die Arbeit auf uns alle hat.

Ich glaube, dass sehr kleine Kinder einen natürlichen Sinn für Freude an der Arbeit haben. Sie suchen nach Dingen, über die sie sich freuen können. Sie sehen, wie Erwachsene arbeiten, und wollen sich erwachsen fühlen. Warum sonst gäbe es eine so große Industrie für Spielzeuge wie Feuerwehrautos, Küchen, Rasenmäher und Staubsauger? Vor ein paar Monaten hatte ich ein Erlebnis, das dies verdeutlicht.

Wir wohnen in unmittelbarer Nähe des Predigerseminars (Puritan Reformed Theological Seminary), dessen Vorsitzender mein Mann ist. Vor unserem Haus befindet sich das »Puritan Village«, in dem 53 Menschen leben – Studenten des Seminars und ihre Familien. Ich war gerade dabei, Mulch zu verteilen, als ich Kinderstimmen hörte, die sagten: »Mrs. Beeke, dein Haus brennt!« Panisch drehte ich mich um und schaute auf unser Dach. Zu meiner Erleichterung fuhren sie fort: »Wir tun einfach so! Wir wollen das Feuer löschen!« Das taten sie dann auch, mit ihren imaginären Schläuchen. Ein Kind fragte mich: »Hast du auch echte Schläuche?«

»Ja.«

»Können wir sie benutzen?«

»Also ich wollte gerade unseren Wagen waschen, deshalb werde ich sie gleich herausholen, sobald ich diese kleine Arbeit erledigt habe.«

»Können wir dir helfen?«

»Sicher!«

Ich wollte diese Kinder mit ihrem Unternehmungsgeist nicht entmutigen. Sie waren so eifrig, dass ich abwechselnd mit den drei Jungen und dann mit den drei Mädchen eine Handvoll Mulch in die Blumenbeete streuen musste. Als Nächstes holte ich die Seife und den Schlauch heraus und fuhr den Wagen zurück, während ihre Mütter dafür gesorgt hatten, dass sie sich auf den Rasen setzten. Dann halfen sie mir, den Wagen abzuspritzen – alle sechs Kinder im Alter von zwei bis fünf Jahren, die wie Feuerwehrmänner in einer Reihe standen. Sie beobachteten den Regenbogen, der durch das sprühende Wasser im Sonnenschein entstand. Glücklicherweise hatte ich fünf Handschuhe und einen Schwamm dabei, sodass jeder einen Teil des Wagens mit dem Schwamm abwaschen konnte. Wir spülten ihn ab und trockneten ihn. Als wir fertig waren, fragte einer der Jungen: »Kann ich mit dir einen Garten pflanzen?« Die Temperatur betrug über 30 Grad Celsius, also antwortete ich: »Das machen wir ein anderes Mal.«

Ich konnte mir ein Lächeln nicht verkneifen. Sie strotzten nur so von Eifer. Ihre Kreativität wurde nicht durch das Sitzen vor einem Bildschirm gebremst. Wenn wir bei unseren Kindern schon früh anfangen und ihnen vermitteln, dass wir Freude an der Arbeit haben, wenn wir gemeinsam Spaß haben und mit ihnen feiern, können wir auf dieser Welle der Energie reiten, solange sie anhält. Vielleicht finden sie später, dass die Arbeit ermüdend ist, aber darum kümmern wir uns, wenn es so weit ist. An diesem Morgen lernten diese sechs Kinder, wie man Mulch verteilt und ein Fahrzeug wäscht, und sie waren glücklich, dass sie eine Arbeit erledigt und einer Nachbarin geholfen haben.

ZWECK UND WERTGEFÜHL

Arbeit gibt uns das Gefühl, etwas wert zu sein. Wenn Harper losrennt, um einen Waschlappen für Mami zu holen, die gerade das Baby Simon badet, weiß sie, dass sie einen Zweck erfüllt. Es gab eine Not, und sie hat sie gestillt. Das spürt schon das kleinste Kind, vor allem, wenn Mama sich bei ihrem »großen Mädchen« bedankt. Wir tun unseren Kindern einen großen Gefallen, wenn wir sie in die täglichen Aufgaben im Haushalt einbeziehen. Wir brauchen sie, und es tut ihnen gut, wenn sie sich gebraucht fühlen. Papa nimmt die Kinder am Samstagmorgen mit in den Baumarkt, um ein Set aus Schaukel und Rutsche zu kaufen. Sie bauen es gemeinsam auf und werden damit belohnt, dass sie nun schaukeln und rutschen dürfen. Sie investierten nicht nur in die Familie und ihre Besitztümer, sondern lernten auch »rechts herum – anziehen, links herum – lockern«, während sie Papa halfen, den Schraubenschlüssel zu drehen.

Durch abwechslungsreiche Aufgaben sammelt jedes Kind umfangreiche Erfahrungen. Aber wenn sie eine bestimmte Aufgabe gefunden haben, sind sie stolz auf ihr Fachgebiet. Ich fühle mich immer noch gut dabei, dass ich als Kind diejenige war, die den Speck gebraten, den Zuckerguss gemacht und Papa geholfen hat, die Tischsäge zu bewegen. Freunde von uns teilen sich die Arbeit rund um ihr Haus; aber der Sohn, der sich mit Computern auskennt, wird mit der Lösung von technischen Problemen betraut, und die Tochter, die gern kulinarische Abenteuer erlebt, kocht oft besondere Abendessen.

Alle Kinder in die Planung und Zubereitung von Mahlzeiten einzubeziehen, ist ein Abenteuer, das Spaß macht und Belohnungen mit sich bringt. Wer isst nicht gern? Warum nicht den Horizont unserer Kinder in der kulinarischen Welt erweitern? Sie lernen dabei Verantwortung und Überlebenstechniken. Weil Terri ihre Teenager angelernt hatte, waren sie in der Lage, zu kochen und den Haushalt zu führen, als Terri sich zwei Wochen lang um ihre alternde Mutter in einem anderen Bundesstaat kümmern musste. Sie waren gleichzeitig Zeugen ihres Engagements und hatten das Privileg, an ihrer Aufopferungs- und Dienstbereitschaft teilzuhaben.

AUFGABENBEWÄLTIGUNG

Es ist einfach ein wirklich gutes Gefühl, wenn wir eine Aufgabe bewältigt haben. Nachdem wir hart gearbeitet und gute Arbeit geleistet haben, verspüren wir ein von Gott gegebenes Gefühl der Zufriedenheit. Das beweist, dass Gott uns für die Arbeit geschaffen hat. *»Süß ist der Schlaf des Arbeiters« (Pred. 5,11)*. Du weißt das. Sorgen wir dafür, dass auch unsere Kinder diese Erfahrung machen. Lass nicht zu, dass sie dabei aufgeben. Das Badezimmer putzen, ein Modellflugzeug bauen, die Garage fegen, eine schwierige Matheaufgabe lösen, ein Zimmer streichen, Keimpflanzen anbauen und verkaufen – egal, ob es sich um eine gewöhnliche oder aufregende, große oder kleine Aufgabe handelt, wenn sie erledigt ist, werden die Kinder ein Erfolgserlebnis haben. Selbst unangenehme Aufgaben geben uns dieses Gefühl – vielleicht sogar noch mehr, weil das Unangenehme die Aufgabe noch anspruchsvoller und herausfordernder macht. Und auch wenn uns die Arbeit an sich keinen Spaß macht, werden wir *sehr* froh sein, wenn sie erledigt ist!

Indem wir von unseren Kindern verlangen, dass sie arbeiten, geben wir ihnen Fertigkeiten mit auf den Weg, Kenntnisse, Zutrauen und die Fähigkeit, Probleme zu lösen. Sie lernen, zuverlässig und verantwortungsbewusst zu sein. Sie werden für das Erwachsenenleben gerüstet, wohin auch immer der Herr sie führen wird. Das ist eine gute Sache, für die es sich zu arbeiten lohnt.

Unsere Kinder können darauf getrimmt werden, der heutigen Kultur des Anspruchsdenkens zu folgen. Aber wenn wir etwas bekommen, ohne es verdient zu haben, oder – noch schlimmer – wenn wir etwas verlangen, das jemand anderes verdient hat, fühlen wir uns innerlich leer. In den Herzen unserer Kinder wächst ein natürlicher Sinn für Würde, wenn sie ehrliche Arbeit für ehrlichen Lohn leisten. Und wenn sie diese Erfahrung machen, werden sie mehr davon wollen.

AUSDAUER

Manche Kinder haben eine genetische Veranlagung für Fleiß, Organisation und Ausdauer. Aber andere nicht. Wir als Eltern werden erleben, dass sie weinen und mauern, hinauszögern und schlichtweg ungehorsam sind. Wir müssen bei unserer Arbeit, unsere Kinder zu erziehen, Ausdauer zeigen, damit auch sie Ausdauer bei ihrer Arbeit lernen. Ich habe einen einfachen Rat: Bleibe beharrlich. Plane sorgfältig. Du weißt, wann du mit einem Kampf zu rechnen hast. Stelle also sicher, dass deine Forderungen realistisch sind; denn wenn du sie einmal gestellt hast, *musst* du sie auch durchsetzen. Werde nicht unbeständig; vermittle die Erwartung, dass *deine Forderungen umgesetzt werden*. Wenn du nicht gewinnst, verlierst du. Und dann gewinnen deine Kinder. Dann sind sie gestärkt für die nächste Schlacht, und du bist in einer geschwächten Position.

Zeige Ausdauer mit diesem Bild im Hinterkopf: Stell dir vor, wie dein Kind fleißig arbeitet und die Befriedigung genießt, seine Arbeit gut gemacht zu haben. Stell dir vor, wie dein Kind dir später als Erwachsener für deine Ausdauer dankt, sodass es für eine erfolgreiche berufliche Laufbahn gerüstet wurde. Wir zeigen unseren Kindern unsere Liebe, indem wir *nicht* zulassen, dass ihre Proteste den Sieg davontragen. Halte durch. Bringe sie zum Arbeiten. Das ist gut für sie. Ja, es ist einfacher, es selbst zu tun, und manchmal wirst du das auch tun. Aber wenn du ihnen gesagt hast, dass sie eine Aufgabe erledigen sollen, dann sorge auch dafür, dass sie diese gründlich ausführen. Sie werden vielleicht die Fassung verlieren, schreien und sagen, dass es nicht fair sei, aber bleib stark. Du musst Ausdauer zeigen, damit *sie* Ausdauer lernen. Sie werden schließlich lernen, Verantwortung zu übernehmen, und ihr Gewissen wird rein sein, wenn sie gehorchen. Sie werden sich selbst respektieren und werden Frieden in ihrem Herzen haben. Es kann Jahre dauern, aber warte ab – es wird kommen.

WERTSCHÄTZUNG UND LOYALITÄT

Wenn unsere Kinder willig sind und gut arbeiten, freut uns das, und wir sollten sie darin bestärken. Wir sollten es nicht als selbstverständlich ansehen, auch wenn Gehorsam gefordert ist. Wir sollten es verstärken, bis es zu einer Lebensweise wird. Wenn wir eine missbilligende Haltung zum Ausdruck bringen, nach dem Motto »Na ja, das müssen sie ja sowieso tun; sie brauchen dafür keine Belohnung und keinen Dank«, verpassen wir Gelegenheiten, Freude an der Arbeit zu wecken und unsere Beziehung zu unseren Kindern zu stärken. Wir müssen zwar nicht für jede Kleinigkeit, die sie tun, Freudensprünge machen oder es mit Geld belohnen, aber Wertschätzung schafft Respekt. Wir bringen ihnen bei, »Bitte« und »Danke« zu sagen, und wir sagen das auch zu ihnen. Wenn sie heranwachsen und immer geschickter werden, verringern wir die Unterstützung, damit sie wissen, dass Arbeit etwas ist, was von ihnen erwartet wird, und sie immer mehr andere, immaterielle Belohnungen kennenlernen. Es zeugt von Liebe und Demut, einander zu dienen und für den Dienst unserer Familienmitglieder an uns dankbar zu sein.

Pflicht klingt nach einer Last. Das kann sie sein, muss sie aber nicht sein. Pflicht ist gut. Sie wird als etwas definiert, das aus moralischen Gründen von uns erwartet wird, eine Aufgabe, die wir erfüllen, um anderen Respekt zu erweisen. Ich würde sagen, dass Pflicht eng mit Loyalität verbunden ist. Beides hält uns als Familie und Gesellschaft zusammen. Aus Pflichtgefühl sorgen wir füreinander – auch wenn die Aufgabe unangenehm ist –, einfach *weil* wir uns umeinander kümmern und einander lieben. Kindern kann man beibringen, dass es eine Pflicht ist, den Tisch zu decken, Gästen einen Snack anzubieten oder Bohnen zu pflücken. Die Arbeit muss einfach getan werden.

Loyalität kann zu einem Vermächtnis werden. Wenn ihr in eurer Familie Loyalität aufbaut, indem ihr zusammenarbeitet und einander dient, schafft ihr Gewohnheiten, die über die Generationen hinweg weitergegeben werden. Erzählt euren Kindern Geschichten über ihr Erbe, wenn ihr zu Abend esst oder auf Reisen seid. Nachdem meine Großeltern verstorben waren, teilte unsere ganze Familie ihr Hab und Gut auf. Ich hatte das Privileg, die hölzerne Werkzeugkiste zu bekommen, in der Opa Kamp seine Schreinerwerkzeuge bei der Arbeit in der Stadt immer bei sich hatte. Jahrelang habe ich darin meine Gartengeräte aufbewahrt, aber weil sie immer brüchiger wird, will ich ihr einen würdigeren Platz geben und aus ihr ein Schmuckstück machen. Ich habe auch den Tisch mit der Emailleplatte, auf dem Oma Kamp Obst und Gemüse eingemacht hat. Ich erzähle unseren Kindern und Enkelkindern gern Geschichten über die Arbeit der beiden – zum Beispiel wie Opa die Nägel des alten Hühnerstalls geradegebogen und für den neuen Stall wiederverwendet hat. Oder wie Oma bei den Nachbarn als die »Eierfrau« bekannt war. Unser Erbe formt uns. Lasst es uns bewahren und an unsere Kinder weitergeben.

TEILEN

Die greifbaren Segnungen vermischen sich mit den nicht greifbaren. Lasst uns unseren Kindern beibringen, hart zu arbeiten, um Geld und Belohnungen zu verdienen. Aber wir sollten sie auch lehren, ihre Habseligkeiten zu teilen. Sie werden dabei mehr Freude erleben, als sie sich vorstellen können. Egoismus macht nicht glücklich. Dieser Zug fährt ins Nirgendwo und muss zum Entgleisen gebracht werden. Fangt früh damit an. Egoismus zeigt sich schon bei Kleinkindern. Sobald wir ihn bemerken, können wir ihn in eine andere Richtung lenken. Mason schnappt sich den Lastwagen seines Bruders. Bring ihm in aller Ruhe bei, ihn zurückzugeben. »Du kannst ihn haben, wenn Elijah damit fertig ist.« Lenke ihn mit einem anderen Spielzeug ab. Lobe ihn, wenn er kooperativ ist. Wir ersetzen Egoismus durch Selbstlosigkeit, indem wir unseren Kindern nicht alles geben, was ihr kleines Herz begehrt. Nein zu sagen, stärkt ihren Charakter.

Die oberflächliche Freude, etwas zu bekommen und es für sich selbst zu behalten, ist nichts im Vergleich zu der tiefen Freude, die man empfindet, wenn man mit anderen teilt. Emma kommt von einer Geburtstagsfeier nach Hause. Ihr Bruder Tyler schaut sehnsüchtig auf die Geschenktüte. Ermutige Emma dazu, Tyler etwas davon zu geben. Bedanke dich bei Emma für ihre Freundlichkeit und betone, wie glücklich sie Tyler gemacht hat. Wir haben es vielleicht mit dem Loben und der Dankbarkeit gegenüber unseren Kindern etwas übertrieben, wenn sie geteilt haben; aber ich glaube, es hat funktioniert. Manchmal haben wir einem Kind den begehrten Gegenstand mit Gewalt aus der Hand gerissen. Indem wir ihnen zeigten, was sie tun sollten, ihnen erklärten, wie sie sich dabei fühlen *sollten*, und sie dann in ihrer Freude bestärkten, wenn sie gehorchten, lernten sie, bereitwillig zu teilen. Lasst uns diesen Wunsch in ihre Herzen einpflanzen, damit sie in ihrem Erwachsenenalter die Gemeinde und ihre hilfsbedürftigen Nächsten großzügig unterstützen.

Der reiche Jüngling hat diese Lektion als Kind nicht gelernt. Nach seinem Verständnis hielt er sich an die Gebote Gottes und muss hart gearbeitet und eine Menge Geld verdient haben. Aber als er nach dem ewigen Leben fragte, sagte Jesus zu ihm: *»Eines fehlt dir! Geh hin, verkaufe alles, was du hast, und gib es den Armen, so wirst du einen Schatz im Himmel haben; und komm, nimm das Kreuz auf dich und folge Mir nach!« (Mk. 10,21).* Da ging er sehr traurig davon, ohne zu ahnen, welch große Freude er gerade verpasst hatte. Wenn wir den Herrn kennen, werden wir teilen wollen.

EINFÜHLUNGSVERMÖGEN

Einfühlungsvermögen kann man schon in jungen Jahren lernen. Manche Kinder haben es von Natur aus. Den anderen muss es beigebracht werden. Manche kommen mit Mitgefühl zur Welt. Andere müssen es vielleicht erst lernen, indem Mama ihnen zum Beispiel sagt: »Dein Bruder arbeitet gerade fleißig in der Werkstatt. Lass uns ihm einen Snack vorbeibringen!«, oder indem eines der Geschwister vorschlägt: »Lasst uns Mami überraschen und die Küche sauber und ordentlich hinterlassen, bevor sie nach Hause kommt!«

Die »Goldene Regel« ist wirklich golden. Es kann sein, dass ein Kind seine Gefühle selbst ausdrücken kann, oder du musst sie erst hervorlocken. Wenn Kinder ihre eigenen Gefühle verstehen, dann sag ihnen, dass andere auch so fühlen. »Weißt du noch, als Charlotte von nebenan die besten Spielsachen für sich allein genommen hat und nicht teilen wollte? Erinnerst du dich, dass du traurig und wütend warst? Genau das tust du jetzt gerade gegenüber deiner Schwester.« Bring sie dazu, miteinander zu teilen, damit sie die damit verbundene Befriedigung erfahren können. Zeige auf, wie sich die Tränen der Schwester in ein Lächeln verwandelt haben, als das Kind teilte. Dann wird seine Freude an die Stelle der egoistischen Begierden treten. Werden sie es sofort lernen? Wahrscheinlich nicht, aber wenn du dabeibleibst, wird es geschehen.

Unser Vorbild hat eine große Bedeutung. Gib einem Obdachlosen, der an einer Kreuzung bettelt, etwas zu essen, einen Geschenkgutschein und eine Bibel. Gib etwas an seriöse Wohltätigkeitsorganisationen. Spende Sachen, die du nicht mehr brauchst, an einen Secondhandladen oder an einen hilfsbedürftigen Nachbarn. Teile dein Erbe; wenn ihr eine Familie mit zwei Elternteilen seid, dann nimm deine Familie mit, um einer Familie mit einem alleinerziehenden Elternteil zu helfen. Lass die Kinder zusammenarbeiten, damit sie alle etwas lernen können. Und bring die Freude zum Ausdruck, die damit einhergeht; *»denn einen fröhlichen Geber hat Gott lieb!« (2.Kor. 9,7).*

DIENST

Der vielleicht größte immaterielle Segen der Arbeit ist, wenn wir und unsere Kinder anderen dienen. Grace wurde mit verschiedenen Beeinträchtigungen geboren, obwohl sie bei ihrer Geburt völlig normal und gesund erschien. Ihre Komplikationen wurden erst entdeckt, als sie vier Monate alt war. Grace hat sich zu einem sehr glücklichen, sozialen, energiegeladenen, lebenslustigen und liebevollen Teenager entwickelt. Sie benötigte viel Fürsorge seitens aller Familienmitglieder, ihrer Sonderschule und zahlreicher Fachärzte und Therapeuten. Ihre Familie hat diese große Herausforderung mit viel Liebe gemeistert. Man sollte meinen, dass ihre älteren Geschwister gern der Welt der besonderen Bedürfnisse entflohen sind, sobald sie auf eigenen Füßen standen. Aber nein, die beiden älteren Schwestern von Grace haben beide eine berufliche Laufbahn in der Betreuung von behinderten Kindern eingeschlagen. Sie haben die tiefe Freude dessen erlebt, anderen in Not zu helfen. Es gibt wirklich keine Worte, um dieses Gefühl der Sinnhaftigkeit zu beschreiben.

Wenn du nichts anderes aus diesem Buch mitnimmst, dann aber eines: Gib deinen Kindern das unschätzbare Privileg, anderen zu dienen. Fang früh damit an, damit diese Freude in die Fasern ihres Wesens eingewoben wird. Backe Plätzchen und bring sie der krebskranken Frau aus eurer Gemeinde. Lass deine Kinder jedes Mal, wenn es schneit, die Einfahrt eines älteren Nachbarn freischaufeln. Bleibt nach den Versammlungen in der Gemeinde und bezieht die ganze Familie in die Aufräumarbeiten ein. Rette einen Welpen und nimm ihn auf. Dient einander in der Familie. Besonders den Geschwistern gegenüber sollten sie es tun, denn manchmal sind sie diejenigen, denen sie am wenigsten dienen wollen.

Du fragst dich vielleicht: »Soll ich sie zum Dienen zwingen?« Das ist ein Widerspruch in sich. Dienen ist kein Dienen, wenn es erzwungen ist. Das stimmt. Aber wir bringen sie dazu, viele Dinge zu tun, die sie nicht tun wollen, und wir vertrauen darauf, dass sie mit der Zeit diese innere Belohnung erfahren werden. Dann werden sie von Herzen dienen und nie mehr damit aufhören wollen. Wir erziehen sie zu einem bestimmten Verhalten und beten darum, dass sich die richtige Motivation einstellen wird.

Dienen muss zu einem Lebensstil werden. Geh mit gutem Beispiel voran und bete darum, dass deine Kinder dieses Vermächtnis übernehmen. Leite sie zu einer beruflichen Laufbahn im Dienstleistungsbereich an. Aber egal, welchen Beruf sie wählen, wir vertrauen darauf, dass sie die Einstellung haben: »Was kann ich tun, um denen zu helfen, denen ich auf meinem Lebensweg begegne?« Und ihr werdet große Segnungen empfangen.

Letztlich liegt die größte Freude an der Arbeit darin, Gott aus einem Herzen heraus zu dienen, das Ihn liebt. Ungläubige können sehr viel Freude an ihrer Arbeit haben, aber Gläubige haben eine tiefere Freude, selbst wenn sie niedrige Arbeiten verrichten. Wir wurden geschaffen, um zu arbeiten, und wir wurden geschaffen, um Gott zu verherrlichen; also verherrlicht unsere Arbeit Ihn. Seine Liebe motiviert uns, Ihm zu dienen; wir wissen, dass unsere Arbeit nicht vergeblich ist (1.Kor. 15,58). Wir erkennen, dass wir eine Bestimmung haben, und das gibt uns eine tiefe Befriedigung.

Darüber hinaus fließt unsere Liebe zu Gott über in die Liebe zu unseren Nächsten. Jesus verheißt uns, dass Er diejenigen belohnen wird, die Ihn speisten, als Er hungrig war, Ihm zu trinken gaben, als Er durstig war, Ihn bekleideten, als

Er ohne Kleidung war, Ihn beherbergten, als Er ein Fremdling war, und Ihn besuchten, als Er krank und gefangen war. Und sie werden verwundert sein, dass Er sie ehrt, und werden fragen, wann sie diese Dinge getan hätten. Er wird ihnen antworten: *»Wahrlich, Ich sage euch: Was ihr einem dieser Meiner geringsten Brüder getan habt, das habt ihr Mir getan!« (Mt. 25,40).*

Wenn wir gläubig sind, werden wir den Unterprivilegierten dienen. Wie wunderbar ist es, dies mit unseren Kindern an unserer Seite zu tun! Das ist eine dreifache Belohnung. Wir geben uns für unsere bedürftigen Nachbarn hin und freuen uns, dass es ihnen dadurch besser geht. Wir erleben die intensive Freude in unserem eigenen Herzen, die mit dem Dienen einhergeht. Und wir leben unseren Kindern das Dienen vor. Sie werden es begreifen! Wir haben die Möglichkeit, sie in ein lebenslanges Abenteuer des Dienens an ihrem Nächsten zu entlassen, in ein Leben mit tiefempfundener Bestimmung und großer Freude. Wie aufregend ist es, wenn wir das rettende Wirken des Herrn in unseren Kindern miterleben und sehen, wie sie in der Gnade wachsen, während sie ihre Nächsten lieben wie sich selbst.

SCHLUSSFOLGERUNG

Ich schließe mit einer Geschichte. Es waren einmal zwei ältere reiche Männer. Der eine spendete großzügig für Zwecke, die das Evangelium förderten. Der andere gab nur sehr wenig, obwohl er immer versprach, in Zukunft mehr zu geben. Der großzügige Mann sagte zu seinem Freund: »Du wirst dein Geld mit einer kalten Hand geben; aber ich habe die Freude und den Segen, mit einer warmen Hand zu geben.« Warte nicht, bis du stirbst, um mit deinem Besitz gute Zwecke zu unterstützen. Warte nicht einmal, bis du etwas übrig hast. Vertraue und gehorche. Lehre deine Kinder *jetzt* und zeige ihnen: »*Geben ist glückseliger als Nehmen!*« *(Apg. 20,35).*

Fragen zum Studium

1. Welchen immateriellen Segen erhalten wir durch unsere Arbeit? Welcher davon hat für dich die größte Bedeutung?

2. Was gibt uns Freude und Erfüllung an der Arbeit? Was vermittelt dir dieses Gefühl? Wie können wir dieses Empfinden in unseren Kindern fördern?

3. Beschreibe dein Gefühl von Bestimmung und Bedeutung, wenn du eine Aufgabe erledigt hast. Nenne ein Beispiel dafür, wie dein Kind dieses Gefühl bei der Arbeit zu Hause erlebt.

4. Warum ist es so wichtig, dass wir unsere Kinder sowohl zu angenehmen als auch zu unangenehmen Aufgaben verpflichten? Welche Vorteile bringt es mit sich, eine Aufgabe zu erfüllen? Erzähle eine Begebenheit, bei der du ein besonderes Gefühl der Erfüllung erlebt hast.

5. Auf welche Hindernisse könntest du stoßen, wenn du versuchst, deinen Kindern Ausdauer beizubringen? Welche Vorteile werden sie erfahren, wenn sie Ausdauer lernen?

6. Welche positiven Dinge passieren in unserer Familie, wenn wir uns gegenseitig wertschätzen und einander danken? Inwiefern ist Pflicht eine gute Sache? Wie hängen Pflicht und Loyalität zusammen? Berichte über einen Teil des Vermächtnisses deiner Familie.

7. Vergleiche Egoismus mit Selbstlosigkeit. Wohin führt das eine, wohin das andere? Welche Methoden würdest du vorschlagen, die unseren Kindern helfen, teilen zu lernen?

8. Wie zeigt sich Einfühlungsvermögen zu Hause, wenn wir füreinander arbeiten?

9. Warum ist es so faszinierend, anderen zu dienen? Wie können wir unseren Kindern das Dienen so vorleben, dass sie einen Lebensstil des Dienens annehmen? Nenne ein Beispiel dafür, wie deine Familie anderen dient.

10. Warum ist es der *beste* immaterielle Segen, wenn wir in unserer Arbeit Gott dienen? Nenne ein Beispiel dafür, wie du diese Freude erlebt hast oder wie du sie in Zukunft erleben möchtest.

TEIL 2: Praktische Prinzipien

Kapitel 23

RUHE UND PERFEKTE ARBEIT

Lass mich kurz zusammenfassen, was ich darüber gesagt habe, wie wir unseren Kindern das Arbeiten beibringen und eine positive Arbeitsethik in ihnen aufbauen können:

- **Flehentliches Bitten:** Betet um Weisheit und den Segen Gottes, während ihr eure Kinder zum Arbeiten anleitet. Lasst die Liebe zu Gott und zu euren Kindern euren Erziehungsstil bestimmen.
- **Vorbild:** Arbeitet hart, damit sie eurem Vorbild des Fleißes folgen. Zeigt ihnen Lebenskompetenzen auf dem Weg des alltäglichen Lebens.
- **Erwartung:** Eure Kinder spüren eure Einstellung. Erwartet von ihnen, dass sie arbeiten, und geht ruhig und entschlossen mit Widerstand um.
- **Frühzeitige Erziehung:** Fangt frühzeitig an. Kinder sind dazu imstande. Sie sind ein mitwirkendes Mitglied der Familie. Arbeit ist ein Teil des Lebens. Arbeit ist gut.
- **Freude:** Arbeit ist erfüllend und lohnend. Eure positive Einstellung wird auf sie abfärben. Arbeit bringt Freude. Genießt die Früchte eurer Arbeit.

- **Begeisterung:** Zeigt eure Begeisterung über das Potenzial dessen, was eure Kinder erreichen können.
- **Ermutigung:** Ermutigt eure Kinder und dankt ihnen für ihre Arbeit. Das fördert eine positive Einstellung.
- **Ermahnung:** Ihr werdet eure Kinder ermahnen und disziplinieren müssen, während ihr sie zur Arbeit anleitet. Erstellt einen Handlungsplan, um eure Regeln zu untermauern.
- **Leere:** Eine Anspruchshaltung bringt nichts als innere Leere.
- **Ausrüsten:** Durch die Arbeit zu Hause werden eure Kinder für das Erwachsenenleben ausgerüstet. Bildet sie in einer Vielzahl von Fertigkeiten aus. Lasst sie viele Erfahrungen machen; einige können sie zu ihrer beruflichen Laufbahn führen.
- **Verdienst:** Wer arbeitet, verdient Geld. Sorgt dafür, dass sie dies lernen und erleben.
- **Emotionen:** Berücksichtigt die Emotionen, wenn ihr euren Kindern beibringt, wie man arbeitet; aber lasst die Emotionen nicht die Oberhand gewinnen.
- **Erfahrung:** Sorgt dafür, dass eure Kinder das Gefühl von Erfolg und Zufriedenheit erfahren, das sich einstellt, wenn sie ihre Arbeit gut gemacht haben.
- **Anstrengung:** Erkennt die Anstrengung an. Strebt nach Verbesserung, nicht nach Perfektion. Setzt altersgemäße Erwartungen in sie.
- **Energie:** Geht als Familie mit Energie und Eifer an die Arbeit heran, soweit dies körperlich möglich ist.

- **Ausdauer:** Arbeit kann anstrengend sein. Aber mit der Gnade und Kraft Gottes könnt ihr durchhalten!
- **Einfühlungsvermögen:** Zeigt euren Kindern gegenüber Einfühlungsvermögen und Liebe; seid streng, aber seid keine Zuchtmeister. Bringt ihnen Mitgefühl bei, indem ihr gemeinsam anderen dient.

Das Leben besteht nicht nur aus Arbeit. Gott hat uns auch zum Ausruhen bestimmt. Wir nehmen uns Zeit, um zu essen, Pausen von der Arbeit zu machen und uns zu erholen. Kinder spielen mehrere Stunden. Acht, zehn oder (bei Kindern) zwölf Stunden eines jeden Tages sind zum Schlafen und zum Aufladen unserer »Batterien« vorgesehen. Ein Tag in der Woche ist zum Ausruhen von der Arbeit gedacht.

Gott hat dieses Muster bei der Schöpfung festgelegt. Nachdem Er Himmel und Erde erschaffen hatte, ruhte Er von Seiner Arbeit, obwohl Er das nicht nötig hatte. Er hat *»den Sabbattag gesegnet und geheiligt« (2.Mo. 20,8-11).* Er hat ihn uns zuliebe eingesetzt, damit wir unseren Körper ausruhen und Ihn anbeten können. Wir brauchen körperliche *und* geistige Ruhe. Wir tun gut daran, diese Ordnung einzuhalten, die bis zum Anfang der Welt zurückreicht. Sie ist ein Geschenk Gottes an uns. Da Christus gestorben und am ersten Tag der Woche auferstanden ist, hat Er den Sonntag als Tag der Ruhe und des Gottesdienstes festgelegt. Wenn wir unseren hektischen Lebensstil auf den Tag des Herrn übergreifen lassen, bringen wir uns selbst um den Frieden und die Ruhe. Wenn wir unsere Anbetung des Gottes, der uns geschaffen und uns alles geschenkt hat, was wir je besaßen, verringern, berauben wir uns selbst der kostbaren Segnungen. Jesaja 58,13-14 stellt die Segnungen, die wir erhalten, wenn wir uns an Gott erfreuen und Ihn an Seinem

Tag ehren, der Sünde gegenüber, den Tag des Herrn zu unserem eigenen Vergnügen zu nutzen. Gottes Zeitplan ist das Beste für uns und unsere Kinder.

Das Leben ist kurz, und die Ewigkeit ist lang. Wir und unsere Kinder müssen bereit sein, Gott zu begegnen. Wenn wir unvorbereitet sterben, werden wir ewig in den Qualen der Hölle verbringen. *»Was muss ich tun, dass ich gerettet werde?«*, fragte der Kerkermeister von Philippi. Paulus und Silas antworteten: *»Glaube an den Herrn Jesus Christus, so wirst du gerettet werden, du und dein Haus!« (Apg. 16,30-31).*

Wenn wir unsere Sünden aufrichtig bereut haben und im Blut Jesu Christi reingewaschen wurden, dann sind wir bereit, Gott zu begegnen, und wir werden die Ewigkeit bei Ihm verbringen. Wie sieht der Himmel aus? Er ist eine Mischung aus Ruhe und heiliger Aktivität. Die Gläubigen werden *»ruhen von ihren Mühen« (Off. 14,13)*. Es wird eine ewige Ruhe sein. Wir werden an der Herrlichkeit und Liebe unseres Retters Jesus Christus teilhaben (Joh. 17,24). Paulus erwartete »die Krone der Gerechtigkeit« als Gnadenlohn für seine Missionsarbeit (2.Tim. 4,7-8). Im ewigen Reich Gottes werden wir dann wirklich zu Hause sein. Wir werden Frieden und keine Schmerzen mehr haben (Off. 21,4). Wir werden nicht mehr von Dornen und Disteln beschwert werden. Das Lamm wird uns *»weiden und … leiten zu lebendigen Wasserquellen« (Off. 7,17).* Jesus Christus ist der König des Himmels, und wir werden für immer mit Ihm herrschen (Off. 22,3-5).

Die krönende Tätigkeit im ewigen Reich Gottes wird die Anbetung Gottes sein. Der Herr Jesus Christus wird auf dem Thron im Zentrum sitzen, und wir werden Ihn für Sein Schöpfungs- und Erlösungswerk preisen (Off. 4,2.8-9; 5,9). Die Erlösten werden Ihn anbeten und singen: *»Groß* *und wunderbar sind Deine Werke, o Herr, Gott, Du Allmächtiger! Gerecht und wahrhaftig sind Deine Wege, du König der Heiligen!« (Off. 15,3).* Wir werden freudige Gemeinschaft mit den Engeln, Heiligen und vor allem mit Jesus Christus Selbst haben. Es wird eine Ewigkeit der auf den Lobpreis ausgerichteten Ruhe und der dornenfreien Arbeit sein!

Fragen zum Studium

1. Wähle aus der oberen Liste drei Begriffe aus, die dir am meisten bedeuten, und erkläre, warum. Erzähle, wie du sie in deiner Familie umsetzt.

2. Auf welche zwei Arten hat Gott in Seiner Schöpfungsordnung Ruhe in unseren Zeitplan eingebaut?

3. Warum ist geistliche Erholung genauso wichtig wie körperliche Erholung? Was geschieht, wenn wir den Gottesdienst mit Arbeit oder Freizeitaktivitäten ersetzen? Welche Segnungen verspricht Gott, wenn wir das Sabbatgebot einhalten: *»Gedenke an den Sabbattag und heilige ihn!« (2.Mo. 20,8)?*

4. In diesem Buch geht es vor allem um unsere körperliche Arbeit; aber was ist die wichtigste Arbeit, die Gott in unseren Herzen und in den Herzen unserer Kinder tun muss? Sorge in der Stille vor Gott dafür, dass du deine Berufung und Auserwählung fest machst (2.Pt. 1,10), und bete darum, dass Seine Gnade euer Haus jeden Tag erfüllt!

5. Welche Arten von Ruhe werden wir Gläubigen im ewigen Reich Gottes erleben? Was ist die wichtigste Tätigkeit im Himmel? Welche begeistert dich am meisten?

ANHANG

ALTERSGERECHTE HAUSHALTSAUFGABEN FÜR KINDER

2-3 JAHRE

- Spielsachen in die Spielkiste räumen
- Bücher ins Regal stellen
- Schmutzige Wäsche in den Wäschekorb werfen
- Müll entsorgen
- Brennholz tragen
- Waschlappen zusammenfalten
- Tisch decken
- Windeln und Feuchttücher holen
- Fußbodenleisten abstauben

4-5 JAHRE

- Haustiere füttern
- Verschüttetes aufwischen
- Spielsachen wegräumen
- Bett machen
- Schlafzimmer aufräumen
- Zimmerpflanzen gießen
- Sauberes Besteck einsortieren
- Einfache Snacks zubereiten
- Handstaubsauger benutzen
- Küchentisch abräumen
- Geschirr abtrocknen und wegräumen
- Türgriffe desinfizieren

6-7 JAHRE

- Müll einsammeln
- Handtücher zusammenlegen
- Boden wischen
- Spülmaschine ausräumen
- Saubere Socken sortieren
- Im Garten Unkraut jäten
- Laub zusammenrechen
- Kartoffeln oder Möhren schälen
- Salat machen
- Toilettenpapierrolle ersetzen

8-9 JAHRE

- Spülmaschine einräumen
- Glühbirnen wechseln
- Wäsche waschen
- Saubere Kleidung aufhängen oder falten
- Möbel abstauben
- Terrasse abspritzen
- Lebensmitteleinkauf einräumen
- Rührei machen
- Plätzchen backen
- Hunde ausführen
- Hauseingang fegen
- Tisch abwischen

10-11 JAHRE

- Badezimmer reinigen
- Teppiche saugen
- Arbeitsplatten abwischen
- Küche gründlich reinigen
- Einfache Mahlzeiten zubereiten
- Rasen mähen
- Post hereinbringen
- Einfache Flickarbeiten machen (Säume, Knöpfe, etc.)
- Garage fegen

12 JAHRE UND ÄLTER

- Fußböden wischen
- Deckenleuchten wechseln
- Auto waschen und saugen
- Hecken schneiden
- Wände streichen
- Lebensmittel nach Liste einkaufen
- Komplette Mahlzeit kochen
- Brot oder Kuchen backen
- Einfache Reparaturarbeiten im Haus ausführen
- Fenster putzen
- Kleidung bügeln
- Auf jüngere Geschwister aufpassen

Quelle: »Age-Appropriate Chores for Children«, Flanders Family Homelife (blog)

Eine Frau, die zu rühmen ist

PETER SCHILD

Bestell-Nr.: 875.211
ISBN: 9783947978113

- 76 Seiten
- Kunstledereinband
- Goldprägung
- 4-farbig
- Leseband

www.voh-shop.de

WAS MACHT EINE FRAU WIRKLICH BEWUNDERNSWERT?

Vielleicht denkst du bei dieser Frage gleich an Frauen, die Christus errettet hat, die Ihn lieben und Ihm in ihrer Umgebung voller Hingabe dienen. Vielleicht hat aber auch das gesellschaftliche Bild einer bewundernswerten Frau deine Sicht darauf getrübt, wer du in Christus bist. In diesem Buch zeigt Peter Schild vier Eigenschaften auf, die die wahre Schönheit einer Frau reflektieren.